네트워크 국제정치

국가의 변환과 거버넌스

이화학술총서

NETWORK
INTERNATIONAL
POLITICS

네트워크 국제정치

국가의 변환과 거버넌스

민병원 지음

이화여자대학교출판문화원

책머리에

국제정치학은 다양한 사회과학의 영역 중에서도 가장 광범위하면서 복잡한 학문이라 할 수 있다. 그런 만큼 국제정치 이론도 난립해 왔고 또한 지속적으로 발전해 가고 있다. 가장 포괄적인 범위에 걸쳐 있는 학문 체계이니만큼 다른 학문에서 도입된 개념이나 이론적 도구도 많이 존재한다. 경제학이나 공공정책학, 사회학, 심리학 등 인접 학문은 이제 국제정치를 이해하는 데 필수 불가결한 기초를 제공해 준다. 이 책에서 다루고자 하는 네트워크 개념과 이론은 자연과학, 특히 수학과 물리학에 그 뿌리를 두고 있다. 일찍이 경제학이나 사회학, 인류학에 이러한 네트워크 이론이 도입되었지만, 정치학과 국제정치학에는 상대적으로 뒤늦게 알려지기 시작했다. 이 책은 이러한 상황에서 국제정치를 이해하는 데 네트워크 개념과 이론이 어떤 도움을 줄 수 있는지를 국가의 변환을 중심으로 살펴보고자 한다.

학부와 대학원 과정에서 국제정치 이론과 관련한 과목을 가르친 경험을 되돌아보면, 네트워크에 관한 이런 관심이 학생들이나 다른 학자들에게 어느 정도 설득력을 지닐 것인지 확신하기 어렵다. 필자가 네트워크 이론을 처음 접했던 당시만 하더라도 자연과학 분야를 중심으로 이론화가 매우 체계적으로 이루어지고 있었고 분석 방법도 빠르게 발전하고 있었지만, 네트워크 이론을 본격적으로 활용하기에는 원하는 데이터가 워낙 부족했기 때문이다. 이는 곧 체계적인 이론화가 이루어졌음에도 불구하고 경험적 연구와 분석은 매우 부족하다는 판단으로 이어졌다. 무엇보다도 국제정치 분야에서 경제나 안보 등 민감한 영역의 데이터를 개방하지 않으려는 성향을 고려할 때 네트워크 구조와 패턴을 탐구하고자 했던 많은 학자는 경험적 연구가 결코 쉽지 않을 것이라고 인식하게 되었다.

그럼에도 네트워크 이론은 여러 가지 측면에서 국제정치 이론 분야에 새로운 자극제가 될 가능성이 농후했다. 2009년에 출간된 『인터내셔널 오거니제이션*International Organization*』 특집호 이후 네트워크 패러다임에 대한 관심이 커지면서 국제정치학에서도 이와 관련된 논의가 활발하게 이루어지기 시작했고, 아울러 복잡계 이론과 탈근대주의 이론, 포스트휴머니즘, 신유물론 등 네트워크 이론과 연관된 이론적 도구에 대한 관심과 탐구도 점차 증가했기 때문이다. 개인적으로 유학 시절부터 여러 가지 새로운 이론적 도구에 많은 관심을 기울여 왔지만, 다양한 이론이 어떻게 연관되는지를 어렴풋이 이해하는 데만 십수년이 걸릴 정도로 그 폭은 넓기만 했다. 그럼에도 네트워크 이론이 갖는 잠재적 가능성에 대한 기대가 있었고, 지루하게 펼쳐지는 국제정치학의 인식론 논쟁을 돌파할 수 있는 대안은 없는 것인지에 대한 의문도 커졌다.

이러한 배경에서 개인적으로 네트워크 분석을 통한 국제정치 연구에 대한 관심이 줄고, 그 대신 국제정치 현상을 하나의 '네트워크'로 바라보는 것이 마땅한지에 대한 이론적 관심이 커지기 시작했다. 와서만Stanley Wasserman과 파우스트Katherine Faust의 두툼한 네트워크 분석 교과서를 보고 기가 눌리기도 했고, 넷마이너NetMiner나 파옉Pajek 프로그램 사용법을 익히고자 컴퓨터와 씨름하기도 했다. 하지만 네트워크 분석 자체에 대한 흥미를 잃게 된 가장 결정적인 계기는 데이터 문제였다. 국제정치 분야에서 이러한 분석 방법을 사용해야만 하는 데이터라는 것이 제대로 공개되어 있지도 않았고 또 그 신뢰성에도 의문이 제기되는 경우가 많았다. 예를 들어 국가 간의 무기 거래 네트워크에 관한 연구를 보면 어렵게 데이터를 수집해 분석하고 있는데, 표면적으로 드러난 무기 거래 내역이 과연 믿을 만한 것인지 충분히 확신하기 어렵다. 외교, 국방, 안보 등 상위 정치 분야뿐만 아니라 무역이나 투자와 같은 하위 정치 분야에서도 유사한 어려움이 있는데, 이런 점에서 네트워크 데이터를 활용해 국제정치의 전체적인 모습을 그려내는 일이 결코 쉽지 않을 것이라는 판단에 이르게 되었다. 국제정치학자뿐만 아니라 기업 간의 연계를 조사하려는 경영학자나 물리학자의 경우에도 이러한 데이터 부족의 문제는 늘 연구에 심각한 장애물로 인식되는 모습을 자주 목격했다.

이런 한계에 부딪히면서도 국제정치가 점점 더 복잡하고 또 예측 불가능한 형태로 바뀐다는 사실은 부인할 수 없다. 그래서 학문적인 관심은 네트워크화된 국제정치의 본질적인 변화를 이론적·개념적으로 파악하는 방향으로 기울었고, 지난 몇십 년간 네트워크 국가의 등장을 중심으로 하는 네트워크 행위자와 무대로서의 국제정치의 변화를 들여다보았다. 이 책은 이러한 노력의 산물이지만, 아직까지도 완결된 것이라는 느낌은 전혀 들지 않는다. 다만 지난 20여 년간 국제정치학에 꾸준하게 도입된 네트워크 이론의 현황을 소개하고, 이것이 전통적인 패러다임에 어떤 자극을 줄 수 있는지, 어떻게 도움을 줄 수 있는지를 살펴보고자 했다. 이 책에 실린 글의 상당수는 이 기간 동안

『한국정치학회보』, 『국제정치논총』, 『국가전략』 등 국내의 여러 학술지에 게재된 것으로, 시간이 다소 지난 경우에는 내용을 대폭 다듬고 보완했다.

이 책의 각 장은 개별적으로 다룰 수 있는 주제를 담고 있으며, 동시에 다른 장들과 연계되도록 배열했다. 먼저 1장에서는 네트워크 이론과 패러다임이 사회과학에서 갖는 의미를 알아보고, 네트워크라는 구조적 개념이 도입됨으로써 나타나는 패러독스 현상과 예측 불가능성에 대해 살펴본다. 2장에서는 역사 속에 본격적으로 등장한 제국의 네트워크가 지닌 속성을 정치적 측면에서 살펴본다. 이어서 3장에서는 세계화의 추세 속에서 성장해 온 네트워크 국가의 모습을 살펴보고, 이것이 국민 국가와 비교해 어떻게 달라진 것인지 고찰한다. 4장에서는 네트워크적 속성을 갖는 국가 유형을 네트워크 국가로 규정하고, 국가의 역할에 생겨난 변화를 메타거버넌스의 개념을 중심으로 논한다.

이어지는 5장에서는 네트워크 국가에서 한 발 더 나아간 형태의 정치 체제로서 네트워크 거버넌스의 양태에 대해 다룬다. 이러한 네트워크 거버넌스의 전형적인 사례로 유럽연합을 소개하고, 회원국들 사이에 이견을 조정하고 협력을 도모하기 위한 '개방형 정책 조정OMC'을 집중 조명한다. 6장은 이상의 논의 내용을 취합해 전통적인 국가론 논쟁 속에서 새로운 네트워크 국가가 어떻게 자리매김할 수 있는지, 또한 네트워크 국제정치의 맥락에서 어떠한 정치적 의미를 갖는지 되새겨 본다. 이를 바탕으로 7장에서는 동아시아 지역의 평화를 추구하는 데 네트워크 거버넌스 개념이 어느 정도 적용 가능한지를 검토하고, 마지막으로 8장에서는 네트워크 패러다임의 도입을 통해 기존의 국제정치학에 어떤 변화를 기대할 수 있는지를 전체적으로 그려보고자 한다.

여러모로 미흡하고 보완되어야 할 점이 많이 있었음에도 완결된 단행본으로 세상에 나올 수 있도록 지원해 준 이화여자대학교출판문화원에 감사의 말을 전한다.

2023년 10월

민병원

차례

서론

오늘날 우리 주변의 모든 것이 연결되어 있다. 연결됨의 정도에는 차이가 있지만 이러한 연결성에만 초점을 맞춰 세상을 바라본다면 "모든 것이 네트워크다"라는 표현이 크게 어색하지는 않을 것이다. 사회과학에서는 이러한 '모든 것'의 중심에 행위자agency를 놓는다. 그리고 대체로 인간을 그러한 행위자의 대표적인 경우로 보고 복수의 인간들 사이에 일어나는 다양한 현상을 진단하고 설명한다. 이러한 인간들은 스스로 생각해서 자신의 행동을 결정하는 하나의 '주체subject'인데, 인간을 이와 같은 자발적 주체로서 간주하는 경향은 서양의 관점에서 보자면 근대 이후 계몽주의 철학과 이데올로기의 자연스러운 귀결이었다. 이런 점에서 오늘날 사회과학은 인간과 인간들의 집합체로서 사회를 다루며, 나아가 이들 사이의 연결로서 네트워크에 초점을 맞춰 세상을 바라보려 한다. 국제정치학도 이와 같은 사회과학의 기본 목표와 동떨어져 있지 않다. 다만 주된 행위자를 '국가'로 설정한다는 점에서 다른 분야와 차별화되지만, 근본적으로 인간과 그들의 집합체로서 국가에 초점을 맞춘다는 점에서 여전히 사회과학의 일부로 자리 잡고 있다.

국제정치학은 다양한 사회과학 분야 중에서도 국가 또는 국제 체제와 같이 거대한 규모의 행위자를 다룬다는 점에서 독특하다. 심리학이나 경제학이 미시적 차원에서 인간 행동과 인간 간의 관계를 설명하는 데 초점을 맞추고 있다면, 국제정치학은 국가 행동과 국가 간의 관계를 보고자 한다. 그렇다면 국제정치학은 행위자의 규모에서만 차이를 보이는 것일까? 국가들 사이의 관계는 인간 개체들 사이의 관계와 유사한 방식으로 설명할 수 있는 것일까? 행위자나 분석 수준이 커질수록 이러한 문제에 대한 답을 하기가 쉽지 않다. 예를 들어 국가들 사이의 관계를 설명하기 위해서는 국가에 대한 심층적인 분석이 동반되어야 하는데, 국가 자체가 다른 사회과학의 영역에서 볼 때 개인들로 이루어진 거대한 집합체로 인식될 수 있기 때문이다. 즉 국가는 개인들에게 하나의 거대한 '구조structure'이기도 하다. 그렇다면 국제정치학의 대표적 탐구 대상인 국가는 그 자체로서 '구조'이자 동시에 '행위자'이기도 하다.

국가가 행위자이자 동시에 구조일 수 있다면, 다양한 층위의 행위자나 구조가 서로 어떻게 연결되어 있는가를 설명할 수 있어야 한다. 어떤 행위자는 다른 행위자에게 '구조'로서 작동할 수 있지만 한편으로 또 다른 행위자에게는 구성 요소의 일부에 불과할 수 있기 때문이다. 이와 같은 서로 다른 층위에 존재하는 관계를 파악하고 분석하는 일은 국제정치학과 같이 거시적인 대상을 다루는 학문일수록 더욱 필요하면서도 어려운 작업일 수밖에 없다. 또한 국제정치를 단지 '국가들 사이의 관계'로만 볼 경우 국가는 사전에 '주어진given' 단위체로 간주되어야 한다. 하지만 국가는 당연하게 주어진 것이 결코 아닐뿐더러 상당히 빈번하게 탄생하거나 소멸한다. 말하자면 변화하는 유기체와도 같다. 국제기구나 초국적 기업 등 국가가 아닌 다른 행위자들의 경우도 마찬가지이다. 그런 만큼 국제정치가 국가라는 '당구공' 사이의 관계처럼 단순한 게임이라고 보기는 어렵다. 당구공과 당구공 사이의 관계도 중요하지만 당구공 내부의 모습과 당구공 외부의 다양한 환경도 모두 고려해야 하는 것이 국제정치학이라는 거시적 학문이 지향해야 하는 방향인 것이다.[1]

이와 같은 국제정치학의 위상을 고려할 때 네트워크 이론과 방법론은 그동안의 주류 접근 방법이 지닌 한계를 보완할 수 있는 분석 도구로서 커다란 의미를 갖는다.[2] 네트워크 프레임워크framework를 동원해 국제정치를 바라본다는 것은 국제정치의 구조적 패턴과 관계적 속성을 발견하는 데 그 목적이 있다. 즉 개체나 구조 차원에서 충분히 파악하기 어려운 현상을 찾아내고 설명하려는 것이 주요한 역할이다. 이러한 방법론적 목표와 관련해 기존의 사회과학, 특히 실증주의적 접근에서 당연시되어 온 방법론적 개인주의methodological individualism와의 연관성을 언급할 필요가 있다. 방법론적 개인주의는 적절한 개념을 만드는 데는 효율적이지만 어떤 현상이 창발적으로 나타나는 모습을 기술하는 데는 한계를 보여왔다. 다시 말해 방법론적 개인주의는 사회적 현상을 설명하는 데 개인 차원의 변수에 지나치게 의존하고 있다. 모든 설명은 개인 차원의 속성에 관한 법칙으로부터 도출하고자 하며, 그보다 상위의 수준에서 발견할 수 있는 초超개인적 속성이나 창발적

1 국제정치학은 국가 간의 관계를 다루는 학문이라는 의미에서 국가를 '당구공'에 비유하곤 한다. 이때 당구공은 내부를 들여다볼 수 없는 단위체로서 모든 국가가 서로를 동일한 당구공처럼 바라본다는 의미를 담고 있다. 주권 개념은 국가 사이의 관계가 수많은 당구공 사이의 관계라는 인식에 기반을 둔다. 하지만 현실의 국제정치는 당구공 내부의 상황이 당구공 간의 역학 관계에도 작용한다는 점에서 당구공 비유만으로는 국제정치의 본질적인 모습을 모두 그려내기 어렵다.

2 Hafner-Burton, Kahler and Montgomery(2009), pp. 560-564.

emergent 속성에 대해서는 크게 관심을 갖지 않는다.[3] 이처럼 모든 수준의 대상이나 현상을 궁극적으로 개인적 또는 미시적 차원의 변수를 통해 설명하려는 접근 방법을 가리켜 '환원주의reductionism'라고 부른다.[4] 결국 방법론적 개인주의는 설명을 위한 추론에서 최소한의 단위체에 초점을 맞추지만 거시적 차원의 속성에 대해서는 큰 관심을 기울이지 않는다.

하지만 이러한 방법론적 개인주의 기반의 사회과학이 지닌 한계에 대해서는 그동안 많은 지적과 비판이 있었다. 개인과 사회의 관계에 관한 논쟁이라는 맥락에서 보면 이러한 비판은 인간 개체를 온전하게 '그 자체로' 인정하는 것이 타당한가라는 철학적 질문으로 이어진다. 대부분의 사회과학 분야에서도 결국 인간이 그를 둘러싼 사회로부터 독립적인가의 문제를 두고 많은 논쟁이 계속되고 있지만 명확한 해답이 제시되기보다는 패러다임과 연구자의 개인적 소신에 따른 차이로 치부되고 있는 실정이다. 그럼에도 지금까지 사회과학의 방법론적 개인주의와 관련한 비판과 성찰이 어떤 방식으로 이루어져 왔는지에 대해서 언급할 필요가 있는데, 그로부터 이 책에서 제기하는 네트워크 개념과 프레임워크가 어떤 의미를 갖는지를 가늠해 볼 수 있기 때문이다.

이런 점에서 여러 사회과학 분야 중에서도 방법론적 개인주의의 영향을 가장 많이 받고 있는 경제학 내부의 성찰을 먼저 살펴보는 것은

3 자연과학에서 '창발성emergence'이란 미시적 차원에는 존재하지 않는 속성이 거시적 차원에서 나타나는 현상을 가리킨다. 따라서 어떤 대상이나 현상을 설명하는 데 미시적 차원의 변수만으로는 충분하지 않다는 것이 이 개념에 함축되어 있다. 다시 말해 전체가 부분의 '합'에 불과한 것은 아니라는 형이상학적 의미를 함축한다.

4 Brodbeck(1958), pp. 6-7.

나름대로 의미가 있을 것이다. 경제학자인 애로Kenneth Arrow는 일찍이 개인주의적 인식론을 기반으로 하는 경제 분석의 한계에 대해 언급했다. 그는 경제 이론이 대부분의 경우 사회적 범주를 포함하고 있으며 이러한 범주는 개인 차원으로 환원할 수 없는 속성을 지니고 있다고 보았다. 사실 경제학의 기초를 이루는 방법론적 개인주의는 오스트리아학파에서 유래한 실증주의적 접근의 핵심을 구성해 왔다. 애로와 같은 학자들은 개인 간의 상호 작용으로부터 사회적 가치가 형성된다고 보았는데, 이는 곧 개인들이 분석의 기초 단위일지라도 그들 사이의 상호 작용은 '사회적 상호 작용'으로 보아야 한다는 것을 의미한다. 이런 점에서 경제학의 탐구 대상인 시장은 개인과 그들의 상호 작용으로 구성된 하나의 '사회적 상황social situation'이라는 것이 애로의 생각이었다.[5]

방법론적 개인주의에 대한 이러한 시각은 셸링Thomas Schelling의 게임 이론에서도 중요한 문제의식을 이룬다. 셸링에 따르면 개인들의 선호에서 출발하는 거시적 상호 작용은 개인 차원에서 발견하기 어려운 고유한 사회적 현상을 만들어 낸다. 다시 말해 개인의 '미시적 동기'는 사회의 '거시적 현상'으로 이어지는데, 이러한 변환을 이해하기 위해서는 방법론적 개인주의를 넘어 '관계'를 중시하는 거시적 접근이 필요하다는 것이다. 이러한 주장에는 두 가지 의미가 담겨 있는데, 하나는 거시적 현상이 개인 차원에서 '의도하지 않은 결과unintended consequences'를 초래한다는 점이고, 다른 하나는 미시적 동기의 거시적 전환이 '자발적spontaneous' 과정으로 이루어진다는 점이다.[6] 첫 번째 측면은 개인

5 Arrow(1994), pp. 2-3.
6 Schelling(2006/2009), pp. 22-26.

들의 동기가 아무리 합리적이고 이성적이라고 할지라도 그들 간의 상호 작용을 통해 만들어진 사회 구조와 제도는 그러한 동기를 그대로 반영하지 못할 수 있다는 점을 강조한다. 따라서 시장이나 여타 사회 집단의 거시적 현상은 특정한 행위자의 동기와 목적을 대변하는 것이 아니라, 개인들의 복잡한 상호 작용을 통해 예측하기 어려운 방향으로 전개될 수 있다는 점에 유의할 필요가 있다. 두 번째 측면은 사회적 거시 현상과 구조를 단지 미시적 차원의 총합으로 이해할 수 없다는 점을 강조한다. 미시적 차원의 요소들을 모두 합쳐도 거시적 차원에서 발생하는 사회적 질서를 모두 이해할 수 없다는 것이다. 이러한 거시적 현상의 속성을 가리켜 '창발성emergence'이라고 부르는데, 이는 사회 현상을 설명하기 위해 항상 미시적 차원의 변수에 의존하는 '환원주의'로는 제대로 설명할 수 없다.[7]

사회의 거시적 메커니즘에 대한 경제학자들의 이러한 인식은 '외부효과externality' 이론과도 맥락을 같이한다. 외부효과란 환경 오염이나 교통 체증 등 시장 가격에 반영되지 않는 사회적 상호 작용의 총합이라고 규정할 수 있다. 이런 외부효과는 개인들의 합리적 동기만으로는 설명할 수 없는 거시적 현상으로서, 개인 차원에서 의도하지 않았지만 상호 작용을 통해 형성되는 창발 현상이라고 할 수 있다. 이와 같은 거시적 창발 현상은 분명 개인들의 참여와 상호 작용에서 비롯된 것이지만, 기존의 방법론적 개인주의로는 다루기 어렵다는 점에서 외부효과

7 창발적 사회 구조의 특징은 개인들의 동기와 행동이 상황 의존적contingent 성격을 띤다는 점이다. 합리적 기대 가설에 근거하는 경제 이론이 결정론determinism으로 이어질 가능성이 큰 반면, 상황 의존적 이론에서는 개인들이 아무리 합리적인 선택을 하더라도 그 결과는 제한적일 수밖에 없다는 점을 받아들인다. 이러한 인식은 심리학의 관점을 도입함으로써 확산되기 시작했으며, 대표적으로 '제한적 합리성bounded rationality'의 개념으로 연결된다. Simon(1985), p. 297.

로 간주되어 왔다. 이렇게 설명하기 어려운 변수를 외부효과로 치부하는 것은 사회적 상호 작용이 점점 복잡해지는 상황에서 바람직한 모델링이라고 하기 어렵다. 어떤 현상이 환원주의적으로 설명 가능한지, 그리고 어떤 현상이 창발적인 것으로 간주되어야 하는지에 대한 정교한 인식론이 요구되고 있기 때문이다. 이와 같은 방법론적 개인주의의 한계에 대한 성찰은 사회적 '총합'을 고려하지 않은 채 시장, 가격, 환경 등 거시적 사회 현상을 설명하는 일이 불가능하다는 점을 분명하게 보여준다.[8]

여기에서 유의해야 할 점은 방법론적 개인주의에 대한 비판적 성찰이 곧 또 다른 하나의 대안을 선택해야 한다는 것을 의미하지는 않는다는 것이다. 중요한 점은 방법론적 개인주의에 대한 논의를 통해 가장 바람직하면서도 의미 있는 대안을 어떻게 마련할 것인가에 있다. 사실 방법론적 개인주의가 정확히 어떤 점에서 비판의 대상이 되는지에 대해서는 논란이 있었다. 학자들은 방법론적 개인주의가 오로지 개인들의 동기와 행동만으로 사회 현상을 설명하는 것인지, 아니면 개인과 더불어 개인 간의 관계도 고려하는지에 대해 의견이 갈린다.[9] 국제정치학에서도 이러한 차이는 '구조'가 우선인지, 아니면 '행위자'가 우선인지에 대한 인식론적 논쟁으로 이어진 바 있다.[10] 이와 같은 인식론적·방법론적 논쟁의 역사 속에서 네트워크 패러다임은 구조와 행위자 사이에 적절한 중범위 단위체를 새롭게 규정하고, 이에 대한 분석을

8 Arrow(1994), pp. 5-6.

9 방법론적 개인주의의 명확한 의미를 촉구하는 견해에 따르면, 사회 현상의 원인을 오로지 개인으로만 국한하는 것은 실천 가능성이 없다. 이렇게 좁게 규정할 경우 방법론적 개인주의는 더 이상 존재할 수 없다고 보는 것이다. Hodgson(2007), p. 220.

10 Wendt(1987); Dessler(1989); Carlsnaes(1992); Wight(2006) 참조.

통해 인간과 사회의 다양한 모습을 이해할 수 있도록 해준다.

네트워크 이론은 기존의 주류 이론과 비교해 볼 때 다음과 같은 특징을 지닌다. 먼저, 네트워크 이론은 행위자의 속성보다는 그들 사이의 '관계'에 더 관심을 갖는다. 이러한 관계의 측면은 행위자의 내재적 특징과는 별도로 존재하는 까닭에 행위자의 본질적인 측면에만 집중하는 기존의 이론 틀로는 충분히 이해하기 어렵다. 이와 함께 네트워크 이론은 정보와 자원이 이동하는 거시적 상황과 그 안에서 행위자들이 어떤 위치를 차지하는가에 관심을 갖는다. 예를 들어 특정한 권력 네트워크 내에서 힘의 무게 중심이 움직임에 따라 어떤 경우에는 '세력 균형balance of power' 현상이, 다른 경우에는 '편승bandwagoning' 현상이 일어날 수 있다. 이러한 차이를 설명하는 데 강대국과 약소국의 관계에 대한 보편 법칙이 작용할 수도 있지만, 네트워크 이론을 활용할 경우 양자 관계의 변화가 미래의 예상 이익을 기대하는 방향으로 쏠림 현상을 초래할 수 있다. 말하자면 정적static 이론으로 보면 국가 간에 권력 분포가 바뀔 경우 세력 균형을 통해 안정이 이루어질 것이라고 예측할 수 있지만, 네트워크 이론과 같은 동적dynamic 이론으로 보면 오히려 권력이 집중되는 방향으로 편승 행위가 만연할 수 있다. 경제학에서는 이와 같은 쏠림 현상을 '수확 체증increasing returns'으로 부르기도 하는데, 이러한 복잡하고도 반反직관적인 상호 관계로 인해 시스템 전체의 움직임을 설명하거나 예측하기가 매우 어려워진다.[11]

이상에서 살펴본 바와 같이 네트워크 이론을 동원해 사회와 정치를 분석하는 데는 기존의 행위자 중심의 사고 체계에 대한 성찰이 전제되고 있다. 국제정치학을 포함한 여러 사회과학 분야에서는 그동안 가시

---

11 Smith-Doerr and Powell(2005), pp. 379-380.

적으로 관찰되는 '행위 주체'를 중심으로 한 인식론이 지배하면서 눈에 잘 보이지 않는 '구조'나 '관계'에 대한 논의가 상대적으로 미흡했던 것이 사실이다. 국제정치학의 경우 1980년대 이후 구조 현실주의와 세계체제론을 중심으로 한 거시적 분석 틀이 활발하게 도입되기는 했지만, 이러한 구조와 관계가 어디에서 비롯되는 것인지, 그리고 '실체 substance'의 개념과 대비해 이러한 '과정process'의 개념이 어떻게 다른 것인지에 대해서 충분한 논의가 부족한 실정이다. 여기에 더해 1990년대 이후 본격적으로 전개되고 있는 탈脫구조주의 사조는 상대주의적·다원주의적 인식론을 주창하면서 이론의 지평을 더욱 복잡하게 만들고 있는 상황이다.

이와 같이 방법론적 개인주의와 구조주의의 대립 사이에서 네트워크 개념을 근간으로 한 새로운 관점은 국제정치학에서 다음과 같은 의미를 함축하고 있다. 먼저 네트워크 국제정치학은 국가와 같은 전통적인 행위자가 중요한 '실체'라는 점을 받아들이면서도 그들 사이의 관계 및 그에 기인하는 거시적 패턴, 즉 구조의 측면도 함께 보아야 한다는 점이 부각된다. 이때 행위자와 구조는 단지 세계를 바라보는 양극단의 독립적 존재가 아니라 연속적 스펙트럼상에서 서로 영향을 주고받는 개체로서 인식된다. 이 책에서 강조하는 네트워크의 개념은 이와 같은 스펙트럼상의 중간 영역 어딘가에 자리 잡고 있다. 따라서 네트워크 국제정치학은 국가 또는 여타 정치적 행위자의 행동뿐만 아니라 상호 작용으로 인해 만들어지는 거시적 구조에 대해서도 동시에 관심을 가져야 한다. 이와 더불어 네트워크 국제정치학에서는 행위자가 불변의 존재, 또는 '주어진 것given'으로 간주되기보다 그것을 둘러싼 주변 환경과 구조적 변수의 영향을 받으면서 변화해 가는 존재로 인식되어야 한다. 말하자면 국가와 같은 행위자는 국제정치에서 '절대적인 존재'가 아니라 끊임없이 만들어지고 소멸해 가는 동적 존재라는 점이 고려되어야 한다. 즉 국가를 포함해 국제정치 내의 모든 구성 요소는 국제정치라는 시스템 안에서 '변화'를 거듭하는 존재라는 점을 잊어서는 안 될 것이다.

이러한 논의를 정리하면 '실체주의substantialism' 대 '관계주의relationalism'의 대립 구도로 표현할 수 있다. 전통적인 국제정치학이 실체주의에 집중해 왔다면, 네트워크 국제정치학은 관계주의를 새롭게 강조하면서 양자 사이의 보완적인 역할을 중시한다.[12] 아직까지 국제정치학에서 관계주의 패러다임이 널리 확산되지는 않고 있지만, 지금까지의 주요한 연구들은 다음과 같은 몇 가지의 전제를 공유하고 있다. 첫째, 국제정치는 상호 관계의 집합체라는 전제이다. 국제정치를 당구공과 같은 고정적인 실체들의 집합이 아니라 지속적으로 유동하는 관계의 총합으로 보아야 한다는 것이다. 둘째, 국제정치에서 행위자는 이러한 관계 속에서만 의미를 갖는다는 전제이다. 만약 관계가 존재하지 않는다면 실체는 아무런 의미를 갖지 못할 것이기 때문이다. 행위자 또는 주체가 지닌 '정체성identity'에 관한 논의는 이와 같은 관계로서 '사회' 안에서 그 의미를 갖게 된다. 셋째, 존재론적으로 국제정치를 이해하기 위해서는 '정적 존재being'보다 '동적 과정becoming'의 개념이 중요하다. 이는 고정된 존재의 개념보다는 지속적으로 바뀌는 변환의 과정을 살펴보는 일이 더 필요하다는 의미이기도 하다.[13]

네트워크 개념이 기존의 국제정치 현상을 설명하는 데 어떤 도움을 줄 수 있는지를 '권력' 개념을 통해 간단하게 살펴보기로 하자. 일반적

---

12 Jackson and Nexon(1999), p. 292.
13 Qin(2016), pp. 35-37.

으로 정치학에서 말하는 '권력'은 그 자체로서 관계적 개념이며 둘 이상의 주체 간에 작용하는 상호 의존성을 기반으로 한다.[14] 지금까지 권력의 정치적 속성에 관한 많은 논의가 있었지만, 국제정치학에서는 흔히 군사력과 경제력을 하드 파워로, 제도와 규범 등 문화적 요소를 소프트 파워로 간주했다. 하지만 권력의 속성을 기준으로 한 하드 파워-소프트 파워의 구분과는 별도로, 권력이 작동하는 네트워크적 상황을 기준으로 권력을 새롭게 구분할 수 있다. 예를 들어 군사력과 같이 상대방에 대한 직접적 강압에 이용되는 권력을 '날카로운 권력sharp power'이라고 규정할 수 있다. 서로 다른 행위자들 사이에 힘의 작용 주체와 대상이 명확하게 구분되기 때문이다.

이에 비해 경제력과 같이 그러한 구분이 명확하지 않은 경우도 존재한다. 이러한 권력은 한쪽이 다른 쪽에 강압을 행사하기가 쉽지 않은데, 그 이유는 권력을 행사하는 쪽도 피해를 입을 가능성이 크기 때문이다. 이처럼 서로 간에 얽혀 있음으로 인해 발생하는 영향력을 가리켜 '점성 권력sticky power'이라고 부르기도 한다. 점성 권력은 날카로운 권력에 비해 훨씬 더 효과적으로 작용할 수 있는데, 이는 '관계'의 힘이 실체적 권력보다 더 중요해지는 경우에 해당한다. 예를 들어 제1차 세계대전 당시 대륙에 고립되어 있던 추축국과 달리, 영국의 경우 대양을 통해 세계 여러 지역과 밀접하게 연결되어 있었다는 점에서 물자 보급에서 한층 유리한 상황에 놓여 있었다. 그 결과 독일은 휴전 협상에 임할 수밖에 없었는데, 이런 점에서 당시 독일에 대응한 영국의 힘은 '날카로움'보다는 오히려 '점성'에서 비롯되었다고 볼 수 있다.[15] 또

14 Keohane and Nye(1977), pp. 8-11.

15 Mead(2004), pp. 50-52. 경제적 권력의 점성에 대한 논의는 미국의 국력 쇠퇴에 관한 논의에서 유래하는데, 대부분의 주장은 미국이 붕괴될 경우 다른 나라의 경제적 기

한 점성 권력은 전통적인 약자에게 더 많은 영향력을 부여하기도 하는데, 부채가 많은 채무국이 채권국에 대해 채무불이행 등의 압박을 가하려고 한다면 이는 곧 '부채'조차도 권력의 요소로 작용할 수 있다는 점을 잘 말해준다.[16]

이처럼 권력의 네트워크적 속성을 사례로 살펴보았듯이, 기존의 국제정치학 연구에서 네트워크 이론과 개념을 동원한 접근은 그동안 심층적으로 들여다볼 수 없었던 모습을 새롭게 조망할 수 있도록 해준다. 아울러 이론적으로나 방법론적으로 네트워크 패러다임은 사회과학의 전통적인 방법론적 개인주의를 보강할 대안으로 간주될 수 있는데, 이는 인간 개체와 사회 구조 사이의 중범위 단위체로 네트워크를 상정함으로써 가능하다고 판단된다. 이처럼 네트워크 시각은 사회 현상을 이해하는 데 있어 주체로서 행위자와 환경적·거시적 요인으로서 구조 사이의 관계에 대한 인식론적 문제의식을 그 바탕에 깔고 있다. 국제정치학은 연구 대상이 국가나 국제정치처럼 거시적인 단위체라는 점에서 행위자-구조의 관계가 중층적·복합적으로 형성되어 있으며, 따라서 행위자 중심적 접근이나 구조 중심적 접근의 어느 한쪽에 치중하기 어려운 분야이다. 이런 점을 고려하면서 네트워크 패러다임이 행위자로서 국가와 집합적 현상으로서 국제정치를 이해하는 데 어떻게 도움을 줄 수 있는지를 알아보고자 한다.

네트워크의 개념과 이론이 국제정치에 어떻게 접목될 수 있는지를 살펴본 이 책의 기본적인 취지와 관련해 한 가지 강조하고자 하는 점은 주요한 논의가 네트워크 존재론ontology에 국한되어 있다는 것이다.

반도 동시에 무너질 수밖에 없다는 인식을 확대함으로써 미국의 점성 권력을 새롭게 평가하자는 데 초점을 맞추고 있다.

16 Di Muzio and Robbins(2015) 참조.

그동안 네트워크 패러다임에 대한 논의는 주로 연구의 방법론과 인식론에 초점을 맞춰왔지만, 이 책에서 논하는 주제들은 대부분 국제정치의 핵심적인 행위자와 현상을 네트워크로 이해하겠다는 존재론적 목표를 강조한다. 따라서 최근 들어 활발하게 활용되고 있는 네트워크 데이터 분석이나 방법론적 논의는 이 책에서 다루지 않는다. 국가와 국제정치를 존재론적 차원에서 네트워크로 간주하는 것은 이러한 방법론적·인식론적 논의 이전 단계에서 우선적으로 고민해 보아야 할 과제이기도 하다.

1장 네트워크 사회의 속성과 패러독스

1. 사회와 정치의 네트워크화

기술의 발전으로 사회 구조는 한층 더 정교하면서 복잡한 네트워크 형태로 변화했다. 각종 미디어를 통한 원격 접속, 인터넷과 같은 데이터 연결망, 통신기술의 확산에 따른 커뮤니케이션 미디어 등 다양한 영역에서 네트워크화가 빠르게 전개되었으며, 과학기술의 차원뿐만 아니라 정치·사회제도의 차원에서도 구성원들 사이의 네트워크화가 가속화되면서 이전에는 볼 수 없었던 새로운 현상이 나타나고 있다. 이에 따라 많은 나라는 정보통신기술의 발전을 통해서 사회의 네트워크화에 대응하기 위해 심혈을 기울였다. 각국 정부는 컴퓨터를 이용한 네트워크 시스템의 구축 및 초고속 인터넷 통신망 확충, 그리고 다양한 형태의 통신서비스 개발을 통한 정보 사회의 구현을 최우선의 국가 경영 목표로 삼았으며, 민간 차원에서도 수많은 기업이 생산성 향상을 위한 네트워크화를 지속적으로 추구했다. 이러한 노력의 결과 인터넷

망과 교통 네트워크 등 다양한 측면에서 국가 간의 연결도 꾸준하게 강화되면서 오늘날 '지구촌global village'은 더 이상 낯설지 않은 표현이 되었다.[1] 이와 같은 네트워크화의 전반적인 추세는 국내 및 국외를 막론하고 교육, 공공정책, 민권, 법률 등 다양한 영역에 걸쳐 확산되는 폭발적 현상으로서 가히 '혁명'이라고 평가할 만하다.[2]

이 장에서는 이러한 전 세계적 수준의 네트워크화 이면에 잠재되어 있는 기본적인 모습을 파헤치고 네트워크화로 인해 국제정치에 나타나는 효과를 가늠해 보려고 한다. 특히 사회의 네트워크화가 진행될수록 구조적 차원에서 어떤 특징이 나타나는지를 알아보고, 네트워크 패러다임이 전통적인 사회과학의 패러다임과 비교해 볼 때 어떤 차이를 드러내는지 짚어본다. 지금까지 사회과학이 인간 개인을 기본적인 동기와 선호, 행동의 단위로 간주해 왔다는 점, 그리고 사회라는 거시적 단위체를 개인들의 단순한 '합合'으로 전제해 왔다는 점을 고려할 때, 단위체들 사이의 관계로서 네트워크화 추세는 사회 현상을 이해하기 위한 패러다임에도 적지 않은 변화를 요구한다는 결론으로 이어질 수 있다. 이런 점을 감안해 이 장에서는 사회의 네트워크화가 심화될수록 그동안의 전통적인 패러다임으로는 이해하거나 설명할 수 없었던 패러독스와 딜레마 등 반反직관적 현상에 주목할 필요가 있다는 점을 부각하고자 한다. 이와 같은 문제의식은 사회의 네트워크화 추세가 바람직한 것이라는 일반적인 기대와는 전혀 다른 결론으로 이어질 수 있는데, 이를 통해 향후 정보 사회의 발전이나 네트워크화 추세가 정치적·사회적으로 어떤 의미를 지니고 있는지를 고찰한다.

---

1 Kelly(1994), pp. 186-189; Gore(1991), pp. 108-111.

2 Kay(1991), pp. 100-107.

또한 이 장에서는 '네트워크'를 사회 구조 속에서 상호 연계된 노드node와 링크link의 집합으로 규정한다. 특히 사회와 정치의 '네트워크화'는 사회 구조 속에서 개개 노드 사이의 링크가 증가하는 추세를 가리키는 것으로 간주한다. 이러한 개념 아래 우선 네트워크에서 나타날 수 있는 반反직관적인 현상의 사례를 들고 그것이 사회와 정치 현상을 이해하는 데 이론적으로 어떤 의미를 갖는지 짚어본다. 이와 관련해 가장 대표적인 모델 중의 하나가 '브래스 패러독스Braess' Paradox'인데, 이것은 교통 혼잡이 일정한 수준을 넘어설 경우 새로운 도로의 건설이 전체 교통 네트워크의 효율성을 오히려 감소시키는 역설적인 현상을 일컫는다. 아울러 이러한 현상이 그동안 철학과 논리학에서 많이 다뤄온 '뉴컴의 문제Newcomb's Problem'와도 밀접하게 연관되어 있으며, 궁극적으로 사회 현상의 핵심적 딜레마를 상징하는 모델로 널리 알려진 '죄수의 딜레마Prisoner's Dilemma' 및 '공유지의 비극Tragedy of the Commons' 관념과도 일맥상통한다는 점을 부각하고자 한다. 이러한 고찰을 통해 네트워크 사회가 갖는 반직관적 속성이 오늘날의 네트워크화 추세와 관련해 정치적·사회적으로 어떠한 의미를 갖는지 살펴볼 것이다.

2. 네트워크의 반직관적 속성: 브래스 패러독스

1960년대 독일의 슈투트가르트에서는 교통 혼잡을 완화하기 위해 도심으로 통하는 새로운 직선 도로를 건설했는데, 그로 인해 교통이 더 혼잡해졌다는 결과가 보고된 적이 있었다.[3] 도시의 교통망을 하나

3 *Aspen Daily News*. "Building a Road to Nowhere: Why a Four-lane Entrance

의 '네트워크'라고 이해한다면, 사람들의 출발지와 목적지, 또는 경유지를 '노드'로, 도로를 '링크'로, 그리고 개개인이 출발지에서 목적지로 이동하는 데 시간이 얼마나 걸리는가를 '네트워크의 효율성'으로 측정할 수 있을 것이다. 슈투트가르트의 사례는 바로 이러한 네트워크상에서 링크를 증가시킬 경우 사실상 모든 개인의 이동 시간이 늘어나기 때문에 효율성이 떨어지는 역설적인 결과를 낳는다는 점을 보여주는 것으로, 교통공학자들 사이에서는 잘 알려져 있는 현상이다.[4] 이에 대해 브래스Dietrich Braess는 왜 링크의 증가가 오히려 네트워크의 효율성을 저해하는지를 수학적 모델로 설명했는데, 이것이 이 장에서 다룰 첫 번째 패러독스이다.

브래스 패러독스가 발생하는 가장 주요한 원인은 새로운 링크가 만들어질 경우 개인 차원에서는 그것을 이용하는 것이 당연히 더 합리적이지만, 그러한 선택을 내리는 데 사회적 비용은 고려되지 않는다는 점에서 비롯된다. 이를 감안해 이 장에서는 브래스 패러독스가 어떠한 원리를 통해 나타나는지를 이론적으로 살펴본다.[5] 〈그림 1〉은 단순한 형태의 브래스 패러독스 모델을 보여준다.

〈그림 1〉의 왼쪽은 새로운 링크가 만들어지기 전의 도로 네트워크 모습인데, 이 네트워크 속에서 개인들은 출발지인 A 지점에 진입해 목적지인 F 지점까지 이동하려 한다. 각 개인은 이동 시간을 최소화하고

Won't Work." May 23, 2003.

4 Arnott and Small(1994), pp. 446-455.

5 브래스 패러독스의 수학적 증명 또는 사례를 통한 설명으로는 Steinberg and Zangwill(1983), pp. 301-318; Stewart(1980), pp. 81-84; Leblanc(1975), pp.183-199; Cohen and Kelly(1990), pp. 730-734; Pas and Principio(1997), pp. 265-276; Irvine(1993), pp. 141-160 참조. 이 장에서는 특히 Cohen and Kelly 및 Irvine의 논의를 주로 소개한다.

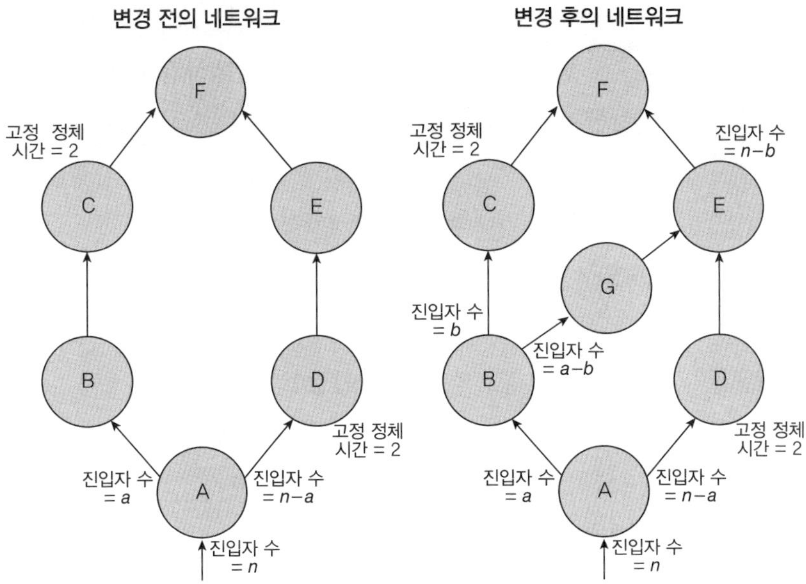

〈그림 1〉 네트워크와 브래스 패러독스

자 하며, 이러한 시간의 계산에는 다른 사람의 선택이 고려되지 않는다.[6] 목적지에 도달하기 위해서는 B와 C, 또는 D와 E의 노드를 거쳐야 하는데, 이 두 노드에서 정체 현상이 일어난다고 전제한다. 특히 C와 D에서는 고정적으로 2시간의 정체가 일어나며, B와 E에서는 진입하는 차량의 수에 따라 기하급수적으로 정체 시간이 증가하는 노드라고 가정한다. 여기에서 각 개인은 ABCF 또는 ADEF의 두 가지 노선 중 한 가지를 택할 것이며, 다수의 차량이 네트워크에서 이동할 경우 장기적으로 차량의 분산 효과로 인해 두 노선의 통행 시간은 같아지게 된다. 즉 다수의 행위자 사이에 상호 작용의 균형점이 형성될 것이다.[7]

6 Cohen and Kelly(1990), p. 731.
7 Irvine(1993), pp. 150-151.

이처럼 변경 전의 네트워크에서 A 지점으로부터 F 지점으로 이동하는 데 걸리는 시간을 계산해 보면 어느 노선을 택하건 간에 다음과 같이 3시간 미만이 된다.[8]

ABCF 이동 시간 < 3

ADEF 이동 시간 < 3

이제 이 네트워크에 새로운 도로를 건설할 경우 어떤 현상이 나타날지 살펴보자. 〈그림 1〉의 오른쪽과 같이 B 지점에서 E 지점을 관통하는 G 노드를 새롭게 만들면 네트워크 전체는 변경 전의 도로 네트워크보다 더 복잡한 구조를 띠게 되는데, 이는 곧 도로 사용자인 개인들에게도 노선 선택의 폭이 더 커졌음을 의미한다. 이때 직관적으로는 네트워크 전체의 이동 시간이 더 줄어들 것이라고 예측되지만, 수학적으로 분석해 보면 오히려 증가할 수 있다는 것이 바로 브래스 패러독스의 요점이다. 실제로 변경 후의 네트워크에서 A 지점으로부터 F 지점으로 이동하는 데는 각 노선 모두에서 정확하게 3시간이 소요됨으

---

8 C와 D 노드에서의 정체 시간은 2시간에 고정되어 있으므로 B와 E에서의 평균 이동 시간을 계산할 필요가 있다. 이 지점에서 네트워크의 용량을 k, 각 노드에 진입하는 차량의 수를 y라고 하면, 노드에서의 평균 정체 시간은 1/(k−y)이 된다. 그런데 A 지점에 진입하는 n명 중에서 a명이 B 방향을, n−a명이 D 방향을 선택할 것이라고 가정해 보자. 이럴 경우 평균 이동 시간은 ABCF의 경우 1/(k−a)+2, ADEF의 경우 1/(k−(n−a))+2가 된다. 한편 장기적으로 두 노선에 차량이 고르게 분산된다고 가정했으므로 a=n−a=n/2이 되며, 두 노선에서 개인별 이동 시간은 모두 1/(k−(n/2))+2이다. 그런데 혼잡한 도로의 경우 n > k−1 > n/2 > 0의 관계가 수립되므로, 1/(k−(n/2))은 항상 1시간보다 작다. 따라서 초기의 네트워크에서 각 노선별 통행 시간은 다음과 같이 모두 3시간 미만이 된다. ABCF: 1/(k−a)+2 = 1/(k−(n/2)) < 3; ADEF: 1/(k−(n−a))+2 = 1/(k−(n/2)) < 3.

로써 변경 전보다 더 증가하게 된다.[9]

ADEF 이동 시간 = 3

ABCF 이동 시간 = 3

ABGEF 이동 시간 = 3

위의 사례에서 보듯이 새로운 노드(G)와 링크가 추가됨으로써 네트워크 내에서 모든 노선의 평균 이동 시간이 오히려 증가하고, 그로 인해 전체 이용자들에게 더 많은 시간 부담을 초래하게 된다. 즉 네트워크의 용량이 증가했음에도 불구하고 각 노선의 이동 시간이 오히려 늘어나는 '파레토 비효율적Pareto-inefficient' 현상이 나타나고 있는데, 이러한 패러독스는 실제의 도로교통 상황에서도 자주 관찰된다. 서울 시내의 도로 주행 시간에 관한 한 연구는 남산 2호 터널을 폐쇄할 경우와 개방할 경우 브래스 패러독스와 같은 반직관적 현상이 나타난다고 분석했다. 이 연구에 의하면, 공사로 인해 남산 2호 터널을 폐쇄하기 직전의 서울 시내 평균 주행 속도가 시속 29.53km였으나 터널을 폐쇄한

9 총 n명의 진입자 중에서 a명이 B 방향을, n−a명이 D 방향을 선택할 것이라고 가정하는 것은 앞서와 동일하다. 여기에서 G 노드에 1시간의 고정적 정체가 발생한다고 전제하되, B 지점에서 새로운 분기가 가능하므로 b명이 C 노드를 선택한다면, 나머지 a−b명은 G 노드를 선택하게 될 것이다. 이럴 경우 E 지점을 통과하는 차량 수는 $(n-a)+(a-b)=n-b$이며, E 지점에서 평균 이동 시간은 $1/(k-(n-b))$이 된다. 여기에서 $a-b>0$의 전제가 충족될 경우 장기적으로 ABCF와 ABGEF의 경로 이동 시간이 동일해질 것이므로, $1/(k-a)+2=1/(k-a)+1+1/(k-(n-b))$가 된다. 따라서 $1/(k-(n-b))=1$, 즉 $k-1=n-b$의 관계가 성립하게 된다. 한편 ADEF 노선에서는 평균 이동 시간이 모두 $2+1/(k-(n-b))=3$이 되며, 장기적인 분산 효과에 의해 B 지점의 평균 이동 시간도 자동적으로 1시간이 된다. 따라서 새로운 네트워크의 각 노선에서 요구되는 평균 이동 시간은 다음과 같다. ADEF: $2+1/(k-(n-b))=2+1=3$; ABCF: $1/(k-a)+2=1+2=3$; ABGEF: $1/(k-a)+1+1/(k-(n-b))=1+1+1=3$.

이후에는 오히려 차량 속도가 시속 30.37km로 개선되었다고 한다.[10] 남산 2호 터널이 서울 시내 도로 네트워크에서 주요한 링크로 기능한다는 점을 고려할 때, 이를 폐쇄함으로써 전체적으로 네트워크의 효율성이 좋아졌다는 사실은 분명 우리의 직관을 벗어나는 현상이다.

네트워크의 역설적인 현상은 비단 교통망에서만 나타나는 것은 아니다. 물체를 지탱하는 물리적인 스프링 네트워크에서도 링크를 제거할 경우 오히려 하중 허용치가 증가하며, 전자 네트워크에서도 전류의 전송 용량을 늘릴 경우 오히려 회로 전체의 가용 전류량이 하락하는 현상이 관찰되었다.[11] 분산형 컴퓨터 네트워크에서도 브래스 패러독스와 마찬가지로 연결망의 증가에 기인하는 병목 현상의 증가와 그로 인한 전체적인 효율성 감소가 보고된 바 있다.[12] 이와 같은 역설적 현상, 즉 네트워크의 용량이 증가했음에도 처리 능력은 오히려 감소하는 패러독스는 이제 물리적·전자적 네트워크, 교통망 네트워크, 컴퓨터 네트워크 등 다양한 영역에서 빈번하게 나타나는 것으로 알려져 있다.

한 가지 유의할 점은 브래스 패러독스와 같은 역설적 현상이 혼잡한 네트워크에서만 발생한다는 점이다. 다시 말해 정상적인 네트워크, 즉 기본적인 처리 용량을 초과하지 않는 네트워크 내에서는 이러한 현상이 발생하지 않는다.[13] 따라서 동일한 네트워크라 할지라도 혼잡한 경우에만 이와 같은 문제가 부각되는 것으로 알려져 있으며, 이 장에서도 이러한 관점에서 네트워크가 갖는 속성을 강조하려 한다. 여기에

10 Hwang, Eom and Kim(2001).

11 Cohen and Horowitz(1991), pp. 699-701.

12 Kameda, Altman, Kozawa and Hosokawa(2000), pp. 1687-1691.

13 앞의 브래스 패러독스 사례에서는 $n > k-1 > n/2 > 0$의 조건이 성립할 때 네트워크가 혼잡하다고 판단한다. 이때 k는 네트워크의 처리 용량, n은 진입 차량의 수를 나타낸다. Steinberg and Zangwill(1983), p. 302.

추가로 언급해야 할 점은 브래스 패러독스와 같은 현상이 엄밀하게는 '패러독스'라고 규정할 수 없다는 것이다. 여러 학자가 지적하고 있듯이, 이러한 현상은 그 속성상 반직관적이기는 해도 그 자체로서 논리적 모순이나 패러독스라고 볼 수 없는 혼잡한 네트워크의 고유 속성이기 때문이다.[14] 브래스 패러독스의 이론적 의미와 관련해 다음으로는 뉴컴의 문제를 살펴보고 이것이 브래스 패러독스와 어떠한 관계를 갖는지 밝혀보고자 한다.

3. 네트워크와 합리성의 한계: 뉴컴의 문제

앞서 살펴본 브래스 패러독스는 구조적으로 '뉴컴의 문제'와 매우 유사한 형태를 띤다. 뉴컴의 문제는 그동안 철학자들 사이에서 지속적으로 다루어져 왔는데, 네트워크 사회의 속성, 특히 사회적 딜레마에 관한 심층적인 인식론의 대표적 모델로서 의미가 크다. 뉴컴의 문제는 1960년대에 이론물리학자인 뉴컴William Newcomb에 의해 고안되었으며, 이후 노직Robert Nozick과 가드너Martin Gardner의 소개로 널리 알려진 논리적 퍼즐의 한 형태이다.[15] 이 문제는 어떤 선택을 하는 데 있어 합리적이라고 판단되는 두 가지 기준 사이에 모순이 일어날 수 있는 상황을 나타내는데, 가드너에 따르면 다음과 같은 경우에 해당한다.

---

14 Steinberg and Zangwill(1983), p. 317; Pas and Principio(1997), p. 275; Irvine (1993), p. 157. 다만 학계에서 이러한 현상을 관례적으로 '패러독스'라고 불러왔기 때문에 이 장에서도 그 개념을 엄밀하게 구분하지 않고 그대로 사용하기로 한다.

15 Gardner(1973), pp. 104-108; Gardner(1974), pp. 102-108.

탁자 위에 닫혀 있는 두 개의 상자 B_1과 B_2가 있다. B_1에는 1,000달러가 들어 있고, B_2에는 1백만 달러가 들어 있거나 아무것도 들어 있지 않을 수 있다. 당신은 B_2에 무엇이 들어 있는지 알지 못하며, 다음의 두 가지 대안 중에 하나만을 선택할 수 있다.

1. 두 개의 상자를 모두 갖는다.
2. B_2만을 갖는다.

그런데 초인적인 존재가 있어서 당신이 어떤 결정을 내릴 것인지 미리 예측할 수 있다고 하자. 결정론적으로 받아들일 필요는 없지만, 당신은 적어도 초인적인 존재의 예측이 '상당한 정도로' 정확하다는 것을 알고 있다. …… 만약 당신이 첫 번째 대안(두 개의 상자를 모두 갖는 것)을 선택할 경우 이 초인적인 존재는 B_2에 아무것도 넣지 않을 것이다. 만약 당신이 두 번째 대안(B_2만을 갖는 것)을 선택할 경우 초인적인 존재는 B_2에 1백만 달러를 넣을 것이다. 당신이 어떤 대안을 선택하건 간에 B_1에는 1,000달러가 들어 있다.[16]

이러한 상황에서 우리는 어떤 대안을 선택할 것인가? 가드너에 따르면 우리는 두 가지 중에 어떤 대안을 선택하더라도 딜레마에 빠지게 된다. 왜냐하면 합리적인 선택을 하는 데 있어서 우리는 다음의 두 가지 논리 중 하나를 기준으로 선택해야 하지만, 이 두 가지 모두 합리적인 근거를 지니고 있기 때문이다. 만약 초인적인 존재가 당신의 결정을 사전에 예측하고 미리 상자에 1백만 달러를 넣었거나 빈 상자로 놓

16 Gardner(1973), p. 105.

〈표 1〉 뉴컴의 문제: 게임의 구조

	초인적인 존재가 당신이 B_1, B_2를 모두 선택할 것이라고 예측한 경우	초인적인 존재가 당신이 B_2만을 선택할 것이라고 예측한 경우
(첫 번째 대안) 당신이 B_1, B_2를 모두 선택할 경우	1,000달러	1,001,000달러
(두 번째 대안) 당신이 B_2만을 선택할 경우	0달러	1,000,000달러

아두었다면, 당신이 처한 상황은 〈표 1〉과 같은 게임 구조를 갖는다. 이러한 게임을 수행하는 합리적인 결정자라면 초인적인 존재가 어떤 결정을 하는지에 상관없이 첫 번째 대안, 즉 B_1과 B_2를 모두 선택함으로써 더 많은 보상을 얻게 된다. 전통적인 게임 내에서는 '우위의 원칙 dominance principle'에 따라 상대(또는 초인적 존재)의 선택 여부에 관계없이 첫 번째 대안이 두 번째 대안보다 항상 1,000달러를 더 얻도록 해주기 때문에 보다 합리적인 전략이 되는 것이다.

그러나 전혀 다른 논리에서 우리는 두 번째 대안을 선호할 수 있다. 만약 우리가 첫 번째 대안을 고를 경우 초인적인 존재는 B_2에 아무것도 넣지 않을 것이다. 그러나 두 번째 대안을 고른다면 초인적인 존재는 B_2에 1백만 달러를 넣어놓을 것이다. 이러한 점을 알고 있다면 우리는 무조건 두 번째 대안, 즉 B_2만을 선택해야 한다. 이런 상황에서 각 대안의 기대효용을 계산해 보면 두 번째 대안을 선택해야 할 이유가 분명하게 드러난다. 만약 초인적인 존재의 예측 적중률이 0.9라고 가정한다면 첫 번째 대안을 선택할 경우 기대효용은 $(0.1\times1{,}001{,}000)+(0.9\times1{,}000)=101{,}000$달러이며, 두 번째 대안을 선택할 경우 기대효용은 $(0.9\times1{,}000{,}000)+(0.1\times0)=900{,}000$달러가 된다. 이럴 경우 두 번째

대안, 즉 B_2만을 선택하는 것이 훨씬 더 합리적이다.[17]

이렇게 보면 첫 번째 대안과 두 번째 대안이 지닌 합리성의 기준 사이에서 어떤 것을 선택해야 하는지 고민에 빠지지 않을 수 없다. 만약 이 게임에서 '우위의 원칙'을 판단의 기준으로 택할 경우 우리는 첫 번째 대안(B_1, B_2를 모두 가짐)을 선택해야 한다. 만약 이 게임에서 '기대효용의 극대화 원칙'을 기준으로 한다면 두 번째 대안(B_2만을 가짐)을 선택해야 한다. 이러한 두 대안 중에 우리는 과연 어떤 것을 선택해야 할까? 그동안 많은 수학자, 철학자, 자연과학자, 정치학자 등이 뉴컴의 문제를 심도 있게 논의해 왔지만 여기에 참여하는 학자의 수만큼이나 선택의 해법도 각양각색이었다. 또한 각각의 해법에 대한 논리적 근거를 제시하는 데에도 학자들 사이에 의견이 팽팽하게 대립하고 있으며, 이런 문제 자체가 성립될 수 없다는 제3의 견해까지 등장하면서 논란은 여전히 지속되고 있다.[18]

이러한 뉴컴의 문제는 네트워크 사회의 기본적인 속성과 관련해 어떤 의미를 갖는 것일까? 앞에서도 언급했듯이 사회의 네트워크화는 브래스 패러독스처럼 합리성 또는 합리적 선택 자체가 제약을 받기 쉬운 속성을 야기한다. 말하자면 개인 차원에서의 합리성 추구가 사회 전체 차원에서 최적화를 달성할 수 없는 구조적인 한계를 만들어 내는

17 이러한 선택은 적어도 초인적 존재의 예측 적중률이 1백만 달러와 1,000달러의 차이를 반영하는 0.5005 이상만 되어도 합리적이라고 할 수 있다. Brams(1975), pp. 596-612.

18 가드너에 의하면 1973년 그가 뉴컴의 문제에 관해 『사이언티픽 아메리칸*Scientific American*』에 게재한 글에 대해 148통에 달하는 독자들의 편지를 받았는데, 그중 89명의 독자들은 B_2만을 선택하는 방법을, 37명은 두 상자를 모두 선택하는 방법을 지지했으며, 나머지는 이러한 상황 자체가 존립 불가능하거나 논리적으로 모순이라는 입장을 취했다고 한다. Gardner(1974), p. 102.

〈표 2〉 2인 게임으로 표현된 뉴컴의 문제

	행위자 B가 비협조 전략을 택할 경우	행위자 B가 협조 전략을 택할 경우
행위자 A가 비협조 전략을 택할 경우	(1,000달러) 1,000달러	(0달러) 1,001,000달러
행위자 A가 협조 전략을 택할 경우	(1,001,000달러) 0달러	(1,000,000달러) 1,000,000달러

것이다. 그런데 합리성의 기준에 있어서 또 다른 패러독스 모델인 뉴컴의 문제 역시 브래스 패러독스와 유사한 구조를 지니고 있어서 네트워크화의 성격을 파악하는 데 큰 도움이 된다. 이러한 연계성을 이해하기 위해 우선 뉴컴의 문제를 행위자(〈표 1〉에서는 '당신'이라고 언급)와 초인적 존재 사이의 1인 게임 구조로부터 두 행위자 사이에 이루어지는 2인 게임 구조로 변화시키면 그 형태는 〈표 2〉와 같다.

이 표에서 행위자 A와 B는 상호 협조 시에 각각 1백만 달러씩을, 상호 비협조 시에는 각각 1,000달러를 받는다고 보며, 한쪽이 협조 전략을 선택하고 다른 쪽이 비협조 전략을 선택할 경우에는 비협조 전략을 선택한 쪽이 1,001,000달러를 받고, 협조 전략을 선택한 쪽이 아무것도 받지 못한다고 가정한다. 이럴 경우 뉴컴의 문제는 죄수의 딜레마 게임 구조와 동일한 형태를 띠게 되며, 양자 간에는 1인 게임인지 아니면 2인 게임인지의 차이만 존재하게 된다. 〈표 2〉에서 각 항의 좌측 하단부에 표시된 행위자 A의 보상 구조는 〈표 1〉에서 보여주고 있는 보상 구조와 동일하며, 우측 상단부의 괄호 안에 표시된 행위자 B의 보상 구조 역시 그 대칭적인 이미지로서 동일한 값을 가진다. 따라서 뉴컴의 문제는 1인 게임으로 표시한 죄수의 딜레마 게임의 한 유형이며, 결국 양자는 동일한 사회적 패러독스를 나타내고 있다. 이 구조는 비협조 게임의 '파레토 준최적화Pareto suboptimality'를 나타내는 것으로, 개인 차원에서의 합리성 추구가 사회 차원에서의 합리성으로 곧바로 연결되지 않는 역설적 현상을 설명할 때 많이 이용된다.[19]

이렇게 본다면 브래스 패러독스나 뉴컴의 문제 모두 사회적 선택의 구조적 한계를 논할 때 자주 언급되는 '죄수의 딜레마' 비유와 동일한 것으로 이해될 수 있는 모델이다.[20] 또한 학계에서 잘 알려져 있다시피 2인 사이에 이루어지는 죄수의 딜레마 게임은 다자간의 '사회적 선택' 게임으로도 변환될 수 있다. 그렇다면 앞서 살펴본 여러 형태의 패러독스 모델들은 모두 개인들 사이의 상호 작용을 바탕으로 하는 사회적 선택과 네트워크 구조의 반직관적 속성을 나타내는 비유라고 할 수 있다. 특히 다자간에 이루어지는 죄수의 딜레마는 집단행동의 논리 또는 공유지의 비극과 마찬가지로 개인들이 추구하는 합리성의 결과가 결국 사회 전체 차원에서는 최적화된 결과를 보장하지 않는다는 점에서 인간 사회가 안고 있는 비극적 딜레마의 대표적인 모델로 인식되어 왔다.[21]

결국 브래스 패러독스나 뉴컴의 문제와 같이 일견 '모순contradiction' 처럼 보이는 비유는 우리가 사회 현상을 이해하는 데 있어 개인의 동기와 이익에만 집착한 채 거시적·구조적 차원의 고유한 속성을 충분히 고려하지 못한 결과로 이어진다는 것을 잘 드러내고 있다. 다시 말해 합리적 개인 차원에서는 자신이 몸담고 있는 사회의 구조적 비용에 대해 무관심하지만, 이러한 비용이 사회 전체 차원에서는 한꺼번에 부

19 Irvine(1993), pp. 145-146.

20 죄수의 딜레마는 유사한 형태의 78가지 2×2 게임 중에서 안정적으로 도달하는 하나의 균형점이 파레토 최적화를 달성하지 못하는 유일한 게임이다. Hardin(1982), p. 28.

21 Hardin(1968), pp. 1243-1248.

각됨으로써 결국 모든 개인이 부담을 나누어야 하는 상황에 맞닥뜨리게 되는 것이다. 따라서 이러한 구조 속에서 사회적 비용에 대한 고려가 동시에 이루어진다면 모순이나 역설적인 모습은 자연스럽게 사라질 것이다. 예를 들어 혼잡한 도로망의 경우에도 통행세 등 네트워크화의 정도를 적절하게 조절하는 제도적 장치를 도입한다면 네트워크의 효율성은 최적화 수준에 도달할 수 있을 것이다.[22] 뉴컴의 문제에 있어서도 선택의 상호성, 즉 행위자 개인의 선택이 초인적 존재의 선택에 영향을 미치고 다시 이것이 원래 행위자의 선택에 영향을 미치는 상호성을 고려할 수 있다면 역설적인 현상은 사라지게 된다. 결국 브래스 패러독스나 뉴컴의 문제, 죄수의 딜레마, 공유지의 비극 등은 그 자체로서 논리적 모순이라기보다 네트워크 사회에서 자연스럽게 나타나는 거시적 속성이며, 기존 패러다임으로는 이해하기 어려운 반직관적 현상이다.

4. 사회의 네트워크화는 어떤 결과를 낳는가?

확률론적 세계관과 예측 불가능성

브래스 패러독스와 뉴컴의 문제를 통해 분명하게 알 수 있는 네트워크 사회의 여러 속성 중 하나는 기존의 합리적, 상식적 논리만으로 예측하기 어려운 현상이 네트워크상에서는 얼마든지 일어날 수 있다는 점이다. 일정한 혼잡도를 넘어서는 교통 네트워크나 인터넷, 그리

22 Pas and Principio(1997), p. 275.

고 각종 물리적 네트워크에서 우리는 언뜻 직관적이지 않은 모습을 발견하기도 한다. 인식론적 차원에서 본다면 이와 같이 반직관적이면서도 예측 불가능한 네트워크 사회의 속성은 그동안 우리를 지배해 온 결정론적 세계관의 한계를 드러내는 것이다. 결정론적 세계관은 합리주의와 뉴턴의 물리학에 그 기반을 둔 것으로, 모든 대상의 초기 조건과 작동 원리만 알 수 있다면 어떤 것이든지 측정 또는 예측할 수 있다는 확신으로 이어진다. 하지만 이러한 결정론은 20세기에 들어와 양자역학 및 복잡계 이론의 발전으로 인해 그 한계가 점차 드러나기 시작했다. 사회의 네트워크화가 빠르게 진행될수록 복잡성과 비선형적 상호 작용이 기하급수적으로 증가하게 되고, 이는 곧 시스템의 예측 불가능성을 더욱 높인다. 이럴 경우 우리는 지금까지 과학을 지배해 온 선형적 사고방식과 결정론적 세계관으로 세상을 설명하거나 미래를 예측하기가 더욱 어렵다는 결론에 도달하게 된다.

뉴컴의 문제는 그 구조상 브래스 패러독스 및 죄수의 딜레마와 유사한 형태를 띠고 있지만, 합리적 선택의 여러 기준 사이에도 간극이 존재할 수 있다는 것을 드러낸다는 점에서 계몽적 효과를 가진다. 특히 전통적으로 많이 알려진 상호 작용 게임의 구조와는 달리, 뉴컴의 문제는 기대효용을 통한 합리적 선택이 결정론적·구조적 선택과 배치되는 확률론적 시각보다 중요하다는 점을 부각하고 있다. 이러한 점은 뉴컴의 문제를 자주 언급했던 가드너의 논의에서도 강조되는데, 그에 따르면 이 문제에 잠재되어 있는 인간의 '자유의지free will'라는 것이 완전한 운명 결정론이나 완전한 우연의 산물이 아니라 양자를 포괄하는 한층 복잡하면서도 심오한 성격을 띤다는 것이다. 가드너 자신도 결정론적 세계관과 확률론적 세계관 사이에서 어떤 것이 더 타당한지, 아니면 이들 세계관이 어느 정도로 상호 연관되어 있는지 분명한 결론을 내리지 않고 있지만, 적어도 뉴컴의 문제를 통해서 이러한 세계관 사이의 갈등 관계를 읽어낼 수 있다는 것이다.[23]

뉴컴의 문제는 결정론적 세계관과 확률론적 세계관이라는 서로 다른 기준이 각각 합리적 선택을 위해 적용될 수 있음을 잘 보여준다. 우위의 원칙에 따를 경우 행위자는 상대방(또는 초인적인 존재)의 선택에 상관없이 무조건 두 상자를 모두 선택해야 하지만, 기대효용의 법칙에 따를 경우 B_2만을 선택해야 하는데, 여기에서 기대효용의 법칙 자체가 바로 확률 계산에 의존하기 때문에 네트워크 사회에서 확률적 접근법의 중요성은 더욱 커진다. 즉 초인적인 존재와 행위자 사이의 선택이 상호 연계되어 있을수록 확률적인 요소가 그만큼 더 중요해지는데, 네트워크 사회에서는 노드나 링크가 증가할수록 바로 이러한 상호 의존성이 더욱 증가하고 복잡해지면서 결과에 대한 예측이 불명확해질 수밖에 없는 것이다. 따라서 네트워크화의 진행은 그 자체로서 효율성을 증가시키는 등 긍정적인 요소를 지니고 있지만, 동시에 중요한 결정이나 선택에 있어 결정론적 세계관으로부터 벗어나 점차 확률론적 세계관으로 옮겨갈 수밖에 없다는 인식론적 전환을 요구한다. 사회의 네트워크화는 일정한 수준을 넘어서게 되면 반직관적·반합리적 현상이 복합적으로 나타나게 되고 여기에 복잡한 비선형 관계까지 영향을 미치면서 기존의 결정론적 패러다임으로는 설명할 수 없는 현상을 초래하고 정확한 예측을 불가능하게 만드는 것이다.

이와 같은 두 세계관 사이의 차이는 연역적 접근법과 경험적 접근법 사이의 갈등 관계를 반영하는 것이기도 하다. 즉 죄수의 딜레마와

23 가드너는 뉴컴의 문제와 관련해 "인간의 자유의지와 결정론이 호환될 수 있는가?"라는 철학적 질문을 던졌지만, 이에 대한 여러 해답 중에서 만족할 만한 것은 없었다고 술회하고 있다. Gardner(1973), pp. 106-107.

마찬가지로 뉴컴의 문제에서 두 상자를 모두 선택하는 대안은 게임의 구조에서 결정되는 연역적 추론에 의한 결과인 반면, B_2만을 선택하는 대안은 각 보상payoff 구조의 기대치와 확률을 귀납적으로 계산해 얻는 결과이다.[24] 이러한 맥락에서 인간의 자유의지가 미치는 영향, 즉 확률적 계산과 그로 인한 불확실성의 증가는 어쩔 수 없이 받아들여야 하는 네트워크 사회의 새로운 속성인 것이다. 결국 네트워크화가 빨라지고 심화될수록 개개 구성원의 행동은 구조적 차원에서 획일적인 선택(예를 들어 죄수의 딜레마에서 우위의 원칙에 의해 결정되는 비협조 전략)보다는 개인적 차원에서 확률적 계산에 따른 다양한 선택을 취할 가능성이 커진다. 이러한 변화는 곧 전체 시스템 차원에서의 조정이나 통제가 점점 더 어려워질 것이라는 의미를 함축한다.

결국 자유의지에 따른 개인적 차원의 선택이 증가하고 그러한 선택 사이에서 상호 의존성이 커지게 되면, 네트워크 사회는 점점 더 확률적인 성격을 띤 구조로 바뀔 것이다. 개인의 선택과 행동이 상대방에게 더 큰 영향을 미친다면 단순한 죄수의 딜레마에서와 같은 우위의 원칙은 더 이상 작동하기 어렵다.[25] 우위의 원칙이 지배하는 단순한 결정론적 사회에서는 미처 발견할 수 없었던 네트워크의 확률적 속성은 분명 기존의 패러다임이 지닌 한계를 드러내기에 충분한 것이다. 이런 점에서 우리는 사회의 네트워크화가 초래할 구조적 변화에 대해 좀 더 진지하게 접근할 필요가 있다. 연결망이 늘어나면서 편의성과 효율성이 증가하는 한편, 그로부터 발생하는 불안정성과 예측 불가능성은 부정적인 효과로 이어질 수 있기 때문이다. 이처럼 계몽적 모델과 추상

24 Schlesinger(1974), pp. 209-221; Cargile(1975), pp. 234-239.

25 Bar-Hillel and Margalit(1972), p. 297.

적 차원의 논의를 통해 밝혀낼 수 있는 네트워크 사회의 속성을 단지 무미건조한 이론적 담론으로만 치부해서는 곤란하다. 우리 주변의 수많은 영역에서 연결성이 강화되고 상호 의존이 심화되면서 현실 사회 속에서도 네트워크화의 예기치 못한 영향이 감지되고 있기 때문이다. 빠르게 전개되고 있는 네트워크화 추세는 그 긍정적 효과에도 불구하고 일정한 단계를 넘어설 경우 예측 불가능하면서도 매우 불확실한 사회 구조로 이어질 가능성이 크기 때문에 이러한 문제에 대한 심층적 고찰이 요구되는 것이다.

복잡성과 불안정성

사회의 네트워크화는 필연적으로 개인들 사이의 복잡한 연계성을 증가시키며 그로 인해 시스템 전체 차원에서 안정성을 높인다는 것이 지금까지의 일반적인 생각이었다. 생물학이나 생태학 등 자연 상태에서의 네트워크를 연구하는 분야에서도 단순한 것일수록 불안정하며 복잡한 것일수록 안정적이라는 이론이 주류를 이루었으며, 생물 종種의 다양성은 이러한 안정적 네트워크에 필수적인 요소라고 여겨졌다.[26] 그러나 사회의 네트워크 구조가 복잡해질수록 시스템의 안정성은 오히려 줄어든다는 정반대의 시각도 최근 들어와 호응을 얻고 있다. 예를 들어 생태학 분야에서는 다양한 종 사이의 연계성이 낮아질수록 안정성은 증가하며, 연계성이 높아도 종의 수가 줄어들 경우 역

26 열대우림의 먹이사슬 네트워크는 다양한 종의 생물이 복잡하게 연계되어 있어서 매우 안정적인 구조를 유지하는 반면, 극지방과 같이 종 사이의 연계성이 낮은 지역에서는 먹이사슬 네트워크 자체가 불안정해질 수밖에 없다는 것이 그동안의 전통적인 시각이었다. May(1973), p. 37.

시 안정성은 증가한다는 발견이 보고되었다.[27] 생물학 및 생태학에서의 이러한 발견 역시 브래스 패러독스와 마찬가지로 직관적으로는 이해하기 힘든 현상인데, 이에 대해 네트워크 내에서의 예측성은 비선형적 상호 작용에 의해 제약을 받기 때문에 시스템의 안정성이 흔들리게 된다는 해석이 가능하다.

이러한 관찰은 국제정치의 영역에서도 소개된 바 있는데, 국가들 사이의 상호 작용이 빈번하고 복잡해질수록 서로 간의 상호 의존이 증가하면서 불안정성도 함께 증가한다는 관측이 널리 인정되어 왔다. 코헤인Robert Keohane과 나이Joseph Nye에 의하면 국가들의 상호 의존 관계(네트워크)가 심화될수록 민감성과 취약성의 차원에서 개별 국가는 큰 영향을 받게 된다. 여기에서 한 나라가 다른 나라의 정책 변화에 대해 '민감하다'는 것은 정책 프레임워크 내에서 그에 반응하는 정도를 가리키는데, 이는 상대국의 변화에 대해 얼마나 빨리 반응하는지, 또는 얼마나 큰 비용을 지불할 것인지 등이 해당한다. 예를 들어 국제 석유 가격이 상승할 경우 수입국들은 자국 석유 수입의 비중을 줄이는 정책과 같이 민감한 반응을 보일 것이다. 따라서 상호 의존에 대한 민감성이란 국가들 사이에 기존의 정책 프레임워크를 바꾸지 않는 범위 안에서 상대국의 정책에 대한 반응의 정도라고 할 수 있다.[28]

한편 국가들이 상호 의존해 있는 상황에서도 상대국의 정책 변화에 대해 기존의 정책 프레임워크를 넘어서는 대안을 얼마나 지니고 있는가의 정도를 취약성으로 규정할 수 있는데, 예를 들어 석유 가격이 상승할 경우 가격이나 수입 물량의 차원을 넘어 대안의 에너지 정책을

---

27 Pimm(1984), pp. 321-326.

28 Keohane and Nye(1977), pp. 11-12.

추진할 수 있는 역량을 갖춘 국가라면 고유가에 대해 상대적으로 덜 취약하다고 할 수 있다.[29] 국제정치에서 상호 의존성이 높아질수록 국가들 사이에 이와 같은 정책적 민감성과 취약성도 더욱 증가할 수밖에 없으며, 이는 곧 외교와 정책의 대응 능력을 축소하고 예측 가능성을 줄이는 결과로 이어지고 있다. 국제정치의 상호 의존 네트워크는 이러한 방식으로 국가 간 관계의 불안정성을 증가시키며, 이 과정 속에서 국가들의 역량에도 편차가 나타남으로써 구조적인 변동을 초래할 수 있다는 것이다.

그렇다면 네트워크상에서 존재하는 불안정성은 어떠한 형태로 나타나는 것일까? 놀랍게도 이러한 불안정성은 생물학이나 생태학뿐만 아니라 사회적 관계에서도 유사한 모습을 띠는 것으로 알려져 있는데, 가장 중요한 속성으로는 급격한 변화의 가능성을 꼽을 수 있다. 이러한 급격한 변화를 설명하는 개념으로 '단절적 균형punctuated equilibrium'을 들 수 있는데, 이와 관련해 굴드Stephen Gould와 엘드리지Niles Eldredge는 기존의 점진적 진화설을 배격하고 단절적 진화설을 제기함으로써 학계에서 큰 주목을 받았다. 이들은 진화의 패턴을 둘러싼 논쟁에서 생물의 진화 과정이 오랜 기간의 안정기와 매우 짧은 기간의 격변기로 이루어지는데, 그동안의 연구들은 격변 자체에만 치중함으로써 오랜 기간의 안정이 미치는 장기적 영향을 제대로 반영하지 못했다고 비판했다.[30] 이 두 가지 요소를 동시에 고려한다면 생물의 진화 과정에서 변화는 항상 상대적으로 짧은 기간 동안에 급격하게 이루어져 왔으며, 이를 생물 간 네트워크의 과정에 대입시키면 변화의 속성과 그로 인한 불안

---

29 Keohane and Nye(1977), p. 13.

30 Gould and Eldredge(1977), pp. 115-151.

정성을 파악하는 데 중요한 시사점을 얻을 수 있다는 것이다.

메이Robert May는 이와 같이 급격하게 이루어지는 변화를 '질적 변화'라고 규정지었는데, 네트워크 시스템에서는 이러한 질적 변화가 구조적으로 나타나면서 갑작스러운 불안정을 야기하게 된다.[31] 즉 네트워크 내의 상호 작용은 오랜 기간의 안정기를 거치다가 갑작스러운 변화(예를 들어 특정 생물의 멸종)를 겪게 되는데, 이러한 변화는 브래스 패러독스와 같이 정상적인 네트워크에서는 아무런 문제가 없다가 혼잡도가 일정 수준을 넘어서게 되는 경우 반직관적인 현상이 갑자기 나타나는 것과 유사한 현상으로 이해할 수 있다. 특정한 수준을 넘어서면 양적 변화가 곧 질적 변화로 바뀐다는 것으로, 이것이 바로 네트워크 구조 속에서 자주 나타나는 패러독스 현상의 기본적인 특징이다. 물리학의 세계에서도 이미 밝혀졌듯이 정량적인 기준이 어느 일정한 수준을 넘어서게 되면 "많아질수록 다른 성질을 띠게 된다More is different"는 격언이 실현되는 것이다.[32]

네트워크 내에서의 불안정성은 이러한 급격한 변화 가능성 이외에도 극단화 및 집중화 현상에 의해 더욱 증가할 수 있다. 극단화 및 집중화 현상은 시장이나 사회공동체 등에서도 자주 관찰되는데, 특히 네트워크 구조가 매우 발달된 경우에 흔히 볼 수 있다. 네트워크 사회가 이러한 현상을 보이는 것은, 기존의 뉴턴식 사고방식에서 당연한 것으로 간주된 균형을 유지하는 성향 대신에 정반대의 측면에서 '균형으로

---

31 May(1973), pp. 17-18.

32 앤더슨에 의하면, 물질의 경우에 그 규모가 커질수록(즉 내부 노드의 수가 많아지거나 링크가 복잡해질수록) 물질의 상태가 갑작스럽게 변화함으로써 미시적 차원에서 작동하던 원리들이 더 이상 작동하지 않게 되는 경우가 생긴다. Anderson(1972), pp. 393-396.

부터 멀어지는' 성질이 두드러지게 나타나기 때문이다. 경제학에서는 그동안 시장 원리에 의해 수요와 공급 사이에 가격을 통한 균형 메커니즘이 작동하며, 수확이 증가할수록 한계이익은 감소함으로써 시스템의 균형이 자동적으로 이루어진다는 신고전파 경제 이론이 주류를 형성했다. 그러나 최근 들어 이러한 균형 지향적 성향과는 정반대로 균형을 무너뜨리는 성향이 많이 관찰되면서 신고전파 경제 이론에 대한 대안 이론들이 등장하게 되었는데, 그중에서도 대표적인 것이 '수확 체증increasing returns'과 '경로의존성path dependence'에 관한 이론이다.

복잡계 경제 이론의 주창자인 아서W. Brian Arthur는 인간 합리성의 한계와 판단 기준의 주관성으로 인해 기존 경제학에서 당연하다고 받아들여지는 '완전한 합리성'의 전제가 많은 문제점을 안고 있다고 주장한다.[33] 나아가 개인의 정책 결정은 네트워크 사회 속에서 항상 다른 사람의 결정에 영향을 받기 때문에 전통적 합리성의 관념만으로는 이해할 수 없는 현상이 나타나게 된다. 특히 이처럼 서로 연결된 사회 속의 개인들은 자신의 결정이 상대방에게 미칠 영향, 그리고 상대방의 결정이 자신에게 미칠 반작용을 함께 고려하면서 상호 작용을 통해 거시적 사회균형점에 도달하게 된다는 것이 복잡계 경제 이론의 핵심적인 주장이다.[34] 결국 완전한 합리성이란 현실 세계에서는 그대로 적용

33 사이먼Herbert A. Simon에 따르면 사회 현상을 분석하는 데 기존 경제학의 전제가 되어 온 '완전한 합리성' 대신 인지심리학에서 제시하는 '제한적 합리성' 관념이 더욱 중요해지고 있다. Simon(1985), pp. 293-304. 이러한 주장은 경제학 연구의 주종을 이루어 왔던 공리적·연역적 방법 대신에 현실적 관찰과 그에 기반하는 귀납적 방법이 상대적으로 더 중요하다는 이론적 의미를 내포하고 있기도 하다. 정치학이나 사회학 등 인접 학문 분야에서도 동일한 논리가 적용될 수 있는데, 사이먼의 논의는 이와 같이 사회과학의 방법론 논쟁에 커다란 영향을 미쳤다.

34 아서의 컴퓨터 시뮬레이션 역시 동일한 패턴을 보여준다. 그의 실험은 네트워크 속에서 개개의 행위자가 경험적·귀납적 논리만으로도 특정한 파라미터 값(예를 들어

하기 힘든 관념이며, 오히려 시장과 같은 우리의 일상생활은 '제한적 합리성bounded rationality'과 반복적인 시행착오를 통해 균형점에 도달하는 것으로 이해할 필요가 있다.[35]

이처럼 제한적 합리성이 작동하는 네트워크상에서는 서로의 결정에 대한 불완전한 기대치가 각 개인의 선택에 영향을 미치기 때문에 어느 누구도 시스템 전체 차원에서 완벽한 해법을 만들어 내는 것이 불가능하다. 따라서 거시적인 균형점에 도달하는 과정 자체는 매우 불안정하면서도 예측 불가능한 속성을 지니고 있다는 점을 잊어서는 안 된다. 그만큼 네트워크화의 진행은 사회 전체의 구조를 불안정하면서도 취약하게 만들 수 있으며, 특히 특정한 위험이나 공포, 불안정성이 시스템 전체에 걸쳐 순식간에 확산됨으로써 개인 차원에서는 통제가 어려울 정도로 시스템의 변화를 초래하기도 한다. 이러한 현상은 생태계나 지진, 감염병과 같은 자연계의 네트워크뿐만 아니라 군중의 집합적 행동, 사재기, 뱅크 런 등 사회의 네트워크 속에서도 자주 관찰되고 있다.

21세기에 들어와 전 세계적으로 파급 효과가 컸던 인터넷 대란이나

60명의 적절한 고객 수)에 도달할 수 있음을 보여준다. 이러한 논리는 주식시장의 분석에도 이용되고 있는데, 기본적으로는 신고전파 경제학에서 주장하는 완전한 합리성의 전제를 비판한다는 점에서 복잡계 경제학의 골격을 이루고 있다. Arthur(1984), pp. 406-411; Arthur(1995), pp. 20-25.

35 아서는 이러한 논리를 '엘 파롤El Farol 문제'라는 간단한 모델을 통해 잘 묘사하고 있다. 엘 파롤은 뉴멕시코주 산타페에 있는 유명한 주점인데, 아서는 목요일 저녁마다 근사한 아일랜드 음악을 제공하는 이곳에 어떻게 고객의 수가 적절한 수의 균형점(예를 들어 60명)에 도달하게 되는 것일까 하는 문제의식에서 출발해 사람들 사이의 추론 과정이 상호 작용하는 경제적 메커니즘을 모델화하고 있다. 이 모델에서는 서로 커뮤니케이션이 없는 고객들이 어떻게 적절한 수, 말하자면 혼잡하다는 느낌 없이 즐길 수 있는 60명 규모의 균형점에 자연스럽게 도달하는가를 보여준다. 고객들은 현재 주점 안의 인원이 몇 명이라는 정보를 분명 알지 못하지만, 스스로의 반복적 경험을 통해 귀납적으로 이러한 균형점에 도달하게 된다는 것이 이 모델의 핵심 주장이다.

금융 위기의 확산, 그리고 코로나 사태 역시 네트워크화가 고도로 진행된 사회에서 더욱 두드러지게 나타나는 현상이라고 할 수 있다. 사람(또는 노드) 사이의 교류(또는 링크)가 급증하면서 이러한 불안정한 요소들이 네트워크상에서 순식간에 확산되었고, 과거와는 비교가 되지 않을 정도의 빠른 속도로 전체 시스템의 존속과 안정성을 위협하는 수준에 이르게 된 것이다. 이런 차원에서 우리는 오늘날 기술의 발전에서 유래한 사회정치적 네트워크화의 추세가 초래하는 긍정적 측면뿐만 아니라 부정적 차원의 효과에 대해서도 진지하게 살펴보아야 할 것이다. 무엇보다도 의도하지 않았던 부작용이 기술 발전과 네트워크 구조에서 불거질 수 있는데, 앞서 브래스 패러독스나 뉴컴의 문제에서처럼 기존의 패러다임에서는 제대로 반영하지 못하는 '사회적 비용'에 대해 더욱 많은 관심을 기울여야 할 것이다.

임계치와 자기 조직화

네트워크 구조 속에서는 단위체들 사이의 상호 의존성으로 인해 양적 변화가 오랜 기간에 걸쳐 누적되며, 이것이 특정한 수준을 넘어서면 질적 변화로 바뀐다. 질적 변화는 대부분 갑작스럽게 일어나는 것처럼 보이지만, 사실은 사회 구조 속에서 자생적으로 시작되어 일정한 임계치를 향해 지속적으로 나아간다는 점에 주목할 필요가 있다. 네트워크 사회 구조 속에서 이루어지는 상호 작용의 여러 파라미터 값은 거시적 차원에서 직접 관찰하기가 쉽지 않지만 대부분 특정한 값을 향해 서서히 증가하다가 결정적인 순간에 시스템의 속성을 바꾸는 수준의 효과로 이어진다. 이러한 '임계치'의 존재는 그것이 바람직한 변수이건 그렇지 않건 간에 네트워크 내부에 잠재되어 있다가 특정한 순간에 한꺼번에 영향을 미침으로써 시스템의 변화를 초래한다. 브래스 패러독스의 사례에서 보았듯이 도로 네트워크의 혼잡도를 나타내는 파라미터 값 역시 특정한 수준을 넘어서게 될 경우 신설 링크의 연결이 오히려 혼잡도를 가중하는 역설적인 현상을 보이는데, 이 역시 네트워크의 속성을 규정하는 데 임계치의 존재가 얼마나 중요한지를 잘 보여주는 경우이다.

임계치의 존재는 주어진 변수가 어떤 기능을 하는지에 따라서 서로 다른 의미로 해석될 수 있다. 네트워크 내에서 적절한 수의 노드는 시스템 전체의 효율성을 증가시키는 역할을 하기도 하지만, 노드 간의 연계가 특정한 수준을 넘어서게 되면 시스템의 구조가 불안정해지는 결과를 낳기도 하기 때문이다. 다시 말해서 네트워크 내의 노드 수가 시스템이 감당할 수 있는 수준을 넘어서게 되면 그 복잡성으로 인해 전체의 효율성은 떨어질 것이다. 중요한 문제는 '얼마만큼의 수'가 적절한가에 있는데, 이와 관련해 한 연구에서 다루어진 사례를 살펴보자. 이에 따르면 캔자스시티와 샌디에이고, 시애틀, 세 도시를 연결하는 최단 고속도로를 건설하는 데 3,000마일에 달하는 도로망이 필요하다고 한다. 그런데 세 도시 사이에 솔트레이크시티라는 노드를 새로 추가해 총 네 도시를 연결하는 데는 도로망이 총 2,850마일이면 충분하며, 따라서 약 5퍼센트의 건설 비용 절감 효과를 기대할 수 있다고 한다.

수학적으로 이러한 절약 비율은 네트워크 구조 내에서 평균 13퍼센트, 또는 최대 18퍼센트를 넘지 않는 것으로 알려져 있는데, 이러한 값이 바로 해당 네트워크의 특징을 결정짓는 임계치라고 할 수 있다.[36]

36 13퍼센트라는 수치는 삼각형 네트워크에서 가운데에 새로운 노드를 추가할 때의 비

임계치는 많은 변수에서 나타날 수 있지만, 어떤 변수에서 얼마만큼의 값으로 존재하는지에 대해서는 구체적으로 알려지지 않고 있다. 다만 네트워크의 확산과 심화 과정 속에서 우리가 미처 신경 쓰지 못했던 다양한 변수에서 이러한 임계치의 존재가 드러나면서 시스템 속성이 질적 변화를 겪게 되는 경우가 빈번하게 나타난다는 점은 분명하다. 따라서 앞으로 수많은 네트워크가 나타나고 확장될 때마다 우리는 각각의 네트워크가 잠재적으로 보유하고 있는 임계치의 속성과 그것이 시스템 구조 전체에 미칠 영향에 대해 선제적으로 인식하고 대응할 필요가 있다.

이와 더불어 네트워크 구조가 지닌 불안정성의 맥락에서 우리는 다양한 변수의 임계치가 구체적으로 어떤 값을 가지고 있는가에 대해 관심을 가지고 이를 밝혀내기 위한 노력을 기울여야 한다. 가드너Mark Gardner와 애쉬비W. Ross Ashby는 이러한 문제의식과 관련해 얼마만큼의 임계치에서 대규모의 네트워크 시스템들이 안정과 불안정의 변화에 민감한 반응을 보이는가를 연구했다. 이들의 연구에 따르면, 임의의 노드 수를 가진 대규모 네트워크는 특정한 수준의 연계성에 도달할 때까지 상당히 안정적인 성향을 보이지만 이것이 임계치를 넘어서게 되면 안정적인 시스템이 순식간에 붕괴될 수 있다고 한다. 예를 들어 네 개의 노드를 가진 네트워크에서는 연계성이 어느 정도인가에 따라서 불안정성의 정도가 서서히 증가하지만, 열 개의 노드를 가진 네트워크에서는 13퍼센트의 연계도를 전후해 안정성과 불안정성의 경계가 갑자기 가파르게 형성된다는 것이다.[37] 다시 말해 복잡한 대규모 네트

율인 31/2과 2의 관계로부터 유래한다. Cipra(1990), pp. 1081-1082.

37 Gardner and Ashby(1970), p. 784; May(1973), p. 413. 생명체의 네트워크를 연구해 온 카우프만Stuart Kauffman의 NK 모델에 의하면, 일정한 수(N)의 노드가 어느

워크 속에서는 안정성을 가늠 짓는 특정한 임계치가 존재하는데, 이러한 속성을 이해하고 그 임계치의 수준을 파악하려는 노력이 반드시 필요하다.

네트워크 파라미터에 관한 연구에 따르면, 임계치는 네트워크마다 외생적으로 주어진다기보다 구성 단위체들 사이의 상호 작용을 통해 내생적으로 형성된다. 이론물리학자인 바크Per Bak는 산불이나 지진, 도시의 형성, 언어의 진화 등 자연과 사회의 네트워크에서 나타나는 수많은 사건은 일정 기간 누적되어 온 정량적 변수가 임계치에 도달하면서 정성적 또는 질적 차원에서의 변화로 이어진다고 설명한다. 예를 들어 바닷가에서 모래탑을 쌓을 때마다 그 높이가 올라가면서 간헐적으로 모래사태가 일어나는데, 이러한 일련의 모래사태가 개개 모래알 사이의 네트워크 내에서 상호 작용을 통해 만들어지는 집합적 현상이라는 것이 바크의 주장이다. 여기에서는 모래알 사이에 수직적 탑이 형성되다가 추가적인 무게를 더 이상 지탱하지 못하게 되면 붕괴하면서 모래사태를 야기한다고 보며, 이는 외부로부터의 충격에 의한 것이 아니라 모래알 사이의 내부 상호 작용에 의해 만들어지는 '자기 조직적self-organized' 현상이며, 이 현상이 나타나는 지점을 임계치라고 인식한다.[38]

이러한 이론적 프레임워크는 지진이나 전쟁의 규모와 빈도, 경제

정도의(K) 연계성을 지니고 있는가에 따라 자기 조직화가 일어난다고 한다. 카우프만의 모델에서는 K 값이 2일 경우에 생명체의 질서가 가장 활성화되는 것으로 나타났는데, 이러한 모델 역시 네트워크 내의 특정 임계치가 갖는 중요성을 잘 보여준다. Kauffman(1995), pp. 81-86.

38 바크는 자신의 이론 틀을 '모래탑 패러다임sandpile paradigm'이라고 비유적으로 표현했는데, 좀 더 기술적으로는 '자기 조직적 임계성self-organized criticality'으로 통용되기도 한다. Bak(1996) 참조.

활동, 인구 집중을 비롯해 다양한 자연 및 사회의 네트워크 현상을 설명하는 데 이용될 수 있다. 특히 네트워크 속에서 일어나는 크고 작은 사건과 사고, 재앙 등의 거시적 변화가 기본적으로 피하기 힘든 네트워크 자체의 속성에 의한 경우가 많다는 점은 우리의 관심을 끌기에 충분하다. 따라서 사회의 네트워크를 이해하고 설명하는 데 있어 이러한 임계치의 존재와 더불어 그것이 초래하는 시스템 불안정성과 급격한 질적 변화에 대해 주목해야 할 것이다. 사회의 네트워크화 과정은 그 이면에 다양한 변수의 임계치를 지니고 있다는 점에서 우리가 늘 경험하면서도 예측하기는 어려운 사회의 거시적 현상을 새롭게 해석하는 계기가 된다고 할 수 있다. 지금까지 자연계뿐만 아니라 인간 사회의 네트워크에서 자주 발생하는 변화와 재앙을 예측하거나 예방하는 데 큰 성과를 거두지 못했다는 점을 고려할 때 네트워크 사회의 속성에 대한 이러한 인식의 전환은 뒤늦은 감이 있다. 특히 자연재해와 감염병 등 자연적·복합적 네트워크 현상과 더불어 도로 및 통신 네트워크, 교육 네트워크, 기업 네트워크, 인적 네트워크 등의 확산 과정에서 어떤 임계치들이 중요하고 그 파라미터 값은 어떻게 잠재되어 있는지를 파악하는 일이 무엇보다 시급하다.

외부효과: 사회적 비용을 부담하는 제도적 장치

오늘날 경제학에서 자주 언급되는 '외부효과externality'의 관념도 네트워크의 속성과 관련해 새롭게 해석될 필요가 있다. 일반적으로 '외부효과'란 개인적 비용과 사회적 비용이 구분되는 경우에 사용되는 용어로, 한 행위가 다른 사람에게 피해를 입혔음에도 그 비용을 지불하지 않는 '외부불경제external diseconomy'와 제공한 이득에 대해 정당한 대가를 지불받지 못하는 '외부경제external economy'로 구별된다. 전자의 경우에는 환경 오염 등이, 후자의 경우에는 교육이나 국방 등이 대표적인 사례로 꼽힌다. 부정적 외부효과(외부불경제)의 경우에는 피해에 대한 보상을 하지 않아도 되기 때문에 사회적으로 공급이 지나치게 많은 반면, 긍정적 외부효과(외부경제)의 경우에는 제공하는 이익에 대한 대가를 제대로 받지 못하기 때문에 공급이 부족해지는 경향을 보인다. 경제학자들은 외부효과가 경제 활동에 꼭 필요한 '거래 비용transaction cost'으로 인해 발생하는데, 그럼에도 이 비용이 시장에서의 가격 형성 과정에 반영되지 않기 때문에 외부효과라는 부작용으로 나타나는 것이라고 해석한다.[39]

긍정적인 형태이건 부정적인 형태이건 간에 외부효과의 존재는 시장과 같이 정형화된 메커니즘이 모든 사회적 상호 작용을 제대로 처리하지 못함을 의미하기 때문에 정부 등 제3의 조정기관이 존재해야 한다는 근거로 자주 언급되었다. 외부효과가 네트워크 안에서 일어나는 경우를 학자들은 '네트워크 외부효과network externality'라고 부르는데, 적어도 정상적인 시장 기능이 제대로 작동하지 않는다는 점에서는 네트워크만큼 강력한 외부효과를 창출하는 메커니즘도 드물 것이다. 특히 네트워크 내에서는 동일한 행동이나 선택을 하는 사람들이 많아질수록 '양의 되먹임positive feedback' 현상이 강하게 나타나기 때문에 외부효과의 영향이 커지기 쉽다.[40] 중요한 것은 이와 같은 외부효과가 왜 발생하며 어떻게 해소될 수 있는가 하는 점인데, 이에 대한 경제학자들의 설명은 거래 행위에서 발생하는 사회적 비용이 충분하게 고려되

39 Dahlman(1979), pp. 141-162.

40 Liebowitz and Margolis(1994), p. 135.

지 않는다는 점을 강조한다. 앞에서도 살펴보았듯이 네트워크 내에서의 상호 작용은 그 효과가 매우 빨리 확산되고 또 그로 인한 불안정성 역시 대규모로 나타나기 때문에 교통, 통신, 기타 다양한 형태의 네트워크에서 외부효과가 어떻게 발생하는지를 올바로 이해하는 일이 무엇보다 시급하다.

일반적으로 네트워크 외부효과를 줄이기 위한 해법으로 경제학에서는 사회적 비용의 개별 부담이라는 대안을 제시해 왔는데, 가장 대표적인 것으로 세금과 보조금을 들 수 있다.[41] 예를 들어 브래스 패러독스에서 살펴보았듯이 혼잡한 네트워크 속에서 도로를 주행할 경우 그 자체로 개인적 비용뿐만 아니라 사회적 비용 또한 같이 증가하므로 전체가 부담해야 할 총비용이 커지게 된다.[42] 지금까지는 이러한 사회적 비용에 대한 고려가 배제된 상태에서 개인의 이익만을 계산했기 때문에 브래스 패러독스와 같은 반직관적인 현상이 나타난 것이며, 따라서 이와 같이 추가적인 사회적 비용을 행위자 또는 사용자에게 전가한다면 원칙적으로 이러한 문제는 사라질 것이다. 예를 들어 브래스 패러독스의 경우 네트워크 내에서의 혼잡성이 일정한 임계치를 넘어서게 되면 주행 차량에 대해 혼잡세를 부과하는 해법을 고려할 수 있다. 혼잡세는 추가적으로 발생하는 사회적 비용, 즉 한계 비용에 대한 과세라고 볼 수 있으며, 그동안 여러 학자에 의해 사회적 비용을 부과하는 하나의 제도적 장치로 인식되어 왔다.[43]

---

41 Shepsle and Bonchek(1997), p. 278.

42 혼잡하지 않은 네트워크 속에서는 이러한 사회적 비용의 문제가 발생하지 않기 때문에 외부효과 역시 발생하지 않는다. 다시 말해 사회적 비용이 창출되는 네트워크 속에서의 행위는 그 자체로서 더 많은 비용을 지불해야 한다는 것을 의미한다.

43 Stewart(1980), p. 84; Arnott and Small(1994), p. 452; Pas and Principio(1997), pp. 272-275. 월터스A. A. Walters의 경우에는 좀 더 구체적으로 유류세를 인상한다든

이와 같은 대안들, 즉 사회적 비용을 해당 사용자에게 부과하는 장치들은 결국 정치적인 차원에서 결정되어야 할 성질의 것이기도 하다.[44] 수많은 학자가 다양한 해법을 제시해 왔고 또 기술적으로도 부작용 없이 이와 같은 방안을 실천할 수 있는 여건이 갖춰졌음에도 불구하고 네트워크상에서 외부효과를 줄이기 위한 방안이 그동안 제대로 작동하지 못했던 것은 사회 전체 차원에서 정치적 동의가 마련되지 못했기 때문이다. 또한 세금이나 보조금 등 지금까지 제안된 제도적 해법 자체가 아직 이론적으로도 완벽한 것이라고 보기 어렵다.[45] 문제의 핵심은 개인들 사이의 상호 작용이 가속화되고 복잡해지면서 집단 행위와 사회의 네트워크화가 더욱 심화되고 있는데, 이런 상황에서 과거에는 크게 주목하지 않았던 공동의 비용 또는 외부효과의 문제가 전면에 불거져 나오기 시작했다는 데 있다. 이런 맥락에서 보면 네트워크 구조가 안고 있는 패러독스의 문제는 사실상 개인과 사회라는 분석 수준 사이에 숨어 있던 관계의 속성이 드러난 것이나 다름없다. 결국 네트워크 사회의 속성에 관한 논의는 죄수의 딜레마나 공유지의 비극과 마찬가지로 개인적 차원의 합리성을 어떻게 사회 전체의 합리성으로 연계시킬 수 있는가 하는 정치적 딜레마 문제로 되돌아갈 수밖에 없을 것이다.

가 특별 통행료를 부과하는 방안을 제시하고 있다. Walters(1961), pp. 676-699. 일부 학자의 경우에는 도로 네트워크 자체의 예비 용량을 추가적으로 늘려야 한다는 주장을 제시하기도 하는데, 이러한 방안 역시 사회적 비용에 대한 부담을 증가시킨다는 점에서 동일한 성격의 해법이라고 할 수 있다. Yang and Bell(1998), pp. 539-545.

44 Arnott and Small(1994), p. 455.

45 Shepsle and Bonchek(1997), p. 287.

지금까지 브래스 패러독스와 뉴컴의 문제를 중심으로 네트워크 사회의 기본적인 속성을 살펴보았다. 일반적으로 우리가 공동체에 대해 가지고 있던 상식과 달리 네트워크로 연결된 사회는 직관이나 상식만으로는 이해하기 힘든 잠재적 속성을 지니고 있는데, 경험적인 면에서 가장 주목되는 것이 바로 브래스 패러독스와 같은 반직관적 현상이다. 아울러 뉴컴의 문제에서와 같이 네트워크상에서 개인들의 상호 작용은 서로의 결정에 영향을 미치기 때문에 합리성의 기준을 놓고 갈등이 일어날 수 있으며, 특히 사회 구조 자체가 확률론적으로 전환되면서 우위의 원칙에 따르는 선택보다는 확률적 기대효용을 계산해 선택하는 불확실한 선택 구조를 지니게 된다. 뉴컴의 문제는 죄수의 딜레마나 공유지의 비극과 같은 개인적 합리성 대 사회적 합리성의 갈등과 동일한 구조를 띠고 있어서 네트워크 사회가 내포하고 있는 공동체의 갈등 요인을 잘 드러내는 모델이다.

이러한 두 가지 모델을 통해 이 장에서는 네트워크 사회의 속성을 이해함으로써 그 이론적 의미를 되새기고자 했다. 네트워크 사회에서는 선택의 상호 의존성으로 인해 예측이 더욱 어려워지며, 많은 경우에 확률론적 입장이 강해지게 된다. 아울러 네트워크 사회는 그 복잡성으로 인해 더욱 불안정한 속성을 띠게 되는데, 오랜 안정기가 지난 후에 양적 변화가 질적 변화로 전환되면서 충격이 크게 나타나곤 한다. 또한 네트워크 사회는 특정한 변수의 파라미터 값이 임계치에 도달할 경우 거시적인 차원에서 갑작스러운 변화를 초래하는 경우가 많기 때문에 어떤 변수에서 어느 정도의 임계치가 존재하는지에 대한 인식과 대응이 반드시 필요하다. 이러한 임계치는 네트워크 내부에 다양하게 존재하고 있지만 그 값이 자기 조직적 과정을 통해 드러난다는 점을 제외하고는 아직 이론적으로 많이 알려져 있지 않은 상황이다. 네트워크는 경제학적 시각에서 볼 때 외부효과를 창출하기 쉬운 구조로, 여기에서 발생하는 사회적 비용을 처리하기 위한 제도적 장치를 어떻게 마련하는가가 네트워크 정책에 있어 중요한 의제이다.

이렇게 볼 때 네트워크 사회는 전통적인 사회공동체와는 달리 특이하면서도 언뜻 이해하기 어려운 여러 가지 속성을 지니고 있음을 알 수 있다. 오늘날 교통, 통신, 경제, 군사, 문화 등 다양한 영역에서 네트워크화가 가속화되고 있는데 자칫 네트워크의 근본적인 속성을 등한시할 경우 예기치 못한 결과에 봉착할 수 있다. 과학기술의 발전과 네트워크화 추세가 긍정적인 평가를 받는 상황에서 사회 구조의 복잡성을 충분하게 인식하기란 쉽지 않다. 지진이나 화산 폭발, 삼림 화재 등 자연재해뿐만 아니라 수많은 사건에 있어 사회적·국가적 상호 의존이 심화됨으로써 지구촌의 네트워크 연결이 복잡해지는 상황에서, 이제는 네트워크화 추세가 어떤 의미를 갖는지, 그리고 그동안 우리가 제대로 인식하지 못했던 네트워크의 반직관적 속성은 무엇인지에 대해 더욱 많은 관심이 요구되고 있는 것이다.

2장 역사 속의 제국과 지식 네트워크

1. 제국은 어떻게 네트워크가 되었는가?

20세기 이후 국제정치는 전통적인 근대 국가를 넘어서는 다양한 행위 주체와 새로운 이슈 영역의 등장으로 인해 복잡한 양상을 더해왔다. 오늘날 정치학의 주된 과제 중의 하나는 이러한 복잡성 속에서 어떻게 실질적이고 구체적인 정책들이 결정되어 나오는가를 설명하는 일이라고 할 수 있는데, 특히 정책 형성의 메커니즘을 세부적으로 이론화함으로써 설명력을 높이는 것이 무엇보다도 강조되고 있다. 네트워크 프레임워크의 발전은 이러한 맥락에서 주목할 만하다. 정책 결정자들이 왜, 그리고 어떻게 특정한 문제를 해결하는가에 대한 세부적인 관찰은 그동안 구조적, 시스템적, 거시적 시각에 치우쳐 있던 사회과학적 접근 방식에 새로운 바람을 불어넣어 주었다는 점에서 이론적으로 큰 의미를 지니고 있기 때문이다. 거시적 차원의 현상을 미시적 분석 수준에서 설명하는 추세는 지금도 사회과학의 각 영역에서 활발하게 지속되고 있으며, 정치학이나 국제정치학에서 국가 내부의 다양한 단위체 및 정책 결정자 수준으로부터 사회적·지구적 현상을 이해하려는 노력이 이어지고 있다.

이 장은 이러한 학문적 차원에서 '제국empire'이라는 거시적 단위체의 내부에서 이루어지는 정치 현상을 네트워크 관점에서 설명한다. 구체적으로는 20세기 초 제국에서 등장하기 시작한 지식 네트워크 현상을 영국 채텀하우스Chatham House와 미국 외교협회Council on Foreign Relations의 두 사례를 통해 살펴보고, 이들이 국제정치학적으로 어떠한 의미를 지니고 있는지 검토할 것이다. 이를 위해 네트워크 개념을 강조하는 새로운 분석 틀로서 인식공동체epistemic community 이론을 적용해 제국이라는 거대한 조직을 떠받치는 지식 네트워크의 역할을 설명한다. 또한 기존의 인식공동체 이론에서 명확하게 다루어지지 않았던 몇 가지 요소들을 체계적으로 보완함으로써 이 이론이 보다 설득력을 가질 수 있도록 재구성하려고 한다. 그렇게 함으로써 이 장에서는 인식공동체 이론이 제국 또는 헤게모니의 대외 정책을 설명하는 데 매우 유용한 도구라는 점을 강조하며, 특히 제국의 이데올로기를 구축하는 데 있어 지식 네트워크라는 요소가 수행하는 역할에 대해 자세히 알아본다.

이러한 문제의식 아래 먼저 인식공동체 이론의 기본 개념과 이론적 주장을 살펴보고, 그 기여도와 한계점을 되짚어 보고자 한다. 특히 그동안 국가 간의 관계에서만 주로 적용되었던 이 이론이 제국의 정책 결정이 이루어지는 대내적·대외적 경계에서도 무리 없이 적용될 수 있는지 살펴본다. 또한 기존의 인식공동체 이론에서 모호하게만 제시되었던 지식 네트워크의 관념을 적절하게 재구성함으로써 이것이 국가 간의 관계뿐만 아니라 제국과 같이 새로운 정치 단위체의 행동과 그들 사이의 관계도 설명할 수 있음을 보여주고자 한다. 이러한 이론적 작업을 기반으로 영국의 채텀하우스와 미국의 외교협회 사례를 구체적으로 소개하고, 이들이 어떻게 제국 경영에 이바지했는지 자세히 살펴본다. 아울러 이와 같은 이론적 프레임워크와 사례 연구가 국제정치 연구에서 어떤 의미를 갖는지 논하고, 특히 국내적 차원의 분석 및 네트워크 프레임워크가 제국이라는 거시적 현상을 이해하는 데 얼마나 기여할 수 있는지를 언급하고자 한다.

2. 인식공동체와 지식 네트워크

인식공동체란 무엇인가?

인식공동체는 국가 간에 분야별 정책 공조가 원활하게 이루어질 수 있도록 정책 결정자 집단에 영향을 미치는 전문가 집단을 일컫는다. 1990년대 이후 국제정치학자들에 의해 이러한 전문가 집단에 대한 관심이 급속도로 증폭되어 왔는데, 이는 전 지구적 상호 의존과 세계화의 심화로 인한 국제 관계의 복잡성에 기인한다. 이 개념을 국제정치학에 도입한 하스Peter Haas는 인식공동체를 '특정 분야 또는 이슈 영역에서 전문가로 활동하거나 능력을 인정받으며 해당 분야에서 정책적으로 타당하다고 판단되는 지식의 권위자'라고 규정하며 다음과 같은 네 가지 특징을 강조하고 있다. (1) 규범과 원칙을 공유하는 가치 기반의 공동체, (2) 주어진 문제와 정책, 결과 등에 대한 분석으로부터 얻어지는 인과적 신조의 공유, (3) 해당 분야의 지식을 판단하는 내적 기준으로서 타당성 관념의 공유, (4) 주어진 문제에 대해 자신들의 역량을 발휘해 보다 나은 해법을 추구하려는 정책 목표. 하스는 이러한 개념화를 통해 그동안 정책 결정 과정을 설명하는 데 크게 주목을 받지 못했던 인식공동체라는 정치 단위체를 새롭게 강조했고, 다양한 사례 분석을 통해 이론적 체계화를 추구했다.[1]

하스가 강조하는 인식공동체의 전문성은 과학기술의 발전으로 인해 정치적 규제 행위가 점차 복잡해졌다는 사실에 기반을 둔다. 특히 사회 현상의 복잡성에 대응하고 기술적 속성으로 인한 불확실성을 줄이기 위해 전문가 집단의 조언이 정책 결정 과정에서 큰 영향을 발휘하게 되었다는 점에 주목한다. 이와 같은 변화는 그동안 정책 결정이 합리적 행위자에 의해 이루어진다고 보았던 신고전파 경제학의 전제 조건으로부터 탈피해 인간의 불완전한 인식 능력에 초점을 맞추기 시작하면서 나타났다. 무엇보다 인간 행동이 실질적 합리성보다 절차적 합리성의 지배를 받으며, 완전한 최적화보다는 '적당한 수준의 만족'에 의해 결정된다는 '제한적 합리성' 이론을 강조하는 심리학적 관점이 여기에 영향을 미쳤다.[2] 현실의 정치에서는 경제학자들이 전제하는 것처럼 기대효용을 계산하거나 엄격한 비교를 통해 최적의 대안을 선택하는 식으로 정책 결정이 이루어지지 않는다는 것이다.[3] 이렇듯 정책 결정자를 포함하는 개인들의 합리성이 완전한 것이 아니라면, 점점 복

---

1 Haas(1992), p. 3. 『인터내셔널 오거니제이션*International Organization*』 1992년 특집호는 무역, 핵무기, 환경 및 자연자원 보호, 대기권 보호, 식량 원조, 금융 및 세계 경제 등 여러 분야의 사례 연구를 통해 인식공동체 이론이 국제정치적 현상을 설명하는 데 유용하게 적용될 수 있음을 보여주었다.

2 Haas(1992), p. 16.

3 사이먼의 이론은 정치학이 인간의 제한된 계산 능력과 불완전한 문제 해결 과정을 대상으로 한다는 점에서 경제학보다는 인지심리학적 측면이 더 강하다고 본다. Simon(1985), p. 295.

잡해지는 정치적 환경 속에서 보다 나은 결정을 내리기 위해 해당 분야 전문가들의 도움이 더욱 중요해질 것이다.

인식공동체는 정책 결정자들에게 새롭고 복잡한 현상을 이해할 수 있는 지식과 정보를 제공해 준다. 다시 말해 정책적 판단을 위한 현실 인식을 가능케 해준다. 그렇지만 하스에 의하면 이러한 현실 인식은 반드시 객관적인 진리일 필요가 없다. 왜냐하면 주어진 현실에 대한 인식은 어디까지나 역사적, 문화적, 사회적 상황에 의해 제약되는 것으로 사회 집단 속에서 상호 작용을 통해 만들어지는 것이기 때문이다. 즉 복잡한 현실에 대한 인식은 '사회적으로 구성되는socially constructed' 것이다.[4] 이처럼 '합의된 지식consensual knowledge'을 창출하는 데 있어 인식공동체는 주도적인 역할을 수행하는데, 이는 공동체 구성원들 사이에 특정한 신념이나 이념을 공유하기 때문에 가능하다. 이러한 점에서 하스는 그의 인식공동체 개념이 사회학자들이 말하는 '사고공동체thought collective' 또는 쿤Thomas Kuhn의 '패러다임paradigm'과 유사한 개념이라고 보고 있다.[5]

그동안 정치적·사회적 분석에서 개인을 중심으로 하는 다양한 미시적 행위자에 대한 분석이 있기는 했지만, 공통의 신념과 신조를 특징으로 하는 인식공동체에 대한 관심은 그리 크지 않았다. 또한 인식공동체는 이익 집단이나 사회운동, 단순 전문가 집단, 일반 정치가 집단 등 그동안 알려진 집단들과도 차이를 보인다. 특히 전통적으로 경제학적 합리성이라는 가정하에 정치적 분석에서 자주 언급되던 이익 집단과는 매우 다른 모습을 보이고 있으며, 특정한 정파나 사회 집단의 이

4 Haas(1992), p. 21.

5 Haas(1992), p. 3.

해관계로부터 상대적으로 독립되어 있다는 제도적인 특징을 지니고 있기도 하다.[6] 공동의 신념으로부터 사회적 현실을 구성해 내는 인식공동체의 관념은 원래 러기John Ruggie가 도입한 것으로, 공동체의 집단재 문제를 해결하기 위한 제도화를 설명하려는 것이었다. 그에 따르면 국제 사회에서 집단재 문제의 해결은 크게 인식공동체, 국제 레짐international regime, 국제기구의 3단계를 통해 이루어지는데, 인식공동체는 사회 문제를 부각하고 다양한 구성원 사이에 공동의 인식 기반이 되는 '인식소episteme'를 만들어 냄으로써 현실을 재구성하는 역할을 담당한다.[7] 국제 사회에서 이러한 인식공동체의 제도화는 그동안 국가의 역량만으로는 달성하기 어려웠던 국제 협력을 이끌어 내는 데 중요한 기능을 수행한다.

결국 인식공동체는 사회에서 정부로, 한 국가에서 다른 국가로 새로운 아이디어와 이념이 전파되는 메커니즘 또는 통로를 의미하며, 하스의 이론은 인식공동체가 지닌 이념의 내용보다도 그것이 수행하는 '전달자carrier'로서의 기능을 강조한다.[8] 이러한 전달자의 구조는 네트워크 조직을 띠고 있으며, 중앙집중형 정책 결정 메커니즘보다는 국가 하부 단위체들 사이의 분산형 메커니즘으로 나타난다. 인식공동체의 구성원들은 각 정책 영역에서 정부기구가 충분히 다루지 못하는 이슈

6 Haas(1992), pp. 33-34.

7 러기는 공공재의 문제가 사회 전체에 '집단적 상황collective situation'을 야기하며, 이러한 문제에 대해 '집단적 대응collective response'을 추구하려는 사회적 요구로부터 이러한 제도화가 이루어진다고 본다. 오늘날 과학기술의 발전과 국제적 상호 작용의 증가로 인해 이러한 요구는 더욱 가속화되고 있다. 러기의 '인식소' 관념은 푸코Michel Foucault로부터 차용했는데 이는 사회적 현실을 바라보는 지배적인 양식을 가리키는 것으로, 구성원들이 공유하는 상징과 기준, 상호 기대, 예측성 등을 의미하며 이것으로부터 사회적 현실이 구성된다고 한다. Ruggie(1975), pp. 567-574.

8 Haas(1992), p. 27.

를 살펴보고 의제를 설정하며 정책적 대안을 마련하기 위해 노력을 기울인다. 그렇게 함으로써 그들은 정책 결정자들에게 새로운 지식과 이념을 전달하고 자신들의 의지를 투사하려 한다. 과학적 지식과 인과관계에 대한 공동의 인식이야말로 이러한 인식공동체가 발전하는 데 중요한 요소가 되고 있다. 이런 점에서 오늘날 과학기술 분야를 중심으로 다양한 영역에서 인식공동체의 영향력이 증가하고 있는 것은 결코 우연이 아니다.

인식공동체와 네트워크 구조

1990년대 초반에 이루어진 인식공동체의 이론화가 상당한 영향력을 지니고 있음에 틀림없지만, 이 장에서는 이 이론이 왜 국가 간의 협력에만 적용되어야 하는가에 대한 의문을 제기한다. 다시 말해 '인식공동체'가 반드시 '국제적' 또는 '초국가적' 현상으로서만 의미를 가진다는 이론적 근거가 없음에도 불구하고 그동안 이 개념이 국가 간의 협력 또는 정책 공조 메커니즘을 설명하는 데만 제한적으로 적용되어 왔다는 점을 지적하고자 한다. 이러한 비판은 자연스럽게 국내 정책 결정 과정, 예를 들어 외교정책 결정이나 제국의 관리와 같은 분야에도 원용될 수 있는지에 대한 탐구로 이어진다.[9] 이 장에서는 또한 국가 간의 협력에서 왜 특정한 인식공동체가 당연하게 존재하는 것으로 여겨져야 하는지에 대한 의문을 제기한다. 이러한 의문은 기존의 인식공

9 이러한 문제의식이 이 장의 출발점이 되고 있다. 제국이라는 사회적 조직 속에서 나타나는 지식 네트워크 현상을 설명하는 데 인식공동체 이론이 매우 적합한 도구로 여겨지는데, 이는 하스가 애당초 제시했던 인식공동체의 특징들이 반드시 국제 사회에서만 해당되는 것이라고 판단할 아무런 근거가 없기 때문이다.

동체 이론에서 다양한 인식공동체 사이에 왜 승자와 패자가 존재하며 그들 사이의 영향력에 왜 불균형이 존재하는지를 제대로 고찰하지 못하고 있다는 비판으로 이어진다. 아울러 기존의 인식공동체 이론이 인식공동체와 정책 결정자의 관계를 자세하게 다루고 있지만, 인식공동체와 일반 대중과의 관계는 별로 중시하지 않는다는 점도 이 장에서 비판의 대상이 될 것이다.

이러한 제반 문제점들을 고려해 이 장에서는 하스의 인식공동체 이론을 좀 더 확대된 형태로 수정하고, 영국의 채텀하우스와 미국의 외교협회의 사례 연구를 통해 이 이론이 국내 정치에도 어느 정도의 타당성을 갖는지 검토한다. 하스는 국내 정치 영역에서 인식공동체 개념을 마치 블랙박스와 같이 다룸으로써 이 개념이 정책 결정 과정에 적용될 수 있는 가능성을 대폭 축소시키고 말았다. 이러한 한계는 앞서 언급한 문제, 즉 국가 간의 정책 협력에서 특정 사안에 대한 초국가적 인식공동체가 당연히 존재할 것이라고 전제하는 문제와 직접적으로 연관된다. 이러한 부당한 가정을 피하려면 왜 한 나라의 정책 기조가 특정한 방향으로 정해지게 되는지를 살펴보아야 하며, 이를 위해 다양한 인식공동체의 존재를 상정하지 않을 수 없다. 다시 말해 국내적으로 혼재하는 여러 인식소 사이에, 즉 현실과 세계를 인식하는 수많은 사고방식 사이에 항상 갈등이 존재하는데, 그로부터 특정한 인식소 또는 인식공동체가 지배적인 위치로 부상하는 과정을 설명할 수 있어야 한다. 그렇다면 하나의 인식공동체는 어떻게 다른 인식공동체를 누르고 사회의 지배적 담론 구조를 주도하게 되는 것일까? 이를 고찰하기 위해서는 우선 '관점주의perspectivism'에 대해 잠시 살펴볼 필요가 있다.

하스는 과학기술 전문가들을 중심으로 하는 초국가적 인식공동체들 사이에 합의가 일어나게 된 배경으로 '실증주의positivism' 인과 관계의 확산을 꼽고 있다. 나날이 복잡해지는 과학적 지식은 전문가가 아니고서는 쉽게 이해할 수 없으며, 따라서 이와 관련된 정책 결정에서 정치가들은 일반 대중의 선호보다 전문가들의 조언과 자문에 더욱 의존할 수밖에 없다. 이러한 전문가적 지식에 대한 지나친 신뢰감은 과학기술의 발달로 인해 20세기 초반부터 지식인 사회에서 확산되기 시작했다. 특히 포퍼Karl Popper가 강조했던 과학적 합리성을 추구하는 실증주의의 경향이 압도적이었다. 물론 하스의 경우 인식공동체가 사회적으로 '합의된 지식'을 생성한다는 점을 인정함으로써 어느 정도 구성주의적 관점을 보이기도 했지만, 이는 특정한 인식공동체 내부에서의 현상일 뿐 사회 전체에서 벌어지는 복수의 인식공동체 간 갈등과 대립에 대해서는 충분히 설명하지 못하고 있다.[10] 즉 대내적으로는 구성주의적 합의를 도출해 내지만, 일단 합의가 형성되면 대외적으로 권위를 지닌 지식의 원천이 된다고 봄으로써 실증주의적 관점으로 회귀하고 있는 것이다. 말하자면 그의 구성주의는 매우 제한적이면서 모호한 형태로 제시되고 있다.[11]

결국 국가 또는 사회 속에서 인식공동체는 그 자체로서 절대적 권위를 지닌 지식의 원천이 아니라, 다양한 목소리의 한 축을 대변하고 정책 형성에 영향을 미치기 위해 대립과 갈등을 끊임없이 반복하는 정치적 단위체로 인식할 필요가 있다. 밀러Hugh Miller와 폭스Charles Fox는 이러한 복수의 세계관을 '작은 진리small-t'라고 표현했다. 한 사회의 유일한 절대적 진리를 의미하는 '큰 진리big-T'에 비해 '작은 진리'는 다

10 Haas(1992), p. 23.
11 Toke(1999), p. 98.

양한 형태로 공존하며, 이들은 오로지 지역적 차원에서만 영향을 미친다.[12] 이러한 진리관은 포퍼의 연역적·합리적 논리보다는 쿤의 상대주의적 패러다임 관념에 더 가깝다. 역사적, 사회적, 문화적 상황에 따라 진리를 판별하는 기준이 바뀔 수밖에 없음을 인정하기 때문이다.[13] 실증주의 또는 포퍼의 합리주의와 대비되는 이러한 입장을 '구성주의' 또는 '관점주의'라고 부르며, 넓은 의미에서 복수의 세계관을 인정한다는 점을 볼 때 실증주의에 대한 하나의 대항 담론이라고도 할 수 있다.[14] 일부 학자는 이러한 맥락에서 과학적 지식의 헤게모니를 거부하는 새로운 관점주의를 '탈실증주의post-positivism'라고 부르기도 한다.[15]

주관적 담론을 생성하는 인식공동체는 궁극적으로 자신들의 세계

---

12 Miller and Fox(2001), p. 669.

13 과학과 형이상학을 엄밀하게 구분했던 비엔나학파와 논리적 실증주의, 그리고 경험적 입증의 제약으로 인해 연역적 접근 방식과 반증주의falsificationism를 주창했던 포퍼는 일반적이고도 보편적인 절대 진리가 존재한다고 믿었다. 포퍼가 보기에 경험적 관찰은 오로지 이론적 가설을 반증하기 위한 것으로서만 여겨졌으며, 아무리 많은 사례를 동원해도 일반 명제를 궁극적으로 '입증verification'하는 일은 불가능한 것이었다. Popper(1959) 참조.

14 관점주의의 기원은 철학적으로 니체Friedrich Nietzsche, 비트겐슈타인Ludwig Wittgenstein, 리오타르Jean-François Lyotard, 로티Richard Rorty 등으로 거슬러 올라간다. 이들에게서 나타나는 공통적 특징은 지식이 그것을 주창하는 사람들의 시각에 의해 상대적으로 결정된다는 점을 받아들였다는 데 있다. 즉 누군가가 지식을 외칠 때 그는 역사적·주관적으로 '특정한 상황somewhere'에 얽매여 있는 것이며, 결코 가치중립적인 '객관적 상황nowhere'을 배경으로 하지 않는다. 이와 같은 상대적 진리를 생산하는 것이야말로 인식공동체의 진정한 임무라는 것이 밀러와 폭스의 주장이다. Miller and Fox(2001), p. 675.

15 토크Dave Toke는 고래 남획 및 오존층 파괴 등의 사례를 통해 하스의 실증주의적 시각을 비판하고 후기 실증주의에 기반을 둔 새로운 인식공동체 이론을 제안하고 있는데, 이에 대한 하스 측의 반론도 만만치 않은 상황이다. Toke(1999), p. 101; Dunlop (2000).

관을 정치에 투영하기 위해 많은 노력을 기울인다. 즉 하스가 상정했던 것처럼 특정한 인식공동체의 산물, 즉 하나의 인식소는 곧바로 정책 결정 과정에 반영되기보다 일반 대중 또는 다양한 사회적 집단을 통해 효율성과 정당성을 확보하려는 도구로서 활용되는 측면이 강하다. 따라서 하스의 이론 속에서 매우 모호하게 묘사되고 있는 일반 대중은 관점주의를 바탕으로 하는 새로운 확대 이론 속에서 중요한 역할을 담당하게 된다. 즉 인식공동체는 자신들의 세계관을 정책에 투사하기 위해 대중을 가르치고 이끌어 가기 위한 다양한 노력을 기울이는데, 이는 비정부기구를 포함하는 사회운동 세력이 결코 인식공동체와 분리된 별도의 단위체들이 아니라는 점을 의미하는 것이기도 하다. 많은 경우에 인식공동체는 이러한 집단들과 공조해 정치적 영향력을 증대시키고자 하며, 필요할 경우 일반 시민들을 동원하기 위한 시도도 서슴지 않는다. 비록 엘리트 전문가 집단으로서 출발했지만 자신들의 궁극적인 목표 달성을 위한 인식공동체의 노력은 사회로부터 동떨어질 수 없는 것이기 때문이다.

하스의 이론을 좀 더 확장하기 위해서 이 장에서는 인식공동체의 기능을 '사회적 담론'과 '정책'으로 나누어 살펴보고자 한다. 이와 같은 구분은 안토니아데스Andreas Antoniades의 '인식 수준'과 '정책 결정 수준' 분류를 기반으로 하는데, 이는 사회적 상황을 배경으로 하는 인식공동체의 두 가지 기능을 선명하게 부각함으로써 이론적 메커니즘을 더욱 발전시키려는 의도에서 비롯된다. 안토니아데스에 따르면 인식공동체는 미시적 관점에서 특정한 정책에 대한 영향력을 극대화하려고 하지만, 거시적으로는 사회적 담론을 지배함으로써 현실을 재구성하는 것을 중요한 목표로 삼는다.[16] 사회적 담론을 형성하는 과정에서 지배적인 위치를 차지하게 되면 단기적 차원에서 정책적 영향력은 사실상 자연스럽게 생겨난다. 정책 결정 수준에서 인식공동체는 주어진 환경을 해석하고 이익을 규정하며 그 과정에 직접적·간접적으로 참여한다. 이와 같은 사회적 담론과 정책의 두 가지 수준은 상호 작용하면서 지식과 권력의 상호 협력 관계를 형성한다.[17] 다시 말하자면 두 기능은 서로 동심원을 이루면서 사회적 지식 네트워크를 형성하는 것이다.

이와 같이 인식공동체의 지식 관련 기능을 상대적으로 본다면, 우리는 하스의 초기 이론에 비해 좀 더 선명하게 지식과 정치적 권력의 결합 과정을 그려낼 수 있다. 하스의 경우에는 인식공동체에서 생산된 지식이 곧바로 정책 결정 과정에 투입되는 단순한 모형만을 제시했지만, 이에 대한 관점주의적 수정을 통해서 우리는 다양한 인식공동체의 공존으로부터 특정한 지식 체계가 두각을 나타내게 되고 또 그것이 다시 일반 대중을 거쳐서 정책 결정 과정으로 투영되는 좀 더 복잡한 형태의 모형을 만들 수 있다. 이렇게 본다면 지식 네트워크는 인식공동체를 중심으로 해서 다양한 사회 세력과 일반 대중을 포함하는 비대칭 구조를 형성하는 것으로 간주되어야 하며, 이는 애당초 하스가 제시했던 전문가들 사이의 수평 네트워크라는 관념으로부터 훨씬 더 나아간 확대판이라고 할 수 있다. 다음으로는 이와 같은 이론적 확장을 통해 인식공동체 관념이 제국의 지식 네트워크를 설명하는 데 얼마나 유용하게 적용될 수 있는지를 실제 사례를 토대로 고찰하고자 한다.

16 Antoniades(2003), p. 28.

17 Stone(2002), p. 5; Antoniades(2003), pp. 35-36.

3. 채텀하우스와 대영제국 네트워크

채텀하우스 프로젝트는 20세기 초반 남아프리카공화국에서 밀너Alfred Milner 경이 이끌던 킨더가튼Kindergarten운동으로부터 출발했다. 대영제국의 영광을 재현하기 위한 로즈Cecil Rhodes의 제국 이념에 고무되어 시작된 이 운동은 옥스퍼드대학교 출신의 젊은 지식인 그룹을 중심으로 확산되었는데, 이들은 대부분 보어전쟁을 전후해 이곳에 정착하게 된 사람들이었다. 킨더가튼운동의 주창자들은 시사 잡지를 발간하는 등 대영제국을 재규정하고 통합된 남아프리카공화국이 대영제국의 일환으로 자리 잡을 수 있도록 여러 가지 노력을 기울였다.

라운드테이블운동Round Table Movement은 이러한 전통 아래 1909년에 수립된 새로운 단체로서, 전 세계적으로 대영제국의 기반을 더욱 공고하게 만들겠다는 의욕적인 목표를 지니고 있었다. 이를 위해 영연방에 포함된 회원국들의 공동 이익을 구현함과 동시에 범세계적인 자치 민주주의를 수립하며, 새롭게 부상하는 미국과 대영제국 사이의 우호적 친선 관계를 도모하려는 시도가 이루어졌다.[18] 쇠락해 가는 영연방을 어떻게 재구축할 것인가의 문제를 둘러싸고 국내적으로 논쟁이 활발하게 전개되던 1900년대와 1910년대에 걸쳐 라운드테이블운동은 연방제야말로 대영제국이 택할 수 있는 유일한 해법이라는 인식 아래 여러 관련 법안을 통과시키고 정치적 합의를 끌어내기 위한 막후교섭에 나섰다.[19] 1920년까지 활발한 활동을 벌였던 라운드테이블운동은

---

18 Williams(2003), p. 39.

19 19세기 후반부터 영국의 국내 제도를 어떻게 재편성할 것인가를 둘러싸고 벌어진 연방제 개헌 논쟁은 '통합 국내법Home Rule All Round' 또는 '권한 이양devolution'의 문제로 불렸다. 글래드스턴William E. Gladstone에 의해 제출된 통합 국내 법안들은 아일랜

인도의 자치 정부 수립과 영연방 내 안보 외교의 재성찰이라는 두 가지 이슈에서 대영제국의 외교정책을 수립하는 데 큰 기여를 하게 된다.

20세기 초반 영국의 엘리트 지식인들 사이에서 전개되었던 집단적 제도화를 이루려는 노력은 이후 본격적으로 채텀하우스 프로젝트의 기반으로 자리 잡게 되었다. 당시 시대적으로도 이러한 움직임을 고무하는 분위기가 형성되고 있었는데, 국제연맹의 수립을 전후해 확산되던 국제적 평화운동과 이상주의의 움직임이 바로 그것이었다. 특히 영국 내 일각에서는 전쟁의 원인이 '지식'의 부족에서 기인한다고 보고 지속적이고 조직적인 학습 활동에서 그 해결책을 찾아야 한다는 주장이 나왔고, 채텀하우스도 이러한 조직적 학습을 위한 제도적 장치의 일환이 되었다.[20] 제1차 세계대전 이후 유럽 각국에서는 전쟁의 재발을 방지하기 위한 제도적 장치를 간절히 열망하고 있었는데, 이를 위해서는 무엇보다 다양한 시각을 포괄할 수 있는 교육기구가 필요했던 것이다.[21] 결국 시대적으로 주어진 문제의식, 즉 전쟁의 재발 방지와 국제 평화의 추구라는 거대한 목표 아래 구체적으로 영국이 취할 수 있는 제도적·정책적 대안들을 모색하기 위한 노력의 일환으로서 채텀하우스 프로젝트가 추진되었던 것이다.

채텀하우스 프로젝트는 커티스Lionel Curtis에 의해 주도되었는데, 그는 옥스퍼드를 배경으로 20세기 초반 다양한 분야에서 대영제국의 핵

드, 스코틀랜드, 웨일스, 잉글랜드에 지방의회와 행정부를 별도로 설치하고 다시 런던에 이들을 총괄하는 전체 의회를 둔다는 구상이었는데, 이러한 법안들은 20세기 초에 들어와 영국 내에서 커다란 이슈로 떠오르게 된다. 라운드테이블운동은 이러한 정치적 논쟁의 이면에서 연방제에 대한 지지를 끌어내기 위해 활발한 활동을 벌였다. Kendle(1968), pp. 332-333.

20 Williams(2003), p. 40.

21 Olson and Groom(1991), p. 58.

심적인 엘리트들과 촘촘한 인적 네트워크를 구축하고 있었다. 이들은 옥스퍼드나 케임브리지 출신의 귀족적인 지식인으로서 소위 영국의 '상위 그룹 1만 명upper ten thousand'을 형성하고 있었다. 이들은 빅토리아 시대 이후 영국의 정치와 사회, 지식 부문을 이끌어 가는 데 지대한 영향을 미쳤으며, 영연방 내의 주요 거점 도시에 걸쳐 광범위하게 분포함으로써 제국주의적 영연방을 지탱하는 지식 네트워크로서 큰 역할을 담당했다.[22] 또한 애국주의, 국가 이익, 국제적 위신 등의 이념적 구호를 전면에 내세우면서 '제국'과 '제국 시민'의 위상을 드높이고자 애썼다. 커티스는 제국주의적 연방제야말로 세계 문명을 떠받치는 보루이며, 이를 위해서는 중앙집중형의 감독 및 후견제도가 필요하다고 주장했다.

채텀하우스 프로젝트에 가담했던 사람들은 이론적으로 지구상의 만민이 평등하다는 자유주의적 교리를 신봉하고 있었지만, 현실적으로는 영연방제국이 중심이 되어 다른 지역들을 교화해야 한다는 불평등한 세계관에 젖어 있었다. 커티스와 그의 동료들은 '권위주의적 자유주의authoritative liberalism'라는 이율배반적 이념의 덫에 걸려 있었던 것이다.[23] 그들이 보기에 제국주의적 연방 시스템은 이러한 목표를 달성하기에 최적의 대안이었다. 이러한 연방제를 통해 세계 평화가 보장될 것이며, 분열과 갈등을 치유할 수 있는 길이 열릴 것으로 보았다.[24]

---

22 Gorman(2004), p. 70.

23 이러한 이율배반적 속성은 궁극적으로 커티스와 라운드테이블운동이 추구하고자 했던 실천적 목표의 달성을 불가능하게 만들었다. 커티스가 주창했던 '제국 시민imperial citizenship'의 이념은 1930년대에 파시즘의 등장과 함께 쇠락했고, 자유와 억압, 기회와 불평등의 관념을 함께 내포하고 있었던 20세기 초 제국주의 관념은 결국 스스로의 패러독스를 드러냄으로써 한계에 봉착하게 된다. Gorman(2004), p. 96.

24 19세기 말과 20세기 초 남아프리카에서의 경험은 커티스로 하여금 대영제국의 주권

또한 그들은 세계 연방의 틀 속에서 자치 정부를 수립하려는 이상을 꿈꾸고 있었으며, 이를 위해 미국을 위시한 세계 각 지역에 대영제국과의 연방적 관계를 확대할 필요가 있다고 생각했다. 이러한 지식인들에게 세계 평화는 하나의 '집단재'였으며, 이를 위해 필요한 대영제국의 유지와 확대는 정책적으로 지향해야 할 중요한 '인식소'였다.

그럼에도 채텀하우스의 초기 모임은 표면상으로 국제주의의 이념을 추구하는 임시위원회의 형태로 운영되었다. 회원은 학계뿐만 아니라 중요한 정보를 공유하려는 정책 결정자들을 포함한 엘리트 그룹으로부터 충원되었는데, 당시 발기인의 수는 756명에 달했다고 한다.[25] 채텀하우스의 회원은 앵글로·색슨계 백인 신교도였으며, 중산층 이상의 엘리트들이 주축을 이루었다. 이들은 영국 노동당이나 반反기업적 정서에 대응해 '국가 이익'을 주창했다는 공통점을 지니고 있었다. 특히 이들은 호전적인 민족주의가 팽배하던 20세기 초에 국제주의를 공공연히 표방하는 인식공동체로서 영연방 내에서 새로운 대항 담론을 모색했다. 이에 1920년 7월 채텀하우스는 공식적으로 영국국제문제연구소British Institute of International Affairs라는 이름으로 설립되었는데, 창립대회에서는 대외적 평화를 증진하기 위한 '비공식적 교류informal intercourse'의 장이자 '집단적 지혜collective wisdom'의 보고로서 모임의

이 연방 내에서 제대로 작동하지 않는다는 사실에 큰 우려를 표하도록 만들었다. 오렌지자유국Orange Free State과 트란스발Transvaal이 대표적인 사례였는데, 그는 이러한 연방의 분열이 대영제국의 기반을 흔들 수 있는 위기를 초래한다고 생각했다. 영국은 두 차례의 보어전쟁(1880-1881, 1899-1902)을 통해서 이 두 신생 국가를 연방에 편입시켰다. Gorman(2004), p. 76, n. 36.

25 초기에는 채텀하우스의 설립에 대한 영국 정부의 반응이 신통치 않았다고 한다. 이는 채텀하우스의 국제주의적 이데올로기가 영국의 군비 확장에 장애가 될 것이라는 우려 때문이었다. Olson and Groom(1991), p. 74.

의미가 강조되었다.[26]

채텀하우스의 구성원들은 전체 네트워크에 걸쳐서 몇 가지 공통점을 가지고 있었다. 첫째, 그들은 '과학'에 대한 신념을 공유했는데, 이는 뉴턴의 과학적 패러다임이 비약적으로 확산하던 당시의 시대적 상황과 밀접하게 연관된다. 지식은 권력이며 과학적 탐구와 확산으로부터 출발한다는 인식이 공통의 합의를 이루고 있었고, 과학은 인류의 궁극적인 지향점으로 자리 잡고 있었다.[27] 둘째, '자본주의'에 대한 믿음 역시 매우 강했는데, 이는 그들의 전통적인 자유주의적 신념으로부터 유래한다. 비록 당시의 시대적인 분위기가 제국주의적 정향을 띠고 있었지만, 채텀하우스 지식인들 사이에서는 자본주의의 변형으로서 '제국주의'와 '자유주의' 사이에 팽팽한 긴장 관계가 절묘하게 유지되고 있었다. 셋째, 국제주의를 부르짖으면서도 그들은 백인우월주의에서 벗어나지 못했는데, 인종 간의 서열 의식과 그로부터 발생하는 편견은 그들의 원대한 이상에 제약을 가하는 요인이 되기도 했다. 넷째, 그들은 기울어 가는 대영제국의 모습을 보면서 인류의 마지막 희망으로서의 대영제국을 다시 일으켜야 한다는 영국 문명 우월주의를 견지하고 있었다. 따라서 그들이 주장하던 국제주의의 모습은 다른 문명을 그 자체로서 존중하기보다는 어디까지나 영국식 문명을 이식함으로써

26 1926년 채택된 왕립헌장Royal Charter에 의해 영국국제문제연구소는 왕립국제문제연구소Royal Institute of International Affairs로 명칭을 변경하게 된다. 이러한 명칭 변경은 채텀하우스의 관심 영역이 영연방을 포함한 전 세계로 확대되었음을 상징하는 것이기도 했지만, 근본적으로 그 중심이 영국이라는 점에 대해서는 의문의 여지가 없다. Martin(1995), p. 700.

27 제1차 세계대전 직후 영국과 미국에서는 오로지 국제 관계에 대한 과학적 연구만이 전쟁의 재발을 방지할 수 있다는 암묵적인 기대가 팽배했으며, 이러한 기대는 대중 교육기관 및 엘리트 집단의 인식공동체 설립으로 확대되었다. Olson and Groom(1991), pp. 59-60.

만 달성이 가능한 것이었다.[28]

채텀하우스 프로젝트의 기본 취지는 크게 두 가지로 나눌 수 있는데, 하나는 점차 기울어 가는 대영제국의 상황 속에서 제국주의적 개혁을 통해 힘을 보탠다는 것이었고, 다른 하나는 국가 간의 전쟁을 줄이고 상호 이해를 증진하기 위해 국제 문제와 관련된 지식을 축적하는 것이었다.[29] 아울러 이것은 기존에 대영제국의 지배를 정당화해 온 헤게모니적 담론 구조를 비판하고, 새로운 제국적 개혁을 이루기 위한 유기체적 지식인 집단의 활동으로 추진된 것이었다.[30] 이러한 점에서 초기 주창자들은 기존의 제국주의적 질서를 그대로 유지하면서도 전통적인 보수주의자에 맞서서 자유주의적 입장을 내세우려는 '자유주의적 제국주의자'였다. 그들은 기울어 가는 제국의 문제를 치유하기 위한 대안으로 이와 같은 새로운 이념을 '인식소'로서 제시했고, 이를 통해 정치권에 영향력을 행사했다. 이러한 점에서 채텀하우스는 하나의 인식공동체이자 지식 네트워크라고 할 수 있다.

커티스와 채텀하우스 초기 모임의 발기인들은 채텀하우스가 하나의 단일체이기보다는 주요 국가들의 수도를 중심으로 연결된 국제 문제 전문가들의 독립적 모임 간의 '네트워크' 역할을 수행하기를 원했다. 이러한 네트워크는 엘리트 사이의 개방적인 비공식 채널을 통해

28 Williams(2003), pp. 50-54.

29 Williams(2003), pp. 35-36.

30 그람시Antonio Gramsci는 기존 질서와 지배 구조를 고수하려는 '전통적 지식인traditional intellectuals'과, 특정한 사회적 집단의 이익을 구현하고 기술형, 명령형, 조직형 기능을 수행하는 '유기체적 지식인organic intellectuals'을 구분했는데, 윌리엄즈Paul Williams는 채텀하우스 프로젝트에 참여했던 지식인들의 경우 후자의 유형에 해당한다고 보고 있다. 당시의 지식인들은 지식이 곧 권력이라는 데 동의했는데, 이러한 점에서 채텀하우스는 지식과 정보, 이념을 동원해 권력을 확보하려는 그람시적 정치 단위체의 대표적 사례였다. Parmar(2002b), p. 14.

공식 외교를 촉진할 수 있는 윤활유 역할을 할 것으로 기대되었다.[31] 채텀하우스 프로젝트는 이와 같이 하나의 네트워크로서 전 세계에 수출되기 시작했는데, 영국을 주축으로 해서 캐나다, 호주, 남아프리카공화국, 뉴질랜드, 인도 등 대영제국 내의 다양한 지역, 다양한 자매기관으로 확대 연결되었다. 채텀하우스는 이러한 지역의 엘리트 전문가들이 비공식적으로 모여 의견을 교환하는 포럼의 역할을 수행했다. 이런 점에서 채텀하우스는 하스가 지적한 대로 네트워크 구조를 채택하고 있었지만, 연결고리들이 차지하는 비중을 고려한다면 이는 수평적이기보다 영국을 중심으로 해서 하위 연방 구성원들을 엮는 '불균등 네트워크'라고 보아야 할 것이다.

다양한 엘리트가 모이는 장소로서 채텀하우스는 정부나 특정 정당, 상업적 이해관계로부터 독립적으로 운영되었다는 점에서 또 다른 특징을 지니고 있었다.[32] 설립 초기부터 채텀하우스는 '비공식적·비정치적' 단체를 지향했으며, 어떠한 국제 문제에 대해서도 집단적인 의사표시를 하지 않는다는 입장을 취했다. 왕립헌장은 연구소의 목적이 국제정치, 경제, 관할권 문제를 과학적으로 연구하고 그에 관한 정보를 관리 및 제공하는 것에 국한됨을 분명히 밝히고 있다.[33] 하스의 이론에서는 선명하게 부각되지 않았던 인식공동체의 '사회적 담론' 형성 기능이 정책적 참여 기능보다도 먼저 추진되었다는 점이 주목할 만하다.[34] 또한 채텀하우스 프로젝트는 엘리트 지식인들에 의해 시작되었

---

31 Williams(2003), p. 42.

32 Martin(1995), p. 699.

33 Thorne(1978), pp. 1-2.

34 그럼에도 이후의 채텀하우스는 영국 정부와 매우 밀착되어 있는 일종의 '준공식적 quasi-official' 단체라는 이미지를 갖게 된다.

지만, 엘리트들의 이념을 전 세계에 전파한다는 취지하에 '교육자를 교육하는 것'을 가장 중요한 목표로 여겼다. 적은 수의 엘리트들에 의해 창출되었을지라도 올바른 여론을 형성하는 일이 무엇보다도 시급하다고 보았던 것이다.[35] 그만큼 채텀하우스의 구성원들은 대영제국의 이념적 방향을 올바로 수립하기 위한 엘리트 중심의 지식 네트워크를 지향하고 있었지만, 동시에 자신들이 옳다고 여기는 바를 일반 대중에게 전파하기 위한 의도적인 노력을 기울이고 있었던 것이다.

4. 외교협회와 팍스 아메리카나

채텀하우스가 쇠퇴해 가는 대영제국을 다시 일으키기 위한 지식인들의 인식공동체였다면, 비슷한 시기에 미국에서 전개된 외교협회 Council on Foreign Relations의 설립 운동은 헤게모니 국가로 부상하는 미국의 외교정책을 구상하고 대중을 교육하기 위한 지식 네트워크라고 할 수 있다. 외교협회는 제1차 세계대전이 마무리되던 1917-1918년 사이에 윌슨Woodrow Wilson 대통령의 보좌관이던 하우스Edward M. House에 의해 설립된 정책자문단인 '인콰이어리Inquiry'를 그 전신으로 한다. 이 단체는 대외 문제에 정통한 지식 엘리트들로 구성되었는데, 전후 처리를 위해 소집된 파리평화회의에 참가해 유럽 국경선 획정 과정에 적극 개입하기도 했다. 한편 1918년 6월 루트Elihu Root의 주도하에 108명을 발기인으로 하는 초창기 외교협회가 설립되었는데, 이 협회는 당시의 미국 내 분위기가 서서히 고립주의로 회귀하는 데 반대하면서 윌

35 Williams(2003), p. 38.

슨과 국제연맹의 이념에 대한 적극적인 지지를 표명했다. 이와 같은 두 집단, 즉 '인콰이어리'의 외교 전문가들과 초기 '외교협회'의 지식인들이 통합해 1921년 2월 새로운 모습의 확대된 외교협회를 발족시킴으로써 오늘날의 원형을 이루게 된다.[36]

외교협회의 초기 구성원들은 정계를 비롯해 산업계, 금융계, 학계 인사를 망라했는데, 이들은 미국 외교정책에 요구되는 '현명한wise' 기초를 쌓고 대중을 설득하는 데 있어서 지식인들 사이의 동맹을 구축하는 일이 시급하다고 보았다. 말하자면 지식인들 사이의 네트워크를 구축함으로써 보다 큰 이상을 달성하기 위한 행동 메커니즘으로 시작한 것이 바로 외교협회였는데, 여기에서 그들이 원하던 이상은 고립주의로의 회귀에서 벗어나 지구적 범위의 미국 외교정책을 떠받치기 위한 '자유주의적 국제주의liberal internationalism'였다.[37] 전후 고립주의로의 회귀에 대해 자유주의와 국제주의라는 인식소와 대항 담론을 창출하고 이를 정책적으로 실현하기 위한 지식인들의 네트워크로서 출발했다는 점에서, 그리고 자신들의 경험을 바탕으로 하는 전문가적 자문 그룹 또는 대중 교육의 지도자 모임을 지향했다는 점에서 이러한 외교협회의 노력은 분명 하스의 인식공동체 개념에 부합되는 사례라고 할 수 있다.

외교협회는 초기부터 매우 배타적이고 까다로운 회원제를 채택했으며 프라이버시 보호와 비밀 운영을 원칙으로 했다.[38] 특별한 경우를

---

36 Grose(1996), pp. 1-8. 외교협회는 이후 회원이던 프랫Harold Pratt의 미망인이 1944년에 기부한 4층 건물 '프랫 하우스Pratt House'를 모임 장소로 삼았다.

37 Parmar(1999), p. 338.

38 당시 미국 내의 주류 사회로부터 배척받던 유대인과 흑인의 가입에 대해 호의적이었다는 점은 외교협회의 특징 중 하나였다. 그러나 여성에 대해서는 여전히 문호를 개방하지 않았다고 한다. Grose(1996), pp. 9-10.

제외하고는 회의 자료를 대외적으로 공개하지도 않았다. 당시 외교협회는 당파를 초월해 중도적인 입장을 지향하고 있었지만, 일반 대중의 여론이 민주주의에 얼마나 긍정적인 영향을 미치는가에 대해서는 부정적인 입장을 취하고 있었다. 그들이 보기에 여론은 단순하게 대중으로부터 형성되기보다 소규모의 엘리트들에 의해 올바로 인도되어야 하는 것이기 때문에, 다양한 스터디 그룹과 토론 그룹을 만들어 여론을 이끌어 갈 수 있는 담론과 정책 대안을 만드는 일이 중요했다. 또한 외교협회는 전 세계로 확대되는 미국의 역할을 떠받칠 수 있는 브레인의 필요성을 절감하고 있었는데, 이는 영국의 채텀하우스와 마찬가지로 자국의 제국주의적 외교정책의 필요성을 무엇보다도 절감했다는 데 기인한다. 미국이 세계의 초강대국으로 부상하면서 보다 진취적인 외교정책의 이데올로기와 이를 받아들일 '교화된 대중informed public'을 필요로 했던 것이다.

물론 제1차 세계대전 및 제2차 세계대전 직후의 미국 외교정책을 과연 제국주의라고 규정할 수 있는지에 대해서는 논란의 여지가 있다. 20세기로 접어들면서 미국이 스페인과의 전쟁 이후 본격적으로 제국주의 대열에 동참했다는 역사적 사실에 대해서는 큰 이견이 없지만, 유럽 제국들과는 달리 영토 확장이나 식민지 확보 등에는 상대적으로 소극적인 모습을 보였기 때문이다. 제1차 세계대전 직후 유럽 정치에 대한 개입을 거부하고 다시 고립주의로 회귀하려는 상황에서 당시의 미국이 제국주의적이었다고 규정짓기에는 다소 무리가 있는 것이다. 그럼에도 불구하고 20세기 이후의 미국은 분명 세계적인 영향력을 증대시키려는 의욕을 보여왔다는 점에서 여전히 제국주의적인 경향을 띠고 있었다. 비록 영토적 팽창을 본격적으로 추구하지는 않았지만 대외적인 영향력 행사를 도모했다는 점에서 '비공식적 제국informal empire'으로서의 속성을 분명히 지니고 있었던 것이다.[39] 제2차 세계대전 이후의 미국은 세계의 공공재 제공에 동참하면서 자유 진영의 헤게모니 국가로 부상했는데, 이 역시 비판적 시각에서 볼 때 제국주의와 다름없을 것이다. 결국 채텀하우스의 시대적 배경이 쇠퇴하는 대영제국이었다면, 외교협회는 '팍스 아메리카나Pax Americana', 즉 떠오르는 미 제국주의를 배경으로 한 것이다.

초기의 외교협회는 대외적으로 국제주의를 주창하고 있었음에도 상당히 모호한 점이 없지 않았다. 초대 회장이던 루트는 당시 미국의 국제연맹 가입 문제를 둘러싸고 윌슨 행정부가 받아들이기 힘들 정도로 공화당 측 입장에 치우쳐 있었으며, 그로 인해 미국의 국제연맹 가입 비준안이 부결되는 데 지대한 영향을 미쳤다. 제1차 세계대전 이후 국내 상황에서 큰 호응을 얻지 못하던 윌슨주의와 맹목적인 고립주의 사이에서 외교협회는 분명한 입장을 정하지 못하고 있었던 것이다.[40] 1930년대에 외교협회는 지속적으로 국제주의 이데올로기를 내세웠지만 단기간 내에 여론의 지지를 끌어내지는 못했다. 당시 외교협회는 의회나 일반 대중에게 큰 영향을 미치지도 못했고 루스벨트 행정부의 적극적인 관심을 불러일으키는 데도 실패했다. 게다가 협회 내부에서조차 국제주의자와 고립주의자가 분열되는 바람에 통합된 입장을 취하지도 못했는데, 예를 들어 국제주의자의 경우 유럽의 파시즘에 적극 대응해야 한다고 주장했던 반면 고립주의자는 독일에 대한 유화정책을 지지함으로써 서로 대립적인 입장을 보이고 있었다.[41]

---

39 Heiss(2002), p. 538.

40 Hendrickson(1997), p. 160.

41 예를 들어 외교협회 내에서 큰 영향력을 행사하던 앨런 덜레스Allen Dulles와 존 포스터 덜레스John Foster Dulles는 형제지간이었음에도 이데올로기적 입장의 차이로 서로 대립

제2차 세계대전이 발발하면서 이러한 상황은 완전하게 뒤바뀌게 된다. 독일이 폴란드를 침공한 사건을 계기로 해서 인적 자원이 부족했던 미 국무부가 국제 정세의 현안을 분석하는 데 외교협회에 크게 의존하면서 그 위상이 부각되기 시작한 것이다. 이때 외교협회는 과거의 인콰이어리에서 진행했던 것과 유사한 형태의 독립적인 연구 프로젝트를 추진했는데, '전쟁 및 평화 연구War and Peace Studies'라고 불린 이 프로젝트에서는 경제와 군비, 영토, 정치 문제 등 분야별로 많은 보고서를 작성해 국무부에 제출했다. 트루먼 대통령도 외교협회의 보고서를 적극 활용했는데, 특히 『포린 어페어스*Foreign Affairs*』에 실린 케넌George Kennan의 'X' 논문은 1950년대에 미국의 대소 봉쇄정책이 초당적 협력 차원에서 본격적으로 추진될 수 있도록 자극하는 결정적 계기가 되었다.[42] 또한 마셜 플랜과 한국전쟁, 인도차이나 분쟁, 중국의 공산화, 핵무기 등의 현안이 국가적 관심사로 떠오를 때마다 외교협회는 미국의 외교정책을 위한 담론 형성에 주도적인 역할을 담당하게 되었다.[43] 이러한 역할을 통해 외교협회는 학자들이 '정치인을 위한 학교'라고 여길 정도로 영향력이 커졌으며, 이해관계와 세계관, 정책적 개입

적인 관계였다. 앨런은 국제주의자로서, 존은 고립주의자로서 양대 진영의 입장을 상징적으로 대변하고 있었다. Grose(1996), pp. 21-22.

42 McMahon(1985); Kennan(1947).

43 1960년대 베트남전쟁을 거치면서 외교협회의 영향력은 서서히 쇠퇴하기 시작했는데, 심지어 협회 내부에서조차 분열의 조짐이 나타났다. 협회지였던 『포린 어페어스』도 여러 경쟁적인 목소리가 공존하는 잡지로 전락하게 되었고, 그로 인해 협회의 배타적 속성도 대폭 희석되었다. 이후 외교협회의 영향력은 전성기 수준으로 회복하지 못하게 된다. McMahon(1985), p. 448; Hendrickson(1997), p. 161. 한편 1970년대부터는 외교정책의 아이디어를 제공하는 여러 경쟁 기관이 등장했는데, 삼각위원회Trilateral Commission, 브루킹스연구소Brookings Institution, 미국기업연구소AEI, 조지타운대학교 전략국제문제연구소CSIS 등이 대표적인 경우이다. 이 기관들은 모두 '작은 진리small-t'의 구축을 통해 외교정책의 대항 담론을 구성하기 위한 인식공동체였다.

등에 있어서 밀스C. Wright Mills가 규정했던 '권력 엘리트'에 버금가는 존재로 군림했다.[44]

외교협회는 1930년대 후반 이후 적극적으로 국내적 네트워크를 구축하기 위한 작업의 일환으로서 카네기재단의 후원하에 주요 대학들과 연계된 대규모 학술회의를 집중적으로 개최했다. 이러한 회의의 주제는 대부분 미국의 외교정책에 관한 것이었는데, 특히 젊은 학생들에게 정부의 입장을 홍보하고 그들의 지지를 확보하기 위한 목적을 띠고 있었다. 이러한 학술 네트워크를 통해 학생들은 정부의 정책에 대해 훨씬 긍정적인 반응을 보이게 되었으며, 장기적으로 외교협회가 추구하는 국제주의의 이념에 동조하는 잠재적 지지층을 형성하게 되었다.[45] 지식인들의 배타적 모임으로부터 시작한 외교협회의 이러한 활동은 서서히 자신들의 이념과 지식을 대중에게 확산시키기 위한 지식 전위대로서 의미를 갖게 되었다. 다시 말해 외교협회는 지식인과 정책 결정자의 관계에만 국한된 하스의 단순한 인식공동체 이론 틀을 넘어서 일반 대중이라는 또 다른 사회 구성원에 관심을 돌리기 시작했던 것이다.

미국은 지리적으로 대단히 광범위한 지역에 걸쳐 있어 일반 국민들은 대외 문제에 대해 상대적으로 관심을 덜 가지며 지역적인 현안을 더 우선시하는 경향을 보인다. 따라서 외교정책을 구현하는 데 있어서 지역적 차원을 넘어 국가적 현안에 대한 국민들의 관심을 높이고 지지를 끌어내는 일이 대단히 중요했다. 외교협회는 이러한 점을 고려해

---

44 McMahon(1985), p. 445.

45 학술 네트워크에서 두각을 나타낸 학생들 중 일부는 외교협회의 회원으로 특별 가입하게 되는데, 경제사 연구로 유명한 킨들버거Charles Kindleberger도 당시 적극적으로 활동하던 학생 중 한 명이었다. Parmar(1999), p. 349.

1930년대 말부터 '지역위원회regional committees'를 설치했다. 대학과 연계된 학술회의가 젊은 학생들을 대상으로 한 네트워크 구축 작업이었다면, 지역위원회는 성인들을 대상으로 하는 여론 네트워크 구축 작업이었다. 카네기재단의 후원 아래 1940년대 초중반에 본격적으로 추진된 이 사업은 결국 국제 문제에 무지한 지역 여론에 국제주의를 홍보하고 여론을 동원하기 위한 전형적인 인식공동체의 행동 계획이었다.[46] 외교협회는 지역공동체의 의견을 국무부 등 행정부로 전달하는 기능도 맡음으로써 명실상부한 지식 네트워크의 전달자 역할을 담당하고 있었다. 또한 국내 여론을 주도하던 교회, 특히 가톨릭과 유대교, 개신교 등과의 연계성을 강화했으며, 제2차 세계대전 말에는 고립주의 전통으로 회귀하려는 미국 가톨릭계의 동향에 촉각을 곤두세우기도 했다. 농민단체 역시 미국 외교정책을 수립하는 데 있어 가장 우선적으로 고려해야 할 대상 중 하나였는데, 외교협회는 이들에 대한 다양한 교육과 연계 활동을 통해서 고립주의의 망령으로부터 벗어나게끔 하기 위해 부단히 노력했다.[47]

외교협회는 초기부터 국제주의를 주창했지만, 그 이면에는 미국의 국가 이익을 우선시하는 관념이 깔려 있었다. 그래서 '일반적인 국제

46 예를 들어 고립주의 이념을 지지하는 사람들도 지역위원회의 회원으로 받아들였는데, 여기에는 이들에게 고립주의가 시대착오적인 낡은 사고라는 점을 설득함으로써 이를 스스로 포기하게끔 하기 위한 외교협회의 의도가 담겨 있었다. Parmar(1999), p. 355.

47 제2차 세계대전 당시 독일의 공세가 격화되면서 대對독일 선전포고의 필요성을 강조하는 등 여론의 지원을 얻기 위한 여러 시도가 이루어지기도 했다. 대표적인 사례로는 서먼즈 그룹Summons, 센츄리 그룹Century, 동맹국 지원을 통한 미국방위위원회CDAAA, 자유를 위한 투쟁Fight for Freedom 설립 등을 들 수 있다. 이러한 시도는 여론이 미국의 참전에 대해 호의적인 입장으로 돌아서게 하는 데 크게 기여했으며, 결국 행정부의 정책 변화에 큰 영향을 미치게 되었다. Parmar(1999), p. 360.

관계'보다는 '미국과 다른 나라와의 관계'에 더 초점을 맞추게 된다.[48] 즉 대외적 관계를 바라보는 시각과 정책을 미국을 중심으로 재구성하겠다는 의지를 지니고 있었다. 또한 외교협회는 이데올로기적으로 중립적인 입장을 강조했지만, 현실적으로 이를 제대로 지키지 못했다. 협회 출범 당시에는 학자들과 기업인들의 이해관계가 일치해 협회의 순수한 이미지를 제고시키는 데 큰 문제가 없었지만, 정부 관료들이 협회 내에서 적극적으로 활동하기 시작하면서 점차 독립성을 유지하기가 어렵게 되었다.[49] 제2차 세계대전 당시 루스벨트 대통령은 공식 관료 채널을 통해 들어오는 정보를 다양한 민간 채널의 정보와 교차 점검함으로써 외교협회의 위상을 드높이는 데 기여했으며, 미국 정부 역시 외교협회와 같은 '전방위front' 조직들을 적절하게 활용함으로써 소기의 성과를 거둘 수 있었다. 이러한 공적 연계성의 증가는 외교협회가 국가 이익과 정권 안보에 매우 취약한 존재였음을 의미하는 것이기도 했다.

이러한 연계성은 재정적인 측면에서도 나타났다. 미국의 싱크탱크에 지주 역할을 했던 카네기재단과 록펠러재단, 포드재단은 제2차 세계대전 이후 본격적으로 미국의 대외적 영향력을 확대하기 위한 활동을 지원했는데, 이 재단들은 모두 '과학적 박애주의scientific philanthropy'라는 명분 아래 인적 자본의 개발과 교육을 통한 리더십 배양을 최우선 과제로 삼았다.[50] 아울러 미국을 중심으로 하는 전 세계적 연구단체

48 대외 문제를 인식하는 데 객관적인 입장보다는 '미국의 눈으로through American eyes' 세계를 보아야 한다는 협회의 취지로 인해 학술지의 명칭은 '인터내셔널 어페어스International Affairs'가 아닌 '포린 어페어스Foreign Affairs'로 정해졌다. Grose(1996), p. 13.

49 Grose(1996), pp. 12-22.

50 카네기재단은 1911년, 록펠러재단은 1913년, 포드재단은 1936년에 설립되었으며, 이들은 1950년대에 들어와 본격적인 지원 활동을 벌이게 된다.

네트워크를 구축하기 위한 학술 교류 및 장학금제도 등도 활발하게 추진했다. 외교정책협회Foreign Policy Association나 태평양관계연구소Institute of Pacific Relations가 이러한 재정적 지원을 받은 대표적인 단체였으며, 심지어 채텀하우스와 같은 외국 단체들도 여기에 포함되었다. 이들 단체나 기관은 비서구 사회에 대한 지역 연구 등 정책적으로 요구되는 국제 관계 연구 프로그램을 체계적으로 개발했다.[51] 1950-1960년대 냉전 시기에 이러한 지역 연구 프로그램들은 최고조로 활성화되었으며, 국가 안보 연구의 중요한 축을 형성하고 있었다. 이와 같은 변화는 미국이 제2차 세계대전을 겪으며 현장에서 지역 전문가가 얼마나 중요한지를 뼈저리게 느꼈기 때문에 가능했다.[52] 전쟁이 종결된 후에는 미·소 간의 냉전이 전개되면서 공산권이나 제3세계 등 다른 지역에 대한 이해를 넓히려는 다양한 학제적 노력이 이러한 제도에 힘입어 가속화되었다.

결국 외교협회와 같은 인식공동체, 재정적 지원을 통해 이러한 활동을 장려했던 민간 재단, 그리고 다양한 연구 및 학문 집단은 모두 국가 이익의 관점에서 떠오르는 미국의 국제적 역할을 규정하고, 지식인들의 역량을 결집해 정책적인 영향력을 발휘하고자 했던 지식 네트워크였다. 이를 위해 그들은 교육받지 못한 일반 대중을 계몽하고 여론

51 포드재단은 아시아 지역의 엘리트들에게 서구식 산업화와 근대화 모델을 교육하기 위한 전문가 네트워크를 구축했으며, 남미에서도 능력 있는 사회과학자들을 양성함으로써 친서구적인 분위기를 조성하고자 했다. 카네기재단과 록펠러재단도 대학이나 교육기관을 통해 아프리카 국가들에 대한 교육에 투자함으로써 미국의 외교정책 수행에 일조하고자 했다. Parmar(2002b), pp. 16-24.

52 제2차 세계대전 중에는 언어 소통 등 대중적 차원에서의 전문가 양성이 요구되었던 반면, 전후에는 학문 분야별 전문 연구를 장려하는 방식으로 지역 연구가 활성화되었다. Morton(1963), pp. 143-145.

지도층을 양성하기 위한 노력을 병행했다. 대내적으로나 대외적으로 이 단체들은 다양한 전문가 사이에 지적 연계성을 구축하고 교육 및 훈련을 통해 대중을 교화시킴으로써 정책적인 기여를 도모한다는 목표를 지니고 있었으며, 무엇보다도 제국의 지식 이념을 위한 '네트워크의 구축'을 추구한다는 점에서 공통점을 지니고 있었다.[53] 이러한 인식공동체 중심의 지식 네트워크는 결국 제국주의적 경향을 띠었던 당시의 시대 상황 속에서 국가적으로 바람직한 외교정책의 방향을 제시한다는 지식 생산의 주체로서, 그리고 지식 전달의 매개체로서 중요한 의미를 지니고 있었다.

5. 제국 네트워크의 정치적 성격

지금까지 살펴본 바와 같이 영국의 채텀하우스와 미국의 외교협회는 과학적 지식의 정당성에 대한 신념과 애국심을 바탕으로 제국의 사회적 담론을 형성하고 정책적 대안을 모색하기 위한 인식공동체라는 점에서 큰 의미를 지닌다. 이들은 20세기 초반 제국의 유지라는 문제의식 아래 구체적으로 다음과 같은 공통된 특징을 보이고 있었다. 첫째, 이 단체들은 세상의 모든 문제가 해결 가능하다는 전제하에 과학적 방법을 통한 문제의 인식과 사실의 규명, 전문가들의 토론을 통한 분석과 정책 대안의 모색이라는 일련의 절차를 제시했다. 채텀하우스의 초기 연구들이 '국제 문제의 과학적 연구'라는 의제 아래 진행되었다는 점이 이를 잘 말해준다.[54] 미국 외교협회도 과학적 지식을 이용해

---

53 Parmar(2002b), p. 24.

생활의 질을 향상시키고 가난과 사회적 갈등을 추방하며 정치와 정부를 개혁함으로써 미국의 세계적 위상을 높여야 한다는 사명감에 충만해 있었다.[55] 비록 자신들의 정치적 입장을 정당화하고 제국주의 시대의 국가 이익을 합리화하기 위한 이데올로기적 의도가 다분히 내포되어 있었지만, 이러한 단체들의 구호는 '객관적'이고 '과학적'인 것으로 근사하게 포장되어 있었다.

둘째, 이러한 인식공동체들은 일반 대중이 기본적으로 외교적 문제에 관심이 없고 또 외교정책 결정에 참여할 만한 능력도 지니지 못했기 때문에 엘리트들이 여론을 선도해야 한다는 입장을 취하고 있었다.[56] 엘리트 의식은 세계를 변화시키려는 의지와 공동의 문제를 해결하기 위한 대안의 탐색, 그리고 이에 요구되는 무거운 책임감을 동반했다. 채텀하우스 및 외교협회 지도층의 강한 종교적 성향이 그 뿌리를 형성했는데, 개신교를 기반으로 하는 복음전파주의는 세계의 문제 해결을 위한 사명감의 원천이었다.[57] 앵글로·색슨 중심의 인종적 배타성과 남성적 우월성 역시 엘리트의 의식 속에 자리 잡고 있었는데, 진

54 Morgan(1979), p. 240.

55 Parmar(1999), p. 399.

56 제1차 세계대전을 거치면서 여론의 역할이 커지게 되고 또 과학적인 설문 조사가 가능해지면서 여론이 외교정책에 미치는 영향에 대한 관심이 고조되었다. 그러나 제2차 세계대전 이후 베트남전쟁에 이르기까지 미국 내 여론과 외교정책 사이의 상호 관계는 소위 '아몬드-리프먼 합의Almond-Lippmann Consensus'라는 명제에 의해 부정적으로 묘사되었다. 이 명제에 따르면, 여론은 매우 휘발성이 강해서 건전한 외교정책의 기반으로 삼기에 무리가 있으며, 체계적이지도 않고 일관성이 결여된 '무태도non-attitude'에 가깝기 때문에 외교정책에 미치는 영향은 대단히 제한적일 수밖에 없다. 결국 1960년대 이전까지는 외교정책이 엘리트에 의해 주도되어야 하며, 대중은 단지 수동적인 대상일 따름이라는 인식이 미국 내에 팽배해 있었다. Holsti(1992), pp. 441-445.

57 종교적인 성향은 그들의 과학적 성향과 배치되는 것이었음에도 채텀하우스 및 외교협회의 지도자들은 이를 잘 융합해 갈등의 소지를 극복하는 데 성공했다. Parmar (2002a), p. 58.

화론적 관점에서 이들은 외부 세계의 미개한 대중을 교화시킨다는 '백인의 부담The White Man's Burden'을 스스로 떠안고 있었다.[58] 외교협회의 초기 주축 세력이었던 진보주의자들은 엘리트들로 하여금 대중에게 적절한 정보를 제공하도록 함으로써 '권위 있는authentic' 여론을 형성해야 할 필요성을 느끼고 있었다.[59] 외교협회는 미국의 여론에 정보를 전달할 뿐만 아니라 그것을 올바른 방향으로 이끌어야 한다는 또 다른 목적을 지니고 있었다. 협회의 구성원들에게 여론은 결코 고정된 것이 아니라 계몽이 가능한 것으로 여겨졌으며, 제2차 세계대전 이후 다시 미국 사회를 휩쓸기 시작하던 고립주의의 망령을 극복하기 위해 그들은 무엇보다도 여론을 올바로 계도해야 한다는 사명감에 충만해 있었다.

채텀하우스나 외교협회와 같은 인식공동체들은 결국 20세기 초반의 제국 경영에서 대단히 핵심적인 역할을 담당했던 민간, 또는 준準공공 차원의 자생적인 지식 네트워크였다. 그들은 지식과 이념의 중요성을 간파하고, 전문가 입장에서 이를 제도화함으로써 여론을 계도하고 정책적 대안을 제시하고자 노력했기 때문이다. 그들이 추구하던 제국의 과학적 기반과 '올바른' 여론은 자유주의적이면서도 자국의 이익을 추구하는 제국주의적 이념이라는 독특한 시대적·상황적 인식소를 바

58 '백인의 부담'이라는 표현은 키플링Rudyard Kipling의 시에 나오는 구절이다. 1899년 미국이 스페인과의 전쟁에서 승리함으로써 필리핀을 획득한 역사적 사건을 배경으로 한 이 시는 『맥클루어 매거진*McClure's Magazine*』 1899년 2월호에 실렸다. 키플링은 이러한 표현으로써 영국과 미국이 '후견인patron' 역할을 수행해야 한다고 강조했다. Parmar(2002a), pp. 71-72; Gorman(2004), p. 85.

59 당시 미국의 대중 정치에 대한 시각은 사회 지도층이라고 할 수 있는 여론 주도층 또는 '사려 깊은 대중attentive public'에 초점이 맞춰져 있었다. 많은 학자가 보기에 이러한 엘리트 집단은 민주주의를 실천하는 데 필수 불가결한 요소였으며, 여론이 외교정책의 도구가 되기 위해서는 이러한 '사려 깊은 대중'을 등한시하는 태도가 먼저 극복되어야만 했다. Parmar(1999), pp. 342-343.

탕으로 해서만 만들어질 수 있는 것이었다. 이러한 점에서 인식공동체들의 역할은 지식의 정당화를 통한 권력의 발현이라는 푸코적 명제를 대변한다.[60] 국가 이익의 확보가 무엇보다도 절실했던 격변의 시기에 영국과 미국의 지식인들은 앞장서서 제국이 나아갈 바를 제시하고 이를 정책적으로 실천하기 위한 여론 계도 작업과 학문적·제도적 네트워크의 구축에 온 힘을 쏟았던 것이다.[61] 이러한 맥락에서 두 나라의 사례가 그람시Antonio Gramsci가 언급한 '지식 헤게모니' 현상이라는 해석도 있는데, 지식과 이데올로기 자체가 권력의 요소를 지니고 있다는 점을 감안한다면 상당한 타당성을 지닌 주장이라고 할 수 있다.[62]

또한 채텀하우스와 외교협회의 국제주의 이데올로기는 당시의 시대적 상황 속에서 영국 내부의 수구적·호전적 제국주의 및 미국의 냉소적 고립주의에 대항하는 새로운 담론을 형성하기 위한 대안이었다. 채텀하우스와 외교협회는 다양한 초국가적 교류와 국제기구, 자유무역 시스템을 통한 전쟁의 감소와 평화의 증진을 기대했으며, 인종적·문화적 우월성을 바탕으로 하는 영·미 동맹 관계를 주축으로 하여 전세계적 문명 표준을 구축하고자 했다. 그럼에도 이들의 이데올로기는 어디까지나 근대 국가 중심의 관점을 완전하게 벗어나지 못했는데, 이는 이상주의의 가면을 쓰고 있음에도 '권력', '지정학', '국가 이익' 등과

60 Antoniades(2003), p. 37; Haas(1989), p. 402.

61 제국의 국가기구는 독립적으로, 또는 민간 엘리트들과의 협조를 통해 대중의 동의를 끌어내게 된다. 그럼으로써 기존의 정치질서에 도전하려는 새로운 지도자와 조직을 양성하고 변화를 위한 여론을 구축하게 된다. Parmar(1999), pp. 372-373.

62 미국 외교협회나 민간 재단들의 활동이 지식 헤게모니를 바탕으로 하는 여론 형성 작업이었다는 점에서 그람시적인 분석 틀로 설명할 수도 있다. Parmar(2002b), p. 14. 그렇지만 이 책에서는 채텀하우스나 외교협회의 활동이 정치사상사적으로 어떠한 의미를 지니고 있는지에 대해 별도로 심도 있는 논의를 전개하지 않고자 한다.

같은 현실주의의 토대를 결코 벗어나지 않았기 때문이었다. 또한 이들 인식공동체는 특정한 정파적 입장으로 기울지는 않았지만 합리적인 외교정책의 틀을 구축하고 국가적 합의를 바탕으로 현실주의적 여론 동원 체제를 구상하고 있었다.[63] 이러한 경험으로부터 현실적·상황적 배경을 바탕으로 실현 가능한 최선의 대안을 모색하고자 노력했던 당시 엘리트 집단의 고뇌를 엿볼 수 있다.

이들 인식공동체의 또 다른 특징은 조직의 구조가 네트워크적이었다는 점인데, 하스가 제기했던 지식인들 사이의 수평 네트워크를 넘어서서 전문가부터 일반 대중에 이르기까지 넓은 영역을 관할하는 불균등 네트워크로서의 모습이 두드러지게 나타나고 있었다. 채텀하우스의 경우 그 전신이었던 라운드테이블운동 때부터 정치적 현안에 대한 논의를 정리 및 입안해 일반 대중에게 전달한다는 구상을 하고 있었으며, 이것이 연방 내 주요 거점마다 충분한 능력을 갖춘 지식인들의 '세포조직cell'을 통해 가능하다고 보았다.[64] 미국 외교협회의 경우에도 대학, 지역, 종교단체, 농민단체 등 다양한 영역에 걸친 대중 교화 작업을 통해 전문가들의 지식과 이념을 전파하기 위한 네트워크 구축 작업이 가장 큰 사업이었으며, 여기에는 카네기재단과 같은 여러 민간 재단이 재정적으로 큰 힘이 되었다. 20세기 초반에 들어와 서서히 몰락해 가던 대영제국의 힘을 북돋우려 했던 채텀하우스나 새롭게 부상하는 미제국주의의 현실적 이념과 그 실천 방안을 모색하던 외교협회 모두 지식인들만의 배타적 집단이 아닌 사회 전 영역에 걸쳐 동시다발적으로 추진된 담론 형성 및 정책적 대안 마련의 장場이었다. 이러한 기능을

63 Parmar(2002a), pp. 66-67.

64 Gorman(2004), p. 77.

수행하기 위해 그들은 중앙집중적 위계질서나 무정부적 혼란 대신 지식 전달에 가장 효율적인 네트워크형 메커니즘을 채택했던 것이다.

국제정치학 연구에서 인식공동체 이론은 기존의 거시적 분석에 더해 네트워크적 요인들을 강조함으로써 사회 현상을 새롭게 인식할 수 있도록 했다. 그동안 국가 중심으로 이루어져 온 국제정치 분석은 한 나라 내부의 현상을 블랙박스로 처리해 버리면서 마치 그들이 동일한 정책 결정 과정을 지닌 것처럼 가정했다. 인식공동체 이론은 이와 같은 정책 결정 과정의 작동 메커니즘에 새로운 행위자를 상정함으로써 국제정치를 이해하는 폭을 넓혀왔다. 특히 인간의 합리성이라는 신고전파 경제학의 단순한 관념을 벗어나 '제한적 합리성' 및 '합의를 통한 지식'의 생성이라는 사회심리적·정치적 측면을 더욱 중시하면서 이러한 요소들이 어떻게 정책 결정 과정에 영향을 미치는지를 세부적으로 설명한다. 하스의 주도로 확산되기 시작한 이러한 연구 작업은 오늘날 과학기술과 같은 전문 영역에서 국가 간 협력이 일어나는 현상을 설명하는 데 매우 중요한 이론적 프레임워크로 자리 잡고 있다.

그럼에도 이 장에서는 기존의 인식공동체 이론을 반드시 국제적 현상에만 적용할 필요는 없다는 문제의식을 제기한다. 그리고 하스가 제시했던 인식공동체의 관념은 전문성을 바탕으로 하는 지식 네트워크로서, 단지 과학기술 분야뿐만 아니라 사회의 전 영역에 걸쳐서 지식의 정당화를 이루려는 다양한 노력을 모두 포괄할 수 있음을 역사적 사례 분석을 통해 살펴본다. 이를 위해 20세기 초반의 영국 채텀하우스와 미국 외교협회의 사례가 소개되었는데, 인식공동체 이론에 대한 약간의 수정을 통해 국내 영역 및 국내·국제의 경계에서 일어나는 현상에 대해서도 이론을 확대 적용할 수 있음을 보여주었다. 구체적으로 이 장에서는 다양한 인식공동체의 공존과 경쟁을 상정하고, 사회적 담론의 형성과 정책 대안의 제시라는 인식공동체의 기능적 분화를 비롯해 네트워크 구조를 강조함으로써 하스의 작업에서 모호하게 규정되었던 요소들을 선명하게 부각하고자 했다. 그럼으로써 인식공동체 이론이 외교정책의 대내적 측면 및 대외적 영역에서 얼마든지 원용이 가능하다는 것을 보여주려 했다.

오늘날 국제정치 연구에서 '제국'은 주요한 화두로 자리 잡고 있다. 세계화의 추세 및 근대 국가 체제의 약화와 더불어 새롭게 관심을 끌고 있는 제국주의적 현상에 대한 다양한 이론적·경험적 연구가 쏟아져 나오고 있는 이때, 이 장에서는 개별 국가 내부의 네트워크에 초점을 맞춘 관점에서도 이러한 주제를 다룰 수 있다는 가능성을 탐색했다. 인식공동체라는 국가 하부 단위체를 통해 한 나라 또는 제국의 외교정책이 어떻게 형성되는가에 대한 이론적 메커니즘을 제시하는 데 인식공동체 개념과 네트워크 구조의 관념은 상당한 타당성을 지닌 것으로 밝혀지고 있다. 특히 채텀하우스와 외교협회 모두의 경우에서 볼 수 있듯이 이러한 국가 하부 단위체들 사이에 복잡하게 얽혀 있는 역사적 네트워크 연계성은 앞으로 보다 심층적으로 연구해야 할 주제이다. 물론 이와 같은 네트워크 프레임워크가 제국이 아닌 다른 차원의 현상에도 적절하게 적용될 수 있는지에 대해서는 앞으로 지속적인 논의와 연구가 있어야 할 것이다.

3장 세계화 속의 네트워크 국가

1. 왜 네트워크 국가인가?

국경을 넘나드는 전 지구적 교류와 상호 작용은 지난 수십 년에 걸쳐 우리의 일상생활뿐만 아니라 국가기구, 나아가 세계 정치의 모습을 크게 변화시켰다. '세계화globalization'라고 불리는 이러한 거시적인 추세는 근대 국민 국가로 대표되는 전통적 거버넌스governance의 플랫폼을 서서히 위협했으며, 국제정치의 작동 메커니즘을 점점 더 복잡한 형태로 만들었다. 전통적인 국제정치의 행위자로 군림해 온 국민 국가는 이러한 추세 속에서 그 기능과 권력을 상당 부분 상실하게 되었다. 그 대신에 초국가기구와 국가 하부 단위체들의 영향력이 커지게 되었고, 이들 사이의 상호 작용은 다방면에서 급속도로 증폭되면서 국가의 관할권을 대폭 축소시켰다. 세계화의 추세 속에서 새로운 국제정치 이론과 국가 개념의 재정립에 대한 요구가 점차 커져 왔는데, '네트워크 국가network state'는 이에 대한 하나의 응답이라고 할 수 있다.

네트워크 국가의 개념은 국제정치를 이해하는 새로운 도구이면서 동시에 전통적인 국민 국가의 요소를 잃지 않고 있다. 세계화의 추세 속에서 근대 국민 국가는 그 영향력을 많이 상실했음에도 불구하고 여전히 명맥을 유지하고 있기 때문이다. 국가는 단지 생존을 이어가기만 하는 것이 아니라 스스로의 구조와 기능을 변환시킴으로써 새로운 시대에 적응해 가는 하나의 유기체와도 같은 모습을 보이고 있다. 나아가 국가기구들은 그 기능에 따라 스스로를 분화시키고 대외적인 네트워크를 창출하면서 자신들의 존재 가치를 되살리고 있다. 이러한 현상은 국가가 단지 세계화의 도전에 직면해 쇠락해 가는 수동적인 대상이 아니라 21세기의 새로운 국제정치를 전개하는 데 적극적인 행위 주체가 될 것이라는 점을 암시한다.

21세기의 국제정치에서는 양면 게임과 같은 국내 및 국제의 구분이 더 이상 의미가 없다. 국내·국제의 경계를 따라 이루어지는 정치적 행위자들 사이의 이합집산과 연결망이 더 중요해지고 있기 때문이다. 경제적 교류나 환경 문제 같은 이슈들이 대표적인 사례이다. 과거에는 국가나 국제기구 등 '단위체'를 중심으로 해서 국제정치를 설명했지만, 이제는 특정한 단위체가 아니라 수많은 단위체가 서로 연결된 모양새를 통해서 전체적인 그림을 파악할 수 있다. 이러한 '연결망'은 과거의 단위체를 대체하는 새로운 형태의 단위체라고 볼 수 없다. 이런 연결망은 오히려 단위체들을 보다 효율적이고 유연한 방식으로 재편성하고 사안에 따라 조정함으로써 정책 결정과 정치적 과정의 투입·산출 효과를 극대화한다.

네트워크 국가라는 새로운 이론적 개념은 위에서 언급한 문제의식을 바탕으로 정립되었다. 하지만 이런 개념이 단지 추상적인 것에 그친다고 단정해서는 곤란하다. 오늘날 국제정치 행위자의 복잡한 변화를 읽어내고 그것을 정제해 압축했을 때 마지막으로 남는 핵심 어휘 중의 하나가 바로 네트워크 국가이기 때문이다. 예를 들어 유럽연합EU의 경우 지난 수십 년간의 노력을 통해 자신만의 독특한 거버넌스 방식을 개발해 가고 있는데, 네트워크 국가의 모습을 이보다 더 잘 보여주는 경험적 사례도 없을 것이다. 이 장에서는 우선 네트워크 국가가 등장하게 된 역사적 배경, 즉 세계화가 국민 국가에 미친 영향을 살펴보고, 이어서 네트워크 국가의 대내외적 속성을 짚어본 후에 유럽연합과의 연관성에 대해 논할 것이다. 특히 지금까지 산발적으로 제시되어 왔던 세계화 시대 국민 국가의 변용을 '네트워크 국가'라는 새로운 개념으로 묶어내는 데 주안점을 두고자 한다.

2. 세계화의 영향과 국민 국가

네트워크 국가에 대해 논의하기 위해서는 우선 네트워크 국가가 등장하게 된 역사적 배경을 살펴볼 필요가 있다. 국가는 오랫동안 국제정치의 가장 핵심적인 행위자로서 존재해 왔고, 지금도 이러한 지위에는 큰 변화가 없다고 할 수 있다. 다만 국가의 권한이나 기능에 있어서는 상당한 동요가 일어나고 있는데, 그 근원은 세계화라고 불리는 거시적 현상이라는 데 학자들의 의견이 일치한다. 세계화는 전 지구적 차원에서 동시다발적으로 일어나고 있는 대규모의 통합 추세로서, 그로 인해 국가의 존립 근거 자체가 흔들리게 되었다고 보는 견해가 나타났다. 시민들에게 안보와 복지라는 공공재화를 제공해 주는 국가의 고유 기능이 크게 훼손되었다는 점에 비춰볼 때 이러한 견해에는 타당한 면이 있다. 하지만 전통적 기능이 약화됨에도 불구하고 국가는 스스로를 변환시키면서 여전히 존속하고 있는데, 이러한 복합적인 모습은 오늘날 국제정치 연구에서 흥미로운 퍼즐이 되고 있다.

통합과 분화의 세계화

20세기 후반에 걸쳐 비약적으로 증가한 초국가적 교류는 사람들의 상상을 초월할 정도로 국제정치의 모습을 크게 변모시켰다. 상품과 자본, 노동, 정보, 그리고 여러 형태의 자원이 국경을 자유롭게 넘나드는 이러한 현상은 1970년대부터 본격적으로 시작되었고, '상호 의존'이라는 개념으로 이론화되었다. 그렇지만 20세기 말의 세계화 시대에는 초국가적 교류가 훨씬 더 복잡해지면서 국가 간의 경제적 상호 의존 또는 국제화의 수준을 넘어서는 새로운 관념들이 등장하게 되었다. 전통적인 국가는 더 이상 초국가적 상호 작용의 유일한 주체가 아니며, 많은 경우에 이러한 상호 작용을 통제하는 일이 거의 불가능하게 되었다는 점이 이러한 관념의 배경에 자리 잡고 있다. 결국 국가의 통제를 벗어나 초국가적으로 이루어지고 있는 새로운 통합 현상, 즉 '세계화'는 경제적 상호 의존 이외에도 전통적인 국가 행위자의 권한과 기능이 상대적으로 제약되고 있다는 정치적 변화의 의미를 동시에 내포하게 되었다.

세계화 현상은 1990년대에 들어와 가속화된 정보통신의 비약적인 발전에 힘입은 바 크다.[1] 통신 속도의 향상 그리고 대량의 데이터 처리 및 전송은 자본과 자원의 이동에 필요한 비용을 엄청난 수준으로 절감

1 카스텔Manuel Castells은 세계화와 정보화의 기원에 대해 다양한 기술이 서로 상승효과를 일으킴으로써 특정한 임계치를 넘어서게 된 1970년대라고 보고 있다. Castells(1996), pp. 46-52.

시켰다. 세계는 이제 이러한 발전에 힘입어 물적·인적 교류 및 정보의 소통 양식에서 더욱 복잡한 모습을 보이게 되었는데, '네트워크'는 이런 현상을 대변하는 세계화 시대의 키워드가 되었다. 세계화는 여러 측면에서 사람들의 생활 방식과 통치 양태를 바꿔놓았는데, 특히 많은 나라에서 시민 사회가 성장해 적극적으로 정치 과정에 참여하는 새로운 거버넌스 메커니즘이 발전했다.[2] 이러한 국내 변화와 아울러 대외적으로도 국민 국가의 경계선이 허물어지면서 전통적인 관할권의 개념이 모호해지기 시작했으며, 국가는 안과 밖을 넘나드는 생산 요소와 상품, 화폐, 정보 등의 흐름을 효율적으로 통제하지 못한 채 세계화의 물결에 내몰리게 되었다. 바야흐로 세계는 하나의 글로벌 단위체처럼 움직이는 듯 보였는데, 이러한 '통합'의 모습은 세계화의 대표적 현상이었다. 세계화 시대의 통합을 가능하게 만든 가장 큰 요인은 정보라는 새로운 재화의 확산으로, '공유'와 '통합'의 속성을 특징으로 하는 새로운 재화의 등장에 대해 전통적인 국가는 효율적으로 대응하지 못했다. 그로 인해 비국가 행위자들을 포함하는 새로운 거버넌스 양식을 창출해야 할 필요성이 점점 커졌다.[3] 정치학 분야에서 '국가의 쇠퇴'에 관한 담론이 등장한 것은 바로 이러한 시대적 변화를 배경으로 한다.

세계화의 통합 추세에 따른 정치적 단위체의 변화와 함께 주목받고 있는 또 다른 현상은 바로 '분화fragmentation'의 세계화이다. 세계화의 추세는 '통합'을 지향하는 이면에서 동시에 단위체들이 분열되고 대립하는 분화 현상을 낳음으로써 '통합 대 분화'라는 이율배반적 갈등 관계를 조성했다. 세계가 여러 지역 그룹 또는 비국가 단위체로 분할된

2 Cox(1999), p. 13.
3 Boyer(1990), p. 51.

것은 이미 오래된 현상이지만, 최근에 들어와 이러한 추세는 더욱 복합적으로 전개되고 있다. 국민 국가조차도 지리적, 인종적, 문화적, 경제적 요인 등으로 인한 내부의 분리주의 움직임에 시달리고 있다. 국제 경제의 영역에만 한정해 보더라도 유럽연합, 북미자유무역협정NAFTA, 남미공동시장Mercosur 등 지역 기반의 상호 호혜적인 단위체들이 만들어지고 있으며, 그 외에도 군사 동맹 등과 같은 배타적 집단화의 노력은 그 수를 셀 수 없을 정도이다.

세계화의 통합과 지역주의적 분화의 긴장 관계는 '지하드Jihad 대 맥월드McWorld'라는 바버Benjamin R. Barber의 은유에 잘 표현되어 있다. 그에 따르면 문화적, 인종적, 부족적 요인으로 인해 국민 국가는 지속적으로 분열되었지만, 국가 바깥의 세계는 경제적, 생태적 요인에 의해 하나로 통합되었다. 개개의 국민 국가는 이제 어쩔 수 없이 '지하드'로 대변되는 구심력과 '맥월드'로 상징되는 원심력의 두 힘에 의해 동시에 압력을 받게 된 것이다.[4] 프리드먼Thomas L. Friedman 역시 '렉서스 대 올리브나무'라는 비유로 이러한 두 세력 사이의 갈등 관계를 잘 묘사했는데, 전자는 부와 근대화 그리고 기술적 우위에 대한 인간의 보편적인 열망을 상징하는 반면 후자는 문화적 정체성과 전통의 뿌리를 나타낸다.[5] 이러한 메타포는 오늘날 전개되고 있는 세계화의 추세가 초국가적인 것임에도 불구하고 지역주의 및 국민 국가와의 다층적 관계 속에서 복잡하게 얽혀 일어난다는 점을 잘 부각하고 있다. 전통적 국민 국가는 이와 같은 모순적인 힘의 관계 속에서 안으로 분열되고 밖으로 통합되는 이중의 압박을 받아왔다.

---

4 Barber(1992), p. 53.

5 Friedman(1999), chap. 3.

국제 사회의 전통적인 행위자로서 지난 수백 년간 굳건하게 자리 잡아온 국민 국가는 두 가지 상반된 세력 사이에서 대내적·대외적으로 그 통제력과 권한, 위상을 상실해 가고 있다. 국경을 넘나드는 자원의 흐름이 더욱 빨라지면서 국민 국가는 세계 정치의 전면으로부터 '퇴각'하게 되었으며, '주권'으로 대표되던 권력과 권한은 비국가 단위체나 초국가기구로 분산, 공유되었다.[6] 소위 '전자투자가 집단electronic herd'이라 불리는 무자비한 국제 금융 세력은 초국가적 자본과 첨단 기법을 동원해 무차별적으로 투기 행위를 일삼고 있다. 이러한 추세는 주권의 아성 속에서 굳건하게 지탱되어 온 국민 국가의 기능과 역할을 크게 제약하고 있다. 많은 나라는 초국가적 자본의 공격으로 인해 '황금 구속복golden straitjacket', 즉 국제통화기금IMF과 신자유주의 세력이 부과하는 냉혹한 제약을 받아들여야만 했다. 근대 국민 국가들은 스스로를 지탱해 온 주권 원칙을 안정적으로 유지할 능력을 더 이상 갖지 못하게 되었고, 세계화의 무자비한 추세 앞에 위기로 내몰리게 되었다.

주권의 쇠퇴를 보여주는 또 다른 징표 중의 하나로 국민 국가의 영토적 경계가 계속 무너져 가고 있다는 점을 꼽을 수 있다. 러기John Ruggie는 국가 주권의 쇠퇴를 설명하는 데 '영토성territoriality'의 개념을 원용하고 있는데, 그는 근대 국가의 영토적 기반이야말로 단절적이고 고정적이면서 배타적인 속성을 만든 근원으로서 세계화 시대의 변화를 이해하는 데 가장 필수적인 요소라고 주장했다. 이러한 입장에서는 세계화의 추세를 '영토성의 해체'라고 규정하는데, 다층적 정치 체제로 발전하고 있는 유럽연합, 그리고 영토적 요소를 넘어서는 경제 및 생

6 Strange(1996/2001), chap. 1.

태계의 세계화 등이 대표적인 사례로 꼽힌다.[7] 초국가적 개인의 등장 역시 근대 국가의 영토적 기반을 붕괴시키는 세계화와 지역화의 변증법적 표상이라고 할 수 있다.[8] 근대 국가의 영토 내에서 굳건하게 확립된 개인들의 정체성은 이제 세계화의 물결 속에서 점차 중첩 또는 약화되어 가고 있으며, '우리'와 '그들'을 구분하는 기준조차 희미해지고 있다.[9] 그렇다면 세계화 시대에 국민 국가 주권의 존재 근거가 완전하게 소멸되었다고 볼 수 있을까? 적어도 스트레인지Susan Strange는 이를 분명한 현실로 인식했는데, 그녀는 근대 국제정치의 출발점인 1648년의 베스트팔렌 체제Westphalian system가 이제는 사망했다고 선고했다. 지난 370년 이상 세계를 지탱해 온 베스트팔렌 체제는 전 지구적 차원의 생태계, 금융, 사회질서를 제대로 유지하는 데 총체적으로 실패했기 때문이다. 세계화의 진행과 더불어 아래로부터의 상향식 거버넌스가 요구되는 상황에서 이제 국가 중심적 체제로는 다양한 문제를 더 이상 해결할 수 없다는 것이다. 이러한 맥락에서 스트레인지는 과거의 체제를 '실패한 베스트팔렌 체제Westfailure'라고 불렀다.[10]

국민 국가의 소멸인가?

세계화론자들의 주장대로 국민 국가의 역할과 정당성은 과연 쇠퇴하고 있는가? 지난 수백 년간 세계 정치를 이끌어 왔던 근대 국가 체제는 이제 종료된 것인가? 세계화의 추세로 인해 국민 국가의 역할과

7 Ruggie(1993), pp. 172-174.
8 Rosenau(1997), pp. 360-364.
9 Ferguson and Mansbach(1999), pp. 77-107.
10 Strange(1999), pp. 345-354.

권한이 상당한 수준으로 약화되었지만, 국가를 연구하는 많은 학자가 이러한 결론을 내리는 데 신중한 태도를 취하고 있다. 국민 국가가 소멸했다는 주장을 쉽게 받아들이기 힘든 이유 중의 하나는 근대 국가 체제 자체가 원래부터 내부적으로 다양한 변화의 가능성을 내포하고 있었다는 사실이다. 베스트팔렌 체제는 일반적으로 인식되는 것처럼 주권의 원칙을 확실하게 유지해 왔다고 보기 어려우며, 오히려 신성로마제국과 같이 다양한 비非근대적 정치 체제가 공존할 수 있는 여지를 제공해 왔다는 주장도 제기되었다.[11] 베스트팔렌 체제 내에 이와 같이 변형된 형태의 여러 정치 단위체가 공존했다는 사실은 기존의 국가 중심적 시각으로 쉽게 설명되지 않는다.[12] 학자들은 베스트팔렌 체제 내부의 허술한 시스템 관리 기능을 또 다른 증거로 제시하기도 하는데, 예를 들어 크래스너Stephen Krasner는 이 체제 내부에서조차 다양한 협의와 계약, 위협, 강압 등의 방법을 통해 주권 원칙이 수없이 위반되곤 했다고 주장하고 있다.[13]

이러한 역사적 사실을 기반으로 할 때 베스트팔렌 체제는 대단히 취약한 상태로 지속되어 왔다고 할 수 있는데, 이것이 오랫동안 유지된 가장 큰 이유는 강대국 사이의 협상과 이해관계였다. 베스트팔렌 주권 모형은 상황에 따라 강대국들 사이에서 타협을 통한 방식으로 지난 수백 년간 운영되어 온 것이다.[14] 이러한 경험적 관찰을 바탕으로

---

11 Osiander(2001), pp. 269-273.

12 오시안더Andreas Osiander는 많은 역사학자가 주장하는 것처럼 근대 세계 체제의 발전 과정에서 주권의 관념이 하나의 분수령을 이루는 것은 결코 아니라고 주장한다. 오히려 주권의 관념은 19세기에 들어와 프랑스혁명과 산업화를 거치면서 서서히 점진적으로 발전되었다는 것이 그의 주장이다. Osiander(2001), pp. 281-282.

13 Krasner(1995), pp. 124-140.

14 크래스너는 전통적 '주권'의 관념이 국가 간 권력과 규범에 차이가 있으며, 세계 정치

할 때 최근에 논의되고 있는 국민 국가의 쇠퇴에 관한 주장들을 액면 그대로 받아들이는 데는 무리가 있다. 즉 세계화로 인해 국민 국가가 소멸하거나 쇠퇴했다고 단정 짓는 대신, 국가가 시대적 상황에 맞춰 적응하면서 스스로를 변화시키고 있다고 보는 것이 더 타당하다. 오늘날 관찰되는 국가의 변모 역시 느슨한 베스트팔렌 체제 내에서 수시로 이루어지는 변화와 적응의 모습인 것이다.[15] 이렇게 본다면 세계화 시대에 국가 단위체의 기능과 권력이 약화되었음에도 불구하고 여전히 지속되는 현상을 쉽게 설명할 수 있다. 이제 국민 국가는 대내적 영역 및 대외적 영역 모두를 통제하는 대신 선택적으로 이슈마다 융통성 있게 대응하고 있다. 어떤 분야에서는 국가의 권력이 현저하게 줄어들었지만, 다른 분야에서는 국가의 권위가 더욱 강화되고 있기도 하다. 베스트팔렌 체제 속에서 지난 수백 년간 그래왔던 것처럼, 국가는 새로운 세계화의 도전 속에서 스스로 생존하기 위한 변환의 몸부림을 계속하고 있는 것이다.

이러한 시각을 받아들인다면 세계화의 결과로 인해 전통적인 국민 국가의 기능과 역할이 위축되었다고 보기는 어렵다. 비록 국가 하부 단위체 및 초국가기구 등으로 그 권력과 권한이 분산되기는 했지만, 국가는 완전히 '뒤로 밀려난rolled back' 것이 결코 아니다.[16] 국가는 여

에 있어서 국가 간의 문제를 해결할 수 있는 정당한 규범과 권위적 메커니즘이 존재하지 않는다는 점을 무시해 왔다고 본다. 그래서 이 개념이 마치 모든 국가에 동일하게 적용될 것이라는 잘못된 인식을 낳았다고 비판한다. 이런 점에서 그는 주권의 관념이 '인식론적 각본cognitive script' 또는 '조직화된 위선organized hypocrisy'에 불과할 따름이라고 본다. Krasner(2001), p. 42.

15 베스트팔렌 주권 원칙은 식민지주의와 내정 간섭을 통해 수없이 위반되기도 했고, 유럽연합과 같은 새로운 정치 단위체에서처럼 그 내용이 변형되기도 했다. Philpot(1999), p. 578.

16 Sbragia(2000), p. 249.

전히 국내 사회를 통제하고 시장을 관리하면서 국민 생활의 제반 영역들을 활발하게 규제하고 있다. 대부분의 정부는 여전히 경제 활동에 세금을 부과하고, 시장의 왜곡 현상에 개입하며, 기업의 비즈니스 활동에 간섭한다. 정부는 또한 경제·사회 활동의 혁신과 투자에서 주도적인 역할을 담당한다. 초국가적 교류가 대폭 확산되고 있는 오늘날에도 국민들의 정체성은 여전히 국가 단위체에 그 기반을 두고 있다.[17] 세계화의 추세로 인해 국가의 권한이 상당히 줄어들기는 했지만, 대외적으로 국가가 소멸되었다는 징후는 아직 충분하게 찾아보기 어렵다. 이러한 이유로 많은 사람이 세계화가 국민 국가와 주권의 원리를 초월할 것으로 예견하기는 어렵다고 본다.[18] 국가는 소멸된 것이 아니라 단지 적응하면서 변화하고 있을 따름이다.

이렇게 보면 국제정치가 여전히 '국가 간inter-national' 영역에 머물러 있다는 월츠Kenneth Waltz의 주장에 대해 반박하기 어렵다. 그의 표현대로 글로벌 정치는 아직 국가 중심의 정치를 대체하지 못하고 있다.[19] 오히려 우리는 국가가 세계 질서의 변화, 즉 세계화의 추세 속에서 어떻게 생존해 왔는가를 이해하기 위해 어떻게 '변환transformation' 능력을 길러왔는지 주의 깊게 살펴볼 필요가 있다. 세계화라는 경쟁적 시스템 속에서 국가는 생존할 수도 있고 그렇지 못할 수도 있다. 한 가지 분명한 점은 국가가 스스로 적응과 변환 능력을 갖출 때에만 생존이 가능하다는 점이며, 이는 철저하게 정치적인 요인에 의해 결정된다는 것이 월츠의 견해이다. 국민 국가는 지난 수십 년간 세계화라는 외부로부터의 통합 압력과 분리 독립이라는 내부로부터의 사회적 요구에

17 Keller and Pauly(1997), pp. 370-373.

18 Cohen(2001), p. 93.

19 Waltz(1999), p. 696.

대해 스스로를 적응시키면서 끊임없는 변화를 거듭해 왔다.[20] 전통적으로 불변이라고 여겨졌던 '주권'의 원리 역시 폐쇄적인 베스트팔렌 모델을 탈피해 세계화 시대에 부응하는 새로운 개방형 원리로 거듭나고 있다. 개방형 주권 체제는 정치적 단위체들 사이의 상호 의존과 느슨한 경계선 그리고 국가 간 경계를 손쉽게 넘나들면서 영향을 미치는 초국가기구들에 의해 가속화되고 있다. 이처럼 국민 국가는 다양한 시대적 요구에 적응하고 스스로를 끊임없이 바꿔가면서 대내적·대외적 환경의 변화에 적절하게 대응해 왔다.

한편 국민 국가의 경계선이 약화되는 와중에도 그 역할이 지속되는 모순적 현상을 이해하기 위해서는 국가 단위체의 성격을 과거와 같이 '닫힌 시스템'이 아니라 외부 환경과 끊임없이 상호 작용하는 '열린 시스템'으로 간주할 필요가 있다. 닫힌 시스템에서는 경계선이 확실하게 설정되어 있고 그 내부에서 국가의 통제력이 완전하게 작동하지만, 열린 시스템으로서 국가들 사이의 경계선은 '구멍이 뚫린' 모습, 즉 허술하고 불완전한 형태를 띤다고 보아야 한다. 과거의 베스트팔렌 주권 모델이 국경선에 의해 닫혀 있는 시스템으로서 국가를 염두에 둔 것이었다면, 오늘날의 국경선은 훨씬 용이하게 넘나들 수 있다는 점에서 불완전한 상태에 놓여 있다.[21] 이처럼 허술한 경계선을 넘어 자원과 권력, 소유권이 넘나들게 됨으로써 전통적인 주권과 관할권의 범위가 상당히 모호해지고 말았다. 특히 국가의 경계선을 넘나드는 비국가 행위

---

20 Wilson(2000), p. 239.

21 열린 시스템의 시각에서는 유기체의 메타포를 사용하는데, 이것은 조직을 단위체나 전체 시스템으로 환원시킬 수 없음을 의미한다. 여기에서 주권은 국제정치의 다양한 원리 중의 하나에 불과한 것으로 간주되며, 세계화는 '국가 대 시장'의 이분법을 넘어 폴라니Karl Polanyi가 제시한 국가-시장의 상호 '내재성embeddedness'이라는 맥락에서 이해된다. Ansell and Weber(1999), pp. 75-76.

자들이 등장해 지식과 이념을 포함하는 다양한 교류를 주도하고 있는데, 이들을 일컬어 '경계 확장자boundary spanner'라고 부르기도 한다. 경계 확장자는 국제기구나 초국가 기업과 같은 글로벌 단위체로부터 인식공동체나 비정부기구, 초국가적 개인에 이르기까지 다양한 모습을 띤다.[22] 경계 확장자는 전통적으로 국가 행위자에 집중되어 있던 정당성을 분산시키거나 국민들의 정체성에 혼란을 유발하기도 하지만, 동시에 새로운 시대적 도전에 직면해 국가가 제공하지 못하는 또 다른 선택의 기회를 만들어 주기도 한다.

결국 세계화의 추세 속에서 국민 국가의 변화는 각각 별개의 과정이 아니라 상호 연관된 중첩 현상으로 이해해야 할 것이다. 카E. H. Carr가 예측했듯이 '통합'과 '분리'라는 모순적인 힘의 대치 관계 속에서 전통적인 주권의 원리는 점차 모호해지고 국민 국가의 모습도 변화를 거듭했다. 이러한 과정 속에서 세계화가 국가의 변환에 영향을 미친 것만큼이나 국가 역시 세계화의 추세를 결정짓는 데 큰 영향을 미쳤다. 이렇듯 국민 국가는 과거와 마찬가지로 오늘날에도 글로벌 네트워크 안에서 스스로 '내재된embedded' 형태로 존속하고 있다.[23] 또한 국가와 글로벌 시스템은 네트워크 구조를 통해 상호 의존하면서 서로를 변화시키고 재구성한다. 국가 하부 단위체 및 초국가기구와 같은 새로운 거버넌스 단위체의 등장은 이러한 관점에서 새롭게 해석되어야 한다.

---

22 민간 분야에서도 경계 확장자의 역할이 두드러지게 나타나고 있는데, 대표적인 것이 경영 관리 컨설턴트와 국제 회계 기업이다. 이들은 초국가적 표준을 전파하는 전위대로서 새로운 정당성의 원천이 되기도 한다. Ansell and Weber(1999), pp. 81-82.

23 Held and McGrew(1998), p. 242; Ansell and Weber(1999), p. 89. 내재성의 개념에 대해서는 Granovetter(1985), pp. 481-510 참조. 제2차 세계대전 이후 국제 자유주의 체제의 등장을 내재성의 개념으로 설명한 논문으로는 Ruggie(1982), pp. 195-231 참조.

국민 국가는 다양한 거버넌스 단위체와의 수평적인 관계를 지속적으로 재설정해 왔으며, 국내 및 국제 영역을 넘나들면서 이들 사이의 중재자 역할도 마다하지 않기 때문이다.[24] 그러므로 국민 국가는 지난 수백 년의 역사만큼이나 끈질긴 생명력을 지니고 존재할 뿐만 아니라, 다른 행위자들에 못지않게 미래의 국제정치에서 중요한 역할을 담당할 것으로 전망된다.

3. 국민 국가의 변환과 네트워크

이와 같이 세계화의 추세 속에서 통합과 분열의 압박을 받으며 스스로를 변환시켜 가는 국민 국가는 과연 어떤 모습일까? 이 장에서는 변화하는 국민 국가를 '네트워크 국가'로 규정하고 네트워크 국가가 국제정치 속에서 갖는 의미를 논한다.[25] 네트워크 국가는 그 역사적 배경을 고려할 때 세계화 시대의 도전에 대한 근대 국민 국가의 자기 변환이라고 규정할 수 있다. 즉 국민 국가는 스스로의 역할과 기능, 구조를 변환시키면서 새로운 시대적 도전에 반응하고 있으며, 그 결과로서 등장한 것이 바로 네트워크 국가라는 것이 이 장의 핵심 요지이다. 그동안 세계화에 따른 국가의 정치적 변화에 대한 논의는 많이 있었으나, 앞에서 언급한 바와 같이 대부분 '국가의 소멸'과 관련된 것이 주류를 이루고 있었다. 이러한 점에서 국가 단위체의 새로운 변환을 네트워크 관점에서 해석하는 작업은 국제정치를 이해하는 데 중요한 의미

24 Clark(1998), p. 497.

25 네트워크 국가는 공유된 주권과 책임의식, 거버넌스 절차의 유연성, 정부와 시민 사회의 다양한 관계를 특징으로 한다. Castells(2005), p. 11.

를 지닌다. 전통적인 국제정치의 '당구공 모델'로부터 벗어나 국가 행위자를 하나의 네트워크 단위체로 재규정하는 새로운 패러다임을 제시하기 때문이다. 여기에서는 이러한 시각적 변화가 무엇을 의미하는지, 그리고 이를 통해 강조하고자 하는 네트워크 국가의 기본적인 속성이 무엇인지 구체적으로 살펴보고자 한다.

이합질서와 메타거버넌스

20세기 후반 이후 세계화의 도전에 직면해 온 국민 국가는 여러 가지 위기에 봉착하게 되었는데, 이는 노동 과정의 변화, 복지 국가의 약화, 지식경제의 부상, 정당성의 위기 그리고 정체성과 문화에 대한 요구 등 복합적인 것이었다. 이러한 다차원적 도전에 직면해 국가는 단순하게 물러서기보다 적극적으로 대응하기 시작했다. 국가의 대응은 두 가지 축을 중심으로 전개되었는데, 첫 번째는 초국가적 또는 협력적 제도의 구축이었다. 유럽연합이나 G-8, 북대서양조약기구NATO와 같은 집단적 대응은 이러한 노력의 대표적인 사례이다. 국가적 대응의 두 번째 축은 전통적으로 보유해 온 정당성이 약화된 상황에서 이를 회복하고 사회적 다양성을 대표하기 위한 노력이다. 이것은 국가의 권력과 자원을 하부 단위체로 분산 및 이전시키는 과정을 포함하는데, 이러한 사회적 노력은 '국가의 시민 사회로의 확장'을 위한 것이다.[26] 이와 같은 대응을 통해 국가는 새로운 시대적 도전 속에서 생존해 왔으며, 스스로의 역사적 연속성을 유지하면서 동시에 과거의 국민 국가적 틀을 넘어서기 위해 노력하고 있다. 국민 대표의 원칙을 기반으로

26 Carnoy and Castells(2001), pp. 13-14.

한 정당성과 영토 기반의 주권 개념 대신 오늘날의 국가는 중첩적이고 공유된 정당성과 주권 개념을 제시하고 있다. 네트워크 국가는 바로 이러한 특성을 반영한 새로운 이론적 개념이다.

세계화 시대에 새롭게 등장한 네트워크 국가의 형태는 다양한 국내의 제도적 장치와 정책 결정 과정이 서로 얽혀 있는 연결망을 특징으로 한다. 정치적 과정이 이루어지는 그물 모양의 연결망은 복잡하게 상호 연결된 네트워크 구조를 지니고 있으며, 정치적 행위자들은 그 안에서 수직적 위계질서가 아니라 수평적이고 중층적인 형태로 연결되어 있다. 이러한 거버넌스 양식의 변화는 세계화로 인한 몇 가지 변화에 기인하는데, 그중 가장 중요한 것이 '노동의 개인화'이다. 좌파 정치이론가인 카노이Martin Carnoy와 카스텔Manuel Castells은 세계화 시대의 노동 양식이 분산형 관리, 분화, 맞춤형 생산으로 말미암아 업무 및 노동자의 차별화를 더욱 증폭시켰다는 점을 강조한다. 이러한 추세로 인해 비정규직 노동과 특수 업무가 늘어났고 임시직 고용과 이직률이 가파르게 상승했다. 또한 노동의 개인화 현상이 가속화되면서 전통적인 공동체 네트워크로부터 이탈이 늘어나고 계급 정체성도 약화됨으로써 헤게모니에 대한 저항 능력도 상대적으로 약화되었다. 국가 권력의 원천이던 지식의 독점도 세계화 현상으로 인해 더 이상 가능하지 않게 되었다.[27] 세계화 시대의 지식과 권력은 국민 국가의 통제권 밖으로 벗어났는데, 이는 자본주의적 가치가 글로벌화되고 지식의 생산과 전파가 국가 관할권 밖에서 이루어지기 때문이다. 국가는 독점적으로 장악

27 풀란차스Nicos Poulantzas가 관찰했던 국가는 자본주의 시대의 지식과 담론을 독점적으로 통제하는 '과학 국가scientist state'였다. 이러한 근대 국가에서 지식은 특정한 이데올로기(부르주아의 가치와 규범)를 정당화하는 도구의 역할을 담당했다. Carnoy and Castells(2001), pp. 9-11.

해 오던 복지 분야에서조차 과거와 같은 수준의 서비스를 제공하지 못함으로써 정당성의 기반을 상실하고 있는 중이다.

좌파의 국가 이론이 모두 타당한 논리를 갖는다고 보기는 어렵지만, 적어도 국가의 변환이 세계화에 대한 대응으로서 추진되고 있다는 그들의 진단은 타당하다. 특히 기술 패러다임의 변화뿐만 아니라 1970대 중반 이후 밀어닥친 복합적 위기를 타개하려는 자본주의 국가들의 '재구조화restructuring' 노력이 오늘날 네트워크 국가의 선구적인 모형이었다는 지적은 경청할 가치가 있다. 사실상 20세기 후반의 국가는 탈규제, 자유화, 민영화를 통해 세계화의 추세에 적극 동참해 왔는데, 1980년대 초반 레이건 행정부와 대처 정부가 이러한 노력의 견인차 역할을 했다. 1990년대는 그러한 거버넌스 모형이 범세계적으로 확산되는 계기가 되었다. 다시 말해 세계화의 추세 속에서 국민 국가는 안팎의 도전에 시달리는 수동적인 모습뿐만 아니라 '재구조화'를 통해 적극적으로 대응하는 모습도 아울러 보여왔다. 이후 국가는 더욱 가속화된 세계화의 추세에 압도당하는 지경에 이르렀지만, 그럼에도 국가는 아직 건재할 뿐만 아니라 스스로를 변화시키면서 바깥으로부터의 도전에 부지런히 적응해 나가고 있다.

이와 같이 네트워크 국가가 세계화의 도전과 위기에 대응하기 위한 국민 국가의 변환이라는 점에 대해 많은 학자가 공감하고 있다. 그러나 네트워크 국가의 기본 속성에 대해서는 이견이 존재하는데, 이러한 차이는 상호 배타적이라기보다 보완적인 맥락에서 이해할 필요가 있다. 우선 카스텔의 경우 네트워크 국가의 핵심적 속성을 주권의 '공유'에서 찾고 있다. 즉 합법적 폭력을 독점할 수 있는 권한이 다양한 단위체들 사이에 분산되어 있다는 점이 강조된다.[28] 또한 내부의 통제 양식과 권한의 분포가 과거의 '중앙집중형'으로부터 벗어나 '분산형' 구조를 띠게 되었다는 점도 부각되고 있다. 이러한 변화는 외부로부터의 도전에 대해 내부의 정당성을 확보하고 사회적 다양성을 대변하기 위한 국가의 노력으로 볼 수 있다. 따라서 분산형 거버넌스에서는 대부분 지방 정부의 역할이 이전에 비해 훨씬 더 강조된다. 이러한 논의를 바탕으로 할 때 네트워크 국가는 경계의 느슨함, 주권의 공유, 분산형 거버넌스 구조라는 특징을 지니고 있음을 알 수 있다. 전통적 국민 국가의 핵심 요소들이 대부분 느슨한 형태로, 그렇지만 소멸되지는 않은 채 작동하고 있는 구조가 바로 네트워크 국가인 것이다.

한편 사회학자들의 관점에서는 네트워크 국가의 '조직적' 특성이 더욱 강조되었다. 사회학과 조직 이론에서는 오랫동안 조직의 형태에 대한 유형화가 이루어져 왔는데, '위계질서hierarchy'와 '시장market'은 각각 중앙집중형 조직과 분산형 조직을 나타내는 상징적인 메타포이다. 사회학자들은 '네트워크 정치체networked polity'에 관한 추상적 이론을 발전시켜 왔는데, 여기에서는 노드들이 어떻게 서로 연계되어 있는지에 따라 조직 시스템이 위계질서 또는 시장으로 분류된다. 네트워크 개념은 이러한 양극단의 유형을 포괄하는 상위 개념으로, 위계질서는 '중앙집중형 수직 네트워크'로, '시장'은 '분산형 수평 네트워크'로 규정될 수 있다. 이런 맥락에서 네트워크 조직이 전통적인 위계질서와 시장 사이에서 단순하게 '중간적' 또는 '혼합적' 성격을 띠는 것이라고 규정할 경우 혼란이 야기될 수 있다.[29] 개념의 분석 수준이 다르기 때문

28 카스텔의 이와 같은 견해는 중세의 분산형 거버넌스 체제라는 유럽의 역사적 경험을 전제로 하고 있다. 네트워크 국가의 정당성이나 대표성, 민주성에 대한 논의는 국민 국가의 연장선상에서 이해되어야 하지만, 아직까지 이러한 이슈를 별도로 논의하고 있는 경우는 드물다. 앞으로 이와 같은 이슈들의 변화 과정에 대한 추가 연구가 필요하다. Castells(1998/2003), p. 445.

이다. 다만 우리가 '네트워크형 조직'이라고 구분할 때에는 조직의 유형이 위계질서와 시장 사이의 중간 지점에 위치한다는 의미를 함축한다.[30] 사회학자들은 네트워크형 조직이 그 자체로서 중간적·혼합적 성격을 넘어 나름대로 독자적인 속성을 지니고 있다고 간주하며, 다수의 행위자 사이에 일어나는 지속적인 교환과 갈등 해결을 위한 합법적 권위의 부족이 그러한 특징이라고 본다.[31]

네트워크 국가는 비정부조직, 공공기관, 또는 국가의 다양한 수준을 동시에 포괄할 수 있지만, 국가라는 전통적 개념에 '네트워크'라는 수식어가 붙게 됨으로써 조직 사이의 기능적 분화뿐만 아니라 공식적인 기관들 사이의 경계를 넘어 통합을 지향하는 사회적 공동체라는 의미를 강조한다. 사회학적으로 '네트워크 정치체'는 기계적인 시스템이 아니라 하나의 유기체로서 인식된다. 구조의 특성을 기준으로 본다면 전통적 중앙집중형 조직이 수직적 연계로 이루어진 일대다一對多의 위계질서인 반면, 네트워크형 조직은 수평적·수직적 연계가 복합적으로 중첩된 다대다多對多의 '이합질서heterarchy'를 만들어 낸다. 한편 시장형 조직이 탈인격적 이산형 상호 작용을 특징으로 하는 반면, 네트워크형 조직은 사회의 분산형 상호 작용을 특징으로 한다.[32] 이러한 관점에서 오늘날의 네트워크 국가 역시 새로운 유형의 네트워크 조직으로서, 중복된 관할권을 지닌 다양한 하부 단위체들 사이에 협력적 상호 작용이 일어나는 복합체라고 규정할 수 있다.[33]

---

29 Podolny and Page(1998), p. 61.

30 이 장에서는 '네트워크 국가'라는 표현이 위계질서와 시장 형태의 중간 영역에 위치한, 그러면서도 그 자체로서 독특한 속성을 지닌 제3의 거버넌스 형태라고 이해한다.

31 Podolny and Page(1998), p. 59.

32 Ansell(2000), pp. 305-308.

33 앤셀Christopher Ansell과 카스텔을 제외하고는 아직까지 '네트워크 국가'를 명확하게 개

네트워크 국가의 구조 속에 잔존해 있는 전통적인 국가의 기능과 역할은 과거의 독점적 지위에서 벗어나 새로운 양태를 보이고 있다. 전통적인 국가기관들이 일상적 업무를 중심으로 구성된 '프로그램' 형태의 구조였다면, 네트워크 국가의 행위자들은 상황에 따라 적절한 방식으로 조직적 관계가 재편되는 '프로젝트' 형태의 구조를 띤다. 거버넌스를 필요로 하는 문제가 발생할 때마다 네트워크 국가 내부의 행위자들이 적절한 방식으로 태스크 포스를 구성한다. 이러한 태스크 포스에서 전통적인 국가의 역할은 여전히 중요하다. 거버넌스의 양식은 복합적인 형태를 띠고 있지만, 그러한 거버넌스를 관리하는 기능은 여전히 국가의 수중에 남아 있기 때문이다. 국가는 과거의 권한을 많이 상실했지만, 아직까지 사회의 어젠다를 설정하고 거버넌스 운영을 주도하는 '무리 중의 일인자*primus inter pares*'의 지위를 유지하고 있다. 또한 국가는 세계화 시대의 거버넌스를 지향하는 단순한 '문지기'의 역할을 넘어 다양한 행위자들 사이에서 '연결고리liaison' 기능을 담당한다. 네트워크 국가는 수많은 사회조직과 비국가기구 사이에서 촉진자 또는 중재자의 기능을 담당함으로써 세계화 시대에도 여전히 자신의 존재를 과시하고 있다.[34] 국가기구가 지방과 대외적인 연계를 통해 적극적으로 발전 전략을 추구하는 '발전 네트워크 국가developmental network state'의 개념 역시 이와 같은 네트워크 국가의 한 유형에 해당한다.[35]

념화하려는 시도는 거의 없었는데, 이 장에서는 무리하게 추가적인 개념 규정을 하기보다 네트워크 국가가 지닌 속성을 구체적으로 논하는 데 초점을 맞추고자 한다.

34 이러한 특징들을 고려해 앤셀은 '네트워크 정치 단위체'를 '국가와 사회조직이 수평적·수직적으로 분산되어 있으면서 협력적 상호 작용을 통해 서로 연계된 거버넌스 구조'라고 규정하고 있다. Ansell(2000), pp. 309-311.

35 소위 '켈트 호랑이Celtic Tiger'라는 별명을 얻었던 아일랜드의 발전 사례를 분석한 오리에인Seán Ó Riain의 저술은 불확실성으로 대변되는 세계화 시대에 어떻게 국가기구가

국가는 또한 분석 수준의 차원에서 자신의 기능과 권한을 적절하게 다른 행위자들에게 분산시키고 있다. 예를 들어 자본 축적과 사회적 이익 관리는 국가들 사이의 수평적 공조 시스템이나 초국가기구에, 국내적 정당성 확보와 노동력 재생산은 지방 정부 및 NGO에, 인권이나 환경, 보건 등의 영역에서 정당성을 확보하고 재생산하는 일은 국제제도에, 복지 및 교육은 초국가기구에 그 권한을 대폭 이양하고 있다.[36] 이와 같이 네트워크 국가는 지역 사회의 압력과 요구에 대해 적극적으로 대응하며 글로벌 네트워크에 통합되어 왔다는 점에서, 산업화 시대에서 정보화 시대로 이전하는 과정 중 일어나는 사회적 투쟁과 지정학적 전략의 산물이라고도 볼 수 있다. 네트워크 국가는 내부적으로 수평적·수직적 통합 네트워크의 모습을 띠면서 초국가 및 하부 단위체들과 긴밀한 연계를 형성한다. 이러한 연계는 기능과 권한의 공유뿐만 아니라 사안별로 유연하게 이루어지는 전략적 접근을 동시에 포함한다.

이렇게 보면 제솝Bob Jessop이 제시한 '메타거버넌스meta-governance'의 개념은 네트워크 국가의 작동 원리와 관련해 중요한 의미를 갖는다. 메타거버넌스는 거버넌스의 한 유형이 아니라 모든 거버넌스를 포괄하는 상위 개념이다. 제솝은 국가라는 정치체가 단지 몇 가지의 기능을 수행하는 데 그치는 것이 아니라, 다양한 거버넌스 양식을 통합 관리하면서 사안에 따라 적절한 대응책을 마련한다는 점을 강조한다. 이와 같은 관념은 서구의 다양한 경험으로부터 도출된 '정부의 실패', '시장의 실패', 그리고 그에 대한 제3의 대안으로 등장한 '거버넌스'라는

발전 전략과 해외 투자 유치에 있어서 적극적인 역할을 수행하는지를 '발전 네트워크 국가'의 관념으로 설명한다. Ó Riain(2004), pp. 3-12.

36 Carnoy and Castells(2001), pp. 14-15.

개념에서 비롯되었다. 제솝은 거버넌스조차도 문제 해결에 실패할 수 밖에 없는 운명에 처해 있다고 보고, 이를 '거버넌스의 실패governance failure'로 부르고 있다.[37] 위계질서적인 정부건, 분산형 시장이건, 복합적인 거버넌스건 완벽한 대안이 결코 존재할 수 없다는 인식론이 바탕에 깔려 있다. 따라서 다양한 거버넌스 양식을 하나의 바구니에 담아 놓고 필요에 따라 적절한 제도를 적용하는 새로운 관리 방식, 즉 '거버넌스의 거버넌스'가 바람직한 관리 방식으로 간주되는데, 이것이 바로 메타거버넌스의 개념이다.[38]

메타거버넌스는 경제학에서 전제로 하는 '실질적 합리성' 대신 과정을 중시하는 '절차적 합리성'을 중시한다. 정치적 메커니즘은 언제나 인간의 제한적 합리성, 기회주의 그리고 자산 특정성으로 인해 완벽한 해답을 찾기 어렵기 때문이다.[39] 앞에서 언급한 '이합질서'는 이러한 맥락에서 중요한 의미를 갖는다. 빠르게 변화하는 시대의 복잡한 문제들을 해결하기 위해 전통적인 위계질서뿐만 아니라 수평적인 시장이나 네트워크의 통치 방식까지 포함하는 복합적 문제 해결 메커니즘에 대한 수요를 반영한 것이 이합질서이기 때문이다. 이러한 점에서 제솝은 메타거버넌스를 '자기 조직화self-organization의 조직'이라고 부른다. 이

37 Jessop(1998), pp. 38-41.

38 제솝은 메타거버넌스보다는 '공진collibration'이라는 개념을 선호한다. 흥미롭게도 그는 메타거버넌스조차 실패의 가능성을 항상 안고 있다는 점을 강조한다. 다만 성찰적 정향과 복잡성 및 다양성을 용인하는 시스템을 구축할 수 있다면 그 생명력은 훨씬 오래 지속될 수 있다고 본다. 이 장에서는 아직 이론적으로 널리 알려지지 않은 '공진'의 개념보다 제솝의 포괄적인 의도를 좀 더 쉽게 전달해 줄 수 있는 '메타거버넌스'의 개념을 그대로 사용한다. 원래 '공진'의 개념은 복잡계 이론과 진화 이론을 바탕으로 하는 고도로 추상화된 용어로서, 아직까지 사회과학에서 그대로 사용하기에는 이른 감이 없지 않기 때문이다.

39 Simon(1985), pp. 293-304.

개념은 다양한 영역에서 만들어진 제도들이 스스로를 조직화하면서 수많은 목표 사이에 조정이 이루어지도록 정돈된 상태를 일컫는다. 따라서 메타거버넌스는 제도적·전략적 측면을 동시에 지닌다. 제도적 측면에서는 집단적 진화의 메커니즘을 제공하고, 전략적 측면에서는 공통의 비전을 생성하는 기능을 수행하는 것이다. 이 과정에서 전통적인 국가의 역할은 여전히 중요하며, 위계질서와 시장, 이합질서의 공존 속에서 적절한 타협과 조정을 통한 정책 결정의 중요성이 부각된다.[40]

결국 메타거버넌스는 단일한 유형의 거버넌스가 아니라 복잡하고 다양한 형태의 복합 모델로서 그 의미를 갖는다. 또한 네트워크 국가의 내부 작동이 어떻게 이루어지는지를 보여주는 훌륭한 개념 모델이다. 메타거버넌스와 이합질서의 개념은 유럽연합이 오늘날 왜 그처럼 복잡한 모습으로 변해가고 있는가에 대해 매우 설득력 있는 설명을 제공한다. 어떤 사안에서는 초국가기구가, 다른 사안에서는 국가 하부 조직체나 NGO가 개별적으로 또는 협력을 통해 활동하면서 합종연횡하는 모습이야말로 다양한 거버넌스를 관리하는 메타거버넌스의 분석틀로 이해할 수 있기 때문이다. 아울러 이러한 복합적 관계를 조정하고 관리하는 전통적 국가기구의 역할도 여전히 그 안에서 중요하다. 따라서 통치 방식의 변화라는 관점에서 네트워크 국가의 핵심적인 속성이 다양한 거버넌스 제도의 혼합 및 선별적인 사용을 특징으로 하는 메타거버넌스에 있음을 알 수 있다.

40 메타거버넌스 모델은 다양한 거버넌스 사이에서 네트워크화, 협상, 조정 등과 같은 전통적인 국가기구의 역할이 여전히 중요하다는 점을 강조한다. Jessop(1998), pp. 42-43.

정부 간 네트워크와 협력

네트워크 국가의 대내적 구조가 이합질서의 형태를 보이고 그 작동 방식도 메타거버넌스라는 복합적인 모습으로 나타난다면, 대외적 차원에서는 국가들 사이의 다변화된 연결망 구축이 새로운 관심을 끌고 있다. 다변화된 연결망은 과거와 같은 정부 대 정부의 공식 외교 관계를 넘어서 국가기구의 기능적 분화와 유사 조직 간의 유기적인 네트워크를 특징으로 한다. 이러한 변화의 배경에는 제2차 세계대전 이후 국제정치를 지배해 온 자유주의적 국제주의의 궤적이 깔려 있다. 전후 세계 질서는 자본주의 원리와 그것을 떠받치는 자유주의 제도에 의해 구축되었는데, 국제연합 등 다양한 국제기구는 이와 같은 자유주의적 국제주의의 대표적 상징이었다. 하지만 반세기가 지나 20세기 후반에는 세계화 추세가 점차 확산되었고, 국제 질서는 더 이상 자유주의 원리만으로 유지하기 어렵게 되었다. 가장 큰 문제는 국가 간 현안들이 점점 복잡해지고 있다는 것이었는데, 이는 기존 방식보다 더 세련된 형태의 거버넌스에 대한 요구로 이어졌다. 하지만 국제정치는 이를 위해 별도의 강력한 '세계 정부world government'가 들어설 여지는 주지 않고 있으며, 근원적으로 무정부 상태를 벗어나지 못하고 있다. 문제는 복잡해지는데 이를 해결하기 위한 거버넌스 방식은 제자리걸음을 할 수밖에 없는 이러한 상황을 일컬어 '거버넌스 딜레마'라고 부른다.[41] 네트워크 국가의 대외적 연결망 강화는 이와 같은 시대적 요구, 즉 '거버넌스 딜레마'를 해결하기 위한 국가 간 시스템의 변환인 것이다.

---

41 Slaughter(2004), pp. 8-10. 한편 피치오토Sol Picciotto는 19세기 이후 세계 질서의 주축을 이루었던 신자유주의가 결국 '국가'와 '정치'의 근원적 한계를 벗어나지 못한 채 딜레마에 빠지고 말았다고 진단하고 있다. Picciotto(1996), p. 1055.

제2차 세계대전 직후 수립된 국제연합 중심의 국제 질서는 위계질서형 조직과 제도로 이루어진 중앙집중형 권위주의 체제의 연장에 불과했다. 이러한 구조는 제대로 작동하지도 않을뿐더러 최악의 경우 갈등을 악화시키는 문제점을 안고 있었다. 명목상으로 평등한 주권을 지니고 있다고 간주되는 모든 국가가 상위의 초국가적 권위를 인정하지 않았기 때문이다.[42] 슬로터Anne-Marie Slaughter의 '정부 간 네트워크' 개념은 이와 같은 자유주의적 국제주의의 한계를 바탕으로 새롭게 등장한 대외적 거버넌스를 가리킨다.[43] 정부 간 네트워크는 오늘날의 국제정치가 더 이상 '단일 국가들의 체제'라고 규정짓기에는 너무나 복잡해졌다고 본다. 국가기구 자체가 다양한 기능에 따라 분화되고, 이렇게 분화된 기구들 사이에 국경을 넘나드는 교류가 직접 이루어지기 때문이다. 국가는 하나의 통합된 단위체로서 상호 작용을 하는 것이 아니라, 다양한 하부 조직들이 필요에 따라 직접 상호 작용하는 '분산형 국가disaggregated state'인 것이다. 분산형 국가의 초국가적 연계 활동은 행정부, 사법부, 입법부 등 각각의 영역에서 독자적으로 활발하게 이루어지고 있다.

행정부 차원에서 오늘날 국제정치의 현안을 직접 논의하는 G-8과 같은 모임들이 정부 간 네트워크의 대표적 사례라고 할 수 있는데, 이는 19세기 '유럽 협조 체제Concert of Europe'와도 유사하다. 이러한 모임은 종종 국제기구로 발전하기도 하는데, 예를 들어 은행, 증권, 보험 분야에서의 전문기구들이 여기에 해당한다. 정부 간 네트워크는 과거 외교관들의 활동 범위를 훨씬 넘어선다. 이러한 연결망은 국제기구의 내

---

42 Slaughter(1998), p. 186.

43 슬로터는 1998년 논문에서 자신의 이론적 입장을 '초정부적 네트워크'의 개념으로 집약시켰는데, 2004년 저술에서는 '정부 간 네트워크'라는 표현으로 대체하고 있다.

부 엘리트 사이에서, 행정적 합의의 틀 안에서, 그리고 자발적인 정부 간 합의체를 통해서 만들어지며, 필요에 따라 다양한 네트워크를 통합해 상위의 네트워크 협의체로 재편성되기도 한다.[44] 이렇게 모인 정부 간 네트워크에서는 대화 채널을 통해 정보를 교환하고, 특정 사안에 대한 정책을 집행하며, 국가적 표준을 조정하는 기능을 담당한다. 한편 사법 분야에서는 국제사법재판소ICJ와 같은 공식 법원들이 존재하는데, 현실은 이보다 훨씬 더 불명확하고 복잡하다. 국내 법원과 국제사법기관이 수평적·수직적으로 혼재하기 때문이다. 그럼에도 사법부 간의 네트워크에서는 법률 정보의 공유, 초국가 법원의 설립, 사법 협력 및 국제 소송 등 다국 간 상호 교류가 활발하게 이루어지고 있다. 이에 비해 입법 네트워크의 경우는 이러한 교류가 상대적으로 미흡한 편인데, 이는 입법 활동 자체가 지역 현안을 중심으로 이루어지는 데다가 입법가들의 전문성이 타 분야에 비해 낮기 때문이다. 하지만 국제기구 내에서 입법 네트워크 및 자발적인 교류 모임 등이 서서히 활성화되면서 지역 통합의 촉매제 역할을 담당하고 있는 추세이다.

이와 같이 내부적으로 다양한 조직으로 이루어진 복합체인 분산형 국가는 필요에 따라 국가 외부의 파트너들, 즉 다른 나라 정부 내에서 유사한 기능을 수행하는 기구들과 사안별로 연계를 형성함으로써 초정부적 네트워크를 구성한다.[45] 결국 네트워크 국가는 국가기구들을

44 이와 같은 '네트워크의 네트워크network of networks'로서 아시아·태평양경제협력체APEC, 아시아 교류 및 신뢰구축 회의CICA, 유럽안보협력기구OSCE, 유럽연합 등을 들 수 있다.

45 초정부적 네트워크가 활발하게 이루어지고 있는 세 분야는 증권, 경쟁, 환경 관련 규제 거버넌스이다. 환경 분야에서는 INECE, 증권 관련 분야에서는 IOSCO, 반트러스트 분야에서는 국제경쟁네트워크International Competition Network가 정부 간 규제 네트워크를 형성하고 있다. Raustiala(2002), pp. 26-49.

'분해unbundling'해서 국경 바깥의 유사한 기관들과 연계시키며, 이러한 국제적 연계 과정을 통해 국가는 지속적으로 생존하면서 국제정치의 제 분야에서 영향력을 행사한다.[46] 초정부적 네트워크는 지난 몇십 년간 진행된 기술 혁신, 규제 국가의 등장, 그리고 세계화로 인한 내재된 자유주의를 배경으로 빠른 속도로 확산되었다. 이러한 맥락에서 세계화론자들의 주장처럼 베스트팔렌 체제가 끝났다고 보기에는 아직 이르며, 많은 초국가주의자는 국가가 그 모습을 바꿔가면서 여전히 건재하다는 점에 동의하고 있다.

오늘날 정부 간 네트워크는 국민들이 평화와 번영을 누리고 일상생활의 제 문제를 해결하면서 인간으로서 품위를 유지할 수 있도록 해주는 협력과 갈등 해소 거버넌스의 대안으로 떠오르고 있다. 정부 간 네트워크는 대외적 연결망을 구축해 규제제도가 국제적으로 전파되는 통로가 되기도 하는데, 이를 통해서 정치적, 경제적, 제도적, 문화적 수렴 현상이 가능해진다. 또한 국제 법규를 준수할 수 있는 동기를 제공함과 동시에 협력이 확대될 수 있도록 네트워크 규범을 발전시킨다. 이러한 점에서 정부 간 네트워크는 국가들 사이의 사회화 과정을 담당하는 메커니즘이기도 하다. 네트워크 국가는 이와 같이 기능별·분야별로 연계된 정부 간 네트워크를 통해 복잡한 문제들을 합리적으로 해결해 나간다.[47] 물론 정부 간 네트워크는 메타거버넌스의 경우와 마찬가지로 완벽한 대안일 수 없고 또 그럴 필요도 없다. 지금까지 드러난 정부 간 네트워크의 사례에서도 몇 가지 문제점들이 발견되는데, 예를 들어 테크노크라트들의 지배, 대표성의 제한, 불균등한 권력관계 등과

46 Raustiala(2002), pp. 10-11.
47 Slaughter(2004), chap. 5.

같은 이슈들은 앞으로 정부 간 네트워크의 활성화를 위해 해결해야 할 과제로 부상하고 있다.

이와 같은 여러 측면을 고려할 때 정부 간 네트워크는 글로벌 거버넌스의 딜레마라는 핵심적인 문제에 대한 효과적인 대안으로 평가받고 있다. 각 국가의 관료들은 자국 내의 거버넌스를 유지하면서 동시에 전 지구적 문제를 해결하기 위해 타국의 정부기구와 협력한다. 그들은 권력의 일부를 초국가적 관료들에게 이양하지만 공동의 목표를 달성하기 위해 긴밀하게 협조하기도 하며, 초국가적 행위자들과 공조함으로써 보다 책임 있는 정책 네트워크를 형성해 가고 있다. 유럽연합은 이러한 정부 간 네트워크 구축에 있어 선두를 달리고 있는데, 지금도 계속되고 있는 실험적인 네트워크 거버넌스network governance는 많은 나라의 지원하에 큰 성과를 거두고 있다. 이처럼 과거와 같은 국민 국가의 배타적 관념으로부터 벗어나 효율적인 거버넌스 메커니즘을 구축하기 위한 유연한 주권 관념을 일컬어 '신주권new sovereignty'이라고 부르기도 한다.[48] 이러한 '신주권'의 관념은 이제 영토적 한계를 벗어나 다양한 종류의 국제제도에 참여할 수 있는 능력을 의미하며, 제도 속에서 국제 체제를 운영하기 위한 공동의 노력을 통해 글로벌 문제와 지역적 문제를 해결하는 국가들의 주권이야말로 오늘날 요구되는 새로운 주권이라는 의미를 담고 있다. 분리에서 연결로, 고립에서 상호 작용으로, 자유방임에서 공유된 제도로 바뀌어 가는 오늘날 '자주권으로서 주권sovereignty-as-autonomy'이라는 과거의 관념은 더 이상 큰 의미를 갖지 못하게 되었다.[49]

48 Chayes and Chayes(1995), p. 123.

49 Slaughter(2004), p. 267.

이와 같은 정부 간 네트워크, 즉 '초정부주의transgovernmentalism'는 전후의 자유주의적 국제주의 추세와 맞물려 국제정치에 중요한 의미를 던져준다. 20세기 후반에 걸쳐 수많은 국제기구가 설립되고 국가 간 조약이 활발하게 체결되면서 자유주의적 국제주의가 확산되었지만, 이제 세계화의 추세 속에서 정부기구의 부활과 반격으로 활성화되고 있는 초정부주의는 국제 질서의 모습을 크게 바꿔놓고 있다. 하지만 이것이 과거의 질서를 완전하게 대체한다고 보기는 어렵다. 오히려 이 두 가지 자유주의 조류는 서로 힘을 실어주면서 새로운 국제 질서를 만들어 나가는 중심축이 되고 있다.[50] 한편 네트워크 국가가 주도하는 새로운 세계 질서 속에서 전통적인 하드 파워의 중요성이 감소하고 소프트 파워의 역할이 더욱 커질 것으로 전망된다. 네트워크는 신축성과 적응력을 갖추고 있기 때문에 다양한 제도를 실험하고 혁신을 모색하는 데 유리한데, 특히 활발한 협력이 이루어지는 규제 네트워크 분야에서 설득과 매력이라는 '소프트 파워'를 통해 자발적인 규제가 가능하다.[51] 또한 정부 간 네트워크에 참여하는 국가들 사이에 정책 수렴이 활발하게 이루어지면서 갈등이 완화되고 협력이 가속화되기도 하는데, 이는 네트워크라는 구조적 특징과 소프트 파워라는 새로운 도구에 의해 가능하다. 결국 20세기 후반 국제기구와 다자간 조약을 바탕으로 출발했던 자유주의적 국제주의의 조류는 오늘날 정부 간 네트워크를 강조하는 초정부주의와 결합하면서 새로운 국제정치의 모습을 만들어 가고 있다.

---

50 라우스티알라Kal Raustiala는 두 가지 자유주의에서 나타나는 차이점, 즉 "정부는 죽었는가?" 그리고 "네트워크가 국가 간 협력에 어느 정도 영향을 미치고 있는가?"라는 질문에 대해 절충적인 입장에서 초정부적 네트워크 이론을 제시한다. Raustiala(2002), pp. 52-53.

51 Raustiala(2002), p. 24. 소프트 파워의 개념에 대해서는 Nye(2004/2004) 참조.

4. 유럽연합의 정치 실험과 네트워크 국가

지금까지 살펴본 네트워크 국가의 대내적·대외적 특성을 고려할 때 세계화 시대에 관찰되는 국민 국가의 모습은 하나의 '이상형'을 묘사한 것이라고 할 수 있다. 이는 앞에서 언급한 특성들을 모두 갖춘 경험적 사례를 현실 세계에서 그대로 찾아보기는 어렵다는 것을 의미하기도 한다. 하지만 네트워크 국가의 이상적 모형에 가장 가까운 현실의 사례를 찾는다면 유럽연합을 꼽을 수 있는데, 지금까지 여러 학자가 제시한 네트워크 국가론의 출발점도 대부분 미래의 정치적 실험으로서 유럽연합이었다. 물론 네트워크 조직에 대한 논의는 오래전부터 있었지만 이것이 유럽연합과 같은 국가 시스템을 이해하는 데 직접 원용된 것은 비교적 최근에 들어와서이다. 유럽연합의 통합 과정은 지금도 계속 진행되고 있지만, 지난 수십 년간 이어져 온 유럽연합의 통합 움직임은 바로 '네트워크 국가'를 향한 일련의 노력이었다.

유럽연합은 1950년대 이후 미·소 간의 갈등 속에서 끊임없이 제기되는 군사적 위협에 대처하기 위한 전략적·방어적 목적에서 추진되었다. 원래의 목표는 '전쟁의 방지'라는 정치적인 것이었지만, 이를 달성하기 위해서는 주로 경제적 수단을 활용할 필요가 있다는 기능주의 사고방식이 저변에 깔려 있었다. 이후 상당 기간 동안 큰 진전을 이루지 못했던 유럽 통합의 움직임은 1990년대 초 마스트리흐트조약 체결 이후 가속화되기 시작하면서 점차 세계화의 추세에 대한 대응으로 인식되기 시작했다. 이러한 전환의 이면에는 다양한 자본시장 및 통화 체제의 구축 그리고 정보혁명의 달성이라는 복합적인 목표가 자리 잡고 있었으며, 장기적인 관점에서 유럽연합의 영역을 확대하고 통합된 유럽의 정체성을 확립하는 일이 과제로서 자리 잡고 있었다. 흥미로운 점은 유럽연합이 역내 국가들의 통합을 추구하면서도 기존의 국가기구들을 완전하게 대체하려는 것은 아니라는 점이다. 그보다는 역내 국가들이 세계화의 도전 속에서 생존해 나갈 수 있는 기본 여건을 조성하는 데 더 주안점을 두고 있다. 이러한 목적을 위해 유럽연합 내에서 '주권의 공유'가 빠르게 이루어지고 있는데, 그에 대한 보상으로서 유럽연합 공동체의 대외적인 위상은 점점 강력해지고 있다.

유럽연합 회원국들은 자신들의 내부 문제에 대해 스스로 중요한 결정을 내리지만, 동시에 유럽연합 집행위원회의 전문 관료들이 초국가적 공동 비즈니스를 수행하고 유럽의회나 유럽연합 사법재판소를 통해 다양한 입법과 평가가 이루어지는 복잡하면서도 유연성 있는 절차를 채택하고 있다. 유럽연합의 이러한 복잡성은 근래에 들어와 단일 통화 체제의 수립 및 회원국의 확대로 더욱 심화되고 있지만, 국가들 사이의 정책 조정 노력도 더욱 활발하게 전개되고 있다. 예를 들어 '개방형 정책 조정Open Method of Coordination'은 2000년 이후 역내 국가들 사이에 분야별로 서로 다른 정책 목표와 실행 방식에 있어서 공동의 보조를 맞추고 정책 조정의 효과를 극대화하기 위해 제안된 혁신적 메커니즘이다.[52] 이러한 메커니즘은 네트워크 국가의 소프트웨어로서 손색없는 조정 장치로, 지금도 분야별로 대규모의 실험이 이루어질 수 있도록 해주는 중요한 메커니즘으로 작용한다.

2000년 포르투갈의 리스본에서 열린 유럽연합 이사회에서 공식적으로 채택된 개방형 정책 조정은 경제나 금융과 같이 회원국 사이에 상당한 수준의 정책적 수렴이 필요한 분야의 경우 '포괄적 가이드라인'을 마련해 개별 국가의 정책 수행에 대한 다자적 감시와 보고, 조언

52 Mosher(2000); Hodson and Maher(2001).

등을 하는 것을 기본 목표로 한다. 이와 같은 접근 방식은 개별 국가의 정책 실패가 유럽 전체로 파급되는 것을 사전에 방지함으로써 정책 목표 달성을 수월하게 해야 한다는 회원국 전체의 공동 관심사로부터 비롯되었다. 이를 위해 정책 실행의 주도권은 여전히 개별 회원국에서 자발적으로 행사하되 그로 인해 발생할 수 있는 여러 부작용을 최소화하기 위한 감시 및 조정 장치는 연합 차원에서 공동으로 마련한다. 다자간 조정에 따르지 않는 회원국에 대해서는 설득과 압력을 통해서, 그리고 필요할 경우 벌금이나 벌칙을 부과함으로써 공동의 조정 과정이 목표 달성에 실효성을 거둘 수 있도록 하고 있다.[53]

개방형 정책 조정은 어디까지나 회원국들 사이의 협조를 전제로 하는 전략적 접근 방식이다. 따라서 제재나 벌칙보다는 지도와 조정이 강조된다. 지금까지 유럽연합 내에서 개방형 정책 조정이 활발하게 운용되고 있는 분야로는 경제 및 통화, 고용, 빈곤 구제, 사회적 통합, 환경 등이 있다. 각각의 분야에서는 유럽연합 전체의 목표가 먼저 제시되고, 이 목표를 달성하는 데 가장 우수한 성과를 보인 국가들의 사례를 벤치마킹함으로써 학습 효과를 높이고자 한다.[54] 개방형 정책 조정은 관련 당사자들이 직접 정책 결정 과정에 참여해 해결책을 공동으로 조율하는데, 이러한 전략은 유럽연합의 초국가기구, 회원국 정부 그리고 국가 하부 행위자들 사이에 수평·수직의 정책 네트워크가 사안에 따라 복잡하게 작동할 수 있게 해준다. 그럼으로써 과거의 중앙집중형 규제 메커니즘을 탈피해 협상과 숙의, 그리고 경쟁과 조정을 통한 분산형 메커니즘, 즉 '좋은 거버넌스good governance'를 구축하는 것을 최

53 Kraemer, Klasing and von Homeyer(2004).

54 Regent(2003), p. 205.

우선의 목표로 삼는다.

유럽연합이 그동안 정책 능력을 유지하면서 정치적 정당성을 확보할 수 있었던 가장 큰 이유는 국가의 하부 단위체와의 연계성이 제도적으로 마련되었기 때문이었다. 모든 권한은 국가의 하부 단위체에 부여하되, 여기에서 수행하기 어려운 경우에만 상위 기관으로 그 권한을 이양한다는 '보조성의 원리Principle of subsidiarity'는 이미 유럽연합의 핵심 규범으로 자리 잡았는데, 그로부터 네트워크형 정책 조정의 필요성이 부각되기 시작했다. 유럽연합에서 유난히 지방 정부와 국가 하부 단위체의 활동이 왕성한 것은 전통적 국가기구뿐만 아니라 초국가기구와 지방 정부 및 하부 단위체를 모두 포함하는 유럽만의 독특한 경험을 배경으로 한다. 국가 하부 단위체는 경제 발전, 문화, 사회적 권리 등의 분야에서 서로 간에 수평적으로 연계되어 있을 뿐 아니라, 위로는 유럽 차원의 프로그램 및 국민 국가 정부와도 밀접하게 연계되어 있어서 유럽연합은 명실상부한 네트워크 국가의 면모를 갖추고 있다. 아울러 유럽연합 집행위원회를 위시한 초국가기구들도 여전히 개별 회원국과 하부 단위체의 대표성을 인정하고 그들이 연합 차원에서의 정책 형성 과정에 적극적으로 참여하도록 유도하고 있다.

또한 연방주의federalism와 국가연합주의confederacy의 논리가 동시에 작동하고 있다는 점도 유럽연합이 네트워크 국가라고 규정할 수 있는 또 다른 근거가 된다. 유럽연합은 국방, 경찰, 공공지출 분야에서는 국가연합주의의 모습을, 통화정책, 무역, 주거, 자본과 상품, 인력의 이동에서는 연방주의의 모습을, 그리고 외교정책, 환경, 세금, 이민 등의 분야에서는 중간적인 모습을 보임으로써 일종의 메타거버넌스와도 같은 속성을 띠고 있다.[55] 유럽연합은 하나의 '열린 시스템'으로서 네트워크 형태의 조직을 갖추고 있으면서도 개별 회원국의 유연성을 확보할 수 있도록 다양한 거버넌스 방식을 허용하고 있다. 새로운 네트워크 국가를 실험하고 있는 유럽연합은 코헤인Robert Keohane과 호프만Stanley Hoffmann이 언급한 '주권의 공유pooled sovereignty' 관념을 넘어 '분산된 주권distributed sovereignty'이라는 새로운 관념을 가능케 한다. 네트워크 국가는 과거의 영토 기반 국가 체제를 벗어나 개개의 회원국이 준準독립적으로 행동하면서 보다 넓은 차원에서 공동의 프로젝트를 수행하기 위해 밀접하게 협력하기 때문이다. 이러한 유럽연합의 모습은 그동안 '다층 거버넌스multi-level governance' 또는 '신중세주의new medievalism'의 이론 틀 내에서도 부분적으로나마 논의되었다.[56]

유럽연합은 반세기 전부터 통합을 지향하는 혁신적인 정치 실험으로 많은 사회과학자의 관심을 끌어왔다. 유럽연합은 새로운 정치 단위체로서 국제정치 또는 비교정치 분야에서 항상 주요한 이슈로 등장했는데, 이러한 맥락에서 통합의 과정뿐만 아니라 그 형태, 즉 정치 체제로서의 모습에 대한 고찰도 중요한 과제가 되고 있다. 이러한 문제의식의 연장선상에서 이 장은 유럽연합이 네트워크 국가의 한 사례로 정치 체제에 관한 연구에 있어 중요한 위치를 차지한다는 점을 부각하고자 했다. 새롭게 실험되고 있는 정치 체제로서의 유럽연합은 행정·입법·사법 분야에서 밀도 있는 수평적 연결망뿐만 아니라 다양한 수준에서 행위자들 사이에 수직 네트워크를 동시에 갖춘 복합적 행위자라고 할 수 있다. 이러한 점에서 유럽연합은 정부, 정치, 정책 결정의 일반 이론에서 중요한 연구 어젠다를 제시하고 있다.[57] 이합질서

---

55 Castells(1998/2003), chap. 5.

56 '다층 거버넌스'에 대해서는 Hooghe and Marks(2001); Hooghe and Marks(2003) 참조. 신중세주의에 대해서는 Bull(1977); Deibert(1997); Friedrichs(2001) 참조.

57 Hix(1999), p. 2.

와 대외적 연결망을 갖춘 정치 체제로서 유럽연합은 개방형 정책 조정과 같은 협상 메커니즘과 협력적 거버넌스를 실험하는 도전적 과제이기도 하다.

미래의 국제정치에서는 네트워크 국가가 중요한 정치적 행위자로 자리 잡을 것으로 전망된다. 이러한 네트워크 국가는 20세기 후반부터 가속화되고 있는 국가의 경계선 약화와 권력의 분산이라는 추세에 대응하는 국민 국가의 자기 변환 노력의 결과이기도 하다. 보다 효율적이고 지속적인 거버넌스 방식을 요구하는 국제정치의 새로운 시대적 과제는 정치 단위체들의 모습을 더욱 복잡하면서도 분산적인 형태로 바꿔가고 있는데, 오늘날 유럽연합에서 실험되고 있는 네트워크 국가의 선도적인 모습은 이런 점에서 국제정치의 미래를 예측하는 데 중요한 발판을 제공한다. 이 장에서는 이러한 문제의식을 바탕으로 네트워크 국가의 등장 배경을 살펴보고, 그것의 대내외적 속성과 더불어 현재 유럽연합에서 이루어지고 있는 실제의 변화를 살펴보았다.

세계화와 정보화의 추세는 네트워크 국가와 같은 정치 단위체뿐만 아니라 그들 사이의 연결망 자체도 네트워크 형태로 변모시키면서 국제정치의 거시적 패턴을 크게 바꾸고 있다. 열린 시스템으로서의 네트워크 국가는 살아 움직이는 진화의 주체로 변화하는 외부의 환경에 적극적으로 대응하게 될 것이다. 지난 수백 년간 온갖 도전에 맞서 굳건하게 생존해 온 전통적 국민 국가의 기반 위에 어떻게 새로운 요소들을 첨가한 네트워크 국가가 도래할 것인지에 관한 질문은 미래의 국제정치에서 가장 중요한 어젠다가 될 것이다. 이러한 과정 속에서 정책 결정의 수준을 다변화하고 권력을 분산시키며, 소프트 파워를 이용해 협력적인 거버넌스의 구조를 확립하는 국가야말로 미래의 국제정치를 이끌어 갈 것이기 때문이다. 전통적인 국가는 세계화의 추세 속에서 서서히 약화되고 있기는 하지만, 국제정치의 무대에서 완전히 사라지기보다는 그 형태와 기능을 변화시키면서 새로운 네트워크 국가로 거듭나게 될 것이다. 메타거버넌스의 추세는 이와 같은 국가의 기능이 앞으로 어떤 모습으로 나타나게 될 것인지를 미리 알려주는 하나의 시금석이라고 할 수 있다.

이러한 변환의 가능성을 인정하면서도 우리는 네트워크 시각이 지닌 한계를 명확하게 이해하고 있어야 한다. 지금까지 네트워크 패러다임이 사회과학에 접목되어 정치 단위체와 경제적 교류, 조직, 사회 현상을 설명하는 데 큰 역할을 해온 것은 사실이지만, 아직까지도 네트워크에 대한 이론적 개념화가 제대로 이루어지지 않은 상황이다. 나아가 학제적으로 발전해 온 네트워크 이론이 사회과학이라는 좁은 분야에서 얼마나 인식론적인 기여를 할 것인지에 대해서도 아직 확신을 내리기 어렵다. 체계적인 이론화에 이어 많은 경험적 발견이 이루어져야만 이러한 확신이 가능하기 때문이다. 결국 네트워크로 세상의 모든 것을 이해할 수 있다는 맹신적 사고방식은 금물이다. 너무나 일반화된 시각은 모든 것을 설명할 수 있지만, 이것은 사실상 그 어떤 것도 설명할 수 없기 때문이다. 이러한 위험은 사회과학 분야에서 더욱 심각하게 나타날 수 있다. 모든 사회적 단위체의 기본 구조가 네트워크라고 단정 지음으로써 그것을 '물신화'할 수 있다. 이러한 맥락에서 네트워크 시각의 적용 범위가 신중하게 제한되어야 한다는 일각의 경고는 귀담아들을 필요가 있다.

이와 같은 취약점과 한계에 대해 제대로 인식하기만 한다면 네트워크 국가의 개념은 앞으로 국제정치를 이해하고 미래의 국가 전략을 수립하는 데 적지 않은 도움을 줄 수 있다. 아직까지 이러한 이론 틀이 계속 발전하는 과정에 있고, 또 유럽연합에서의 실험도 현재 진행형이기 때문에 섣부른 결론을 내리기 어렵지만, 그럼에도 미래 국제정치의 모습을 진단하고 그에 대한 대응책을 강구하는 일은 뒤로 미룰 수 없다. 국제정치의 당구공 패러다임이 반세기에 걸친 냉전 시기에 중추적인 인식론을 형성했다면, 세계화와 21세기의 탈냉전 시대에는 네트워크 국가론을 포함하는 복합적이고 세련된 형태의 인식론과 이론 그리고 정책적 고민이 절실하게 요구된다. 이러한 요구는 비단 이론적이고 학술적인 분야에서만 제기되는 추상적인 것에 그치지 않으며, 변화하는 국제정치의 급류를 헤쳐 나가기 위한 현실 정치의 절박한 목소리를 그대로 반영하는 것이기도 하다.

4장 네트워크 국가와 메타거버넌스

1. 세계화 시대의 거버넌스

1990년대는 세계화의 물결 속에 거버넌스 양식에 커다란 변화가 이루어진 시기였다. 이 기간 중에 전통적인 국민 국가의 성격과 경계는 많이 희석되었고 국가 내부의 통치 방식도 지속적으로 바뀌었다. 사회적 선택의 중요한 메커니즘으로 자리 잡아온 중앙집중형 위계질서가 약화되면서 정부의 권한과 기능이 다양한 경로를 통해 분산되기 시작했다. 이러한 추세는 탈냉전이라는 정치적·이데올로기적 환경의 변화와도 연관되지만, 무엇보다도 세계화와 정보화로 인한 사회적 시스템의 변화에 기인한다. 즉 국가 내부에서, 그리고 국가 간 상호 작용과 교류가 빈번해지면서 사회적 문제의 양상이 대단히 복잡해졌고, 이를 해결하기 위한 거버넌스의 양식에도 변화의 바람이 불기 시작한 것이다. 전통적인 위계질서로는 더 이상 해결하기 힘든 복잡한 양상들이 나타나면서 정치제도의 틀도 바뀌어야 한다는 목소리가 커지기 시작했다. 세계화는 전통적인 국민 국가를 중심으로 하는 거버넌스 메커니즘에 중대한 도전을 제기하고 있는 것이다.

이 장은 이와 같은 상황을 배경으로 새롭게 전개되고 있는 정치적 관리 방식, 즉 거버넌스 시스템의 성격을 이론적으로 진단하고, 그것이 정책적으로 어떤 의미를 갖는지에 대해 살펴보고자 한다. 비록 이러한 정치적 변환이 전 세계에 걸쳐 고르게 나타나고 있는 것은 아니지만, 오늘날 유럽연합을 필두로 해서 국가와 거버넌스의 모습은 확연하게 바뀌고 있다. 이러한 변환 과정은 대내적으로 정책 결정 시스템에 변화를 초래할 뿐만 아니라 대외적으로도 국가 간의 관계 및 다양한 초국가기구와의 연계성과 밀접하게 연관되어 있다. 그럼으로써 정치적 거버넌스 메커니즘은 이제 수평·수직 네트워크 속에서 복잡하게 얽히면서 다양한 행위자의 공동 거버넌스를 지향하는 방향으로 바뀌고 있다. 단순한 '거버넌스' 개념만으로는 이러한 변화를 충분하게 설명하기 어렵게 되었다. 이 장에서는 지난 30여 년에 걸쳐 이루어져 온 정치적 거버넌스의 변화를 '네트워크 거버넌스' 및 '메타거버넌스'의 개념을 통해 심층적으로 고찰할 것이다.

이와 같은 문제의식 아래 먼저 간단한 두 가지 사례를 통해 네트워크 국가의 성격과 거버넌스 메커니즘의 의미를 탐색하고자 한다. 특히 특정한 사안에 대응하는 미국과 유럽연합의 사례를 비교함으로써 환경의 변화에 대처하기 위한 거버넌스의 변화가 얼마나 중요한지를 짚어본다. 이를 바탕으로 오늘날 네트워크 사회의 등장에 따른 국가의 변환 담론을 재평가할 것이다. 특히 세계화 시대의 화두로 자리 잡았던 '국가의 소멸'이라는 주제가 과장되었으며, 실제로 국가는 쇠퇴한 것이 아니라 스스로를 변환시키면서 다양한 정치적 행위자들 사이에서 건재함을 강조한다. 이어서 국가의 변환이 어떻게, 그리고 왜 일어나는지를 이론적으로 조망하는데, 여기에서는 네트워크 사회에서 일어나는 상호 작용이 고전경제학의 단순한 모델을 넘어 사회적·구조적 효과를 고려한 '내재성' 관념을 기반으로 한다는 점이 부각된다. 이와 같은 상황 속에서는 정치적 '조정'이 중요하며, 국가의 새로운 역할은 이러한 측면에 맞춰진다는 점이 강조될 것이다. 마지막으로 기존의 복합 네트워크를 관리하기 위한 네트워크 국가의 역할을 '메타거버넌스' 개념을 통해 재조명하면서 그것이 지닌 정치적 의미를 논한다.

2. 거버넌스의 변환: 미국과 유럽연합의 사례

거버넌스의 실패와 성공

1999년 12월 중국계 미국인 이웬호Wen Ho Lee는 국가 핵 기밀을 누설한 혐의로 기소되었다. 미 수사당국은 최첨단 핵 장비인 W-88 탄두 관련 기밀이 중국으로 유출된 배후에 이웬호가 있다고 확신했다. 그는 20여 년간 로스앨러모스 연구단지 내 에너지부 연구소의 'X 부서'에서 이와 관련된 중요한 업무를 담당했다. 이웬호는 중요 기밀 자료에 접근할 수 있었는데, 그중 806메가바이트의 대용량 자료를 복사해 무단으로 자신의 컴퓨터에 옮겨놓았고 이것이 정보당국에 의해 발각되었던 것이다. 하지만 당국은 이웬호가 이 정보를 유출했다는 직접적인 증거를 찾지는 못했다. 심지어 중국이 이와 관련된 정보를 정말로 복제했는지에 대해서도 확신을 가지지 못했다. 이처럼 부실한 수사에도 불구하고 수사의 초점은 이웬호에게 맞춰졌는데, 결국 당국은 기밀 자료의 관리를 부실하게 했다는 이유로 그에게 모든 책임을 뒤집어씌우게 된다.

이 사건에 대한 미국 의회의 대응은 늘 그러하듯 전통적인 범주를 벗어나지 못했다. 수차례 청문회를 통해 의회는 이런 문제가 발생하게 된 데 대해 분개하면서 단호한 조치를 취할 것을 결의했다. 의회는 미 에너지부가 기밀 사항을 제대로 관리할 능력이 없다고 판단했고, 따라서 에너지부로부터 보안 관련 기능을 분리해 준準독립기구인 국가핵안보국NNSA으로 이양했다. 의회는 필요하다면 새로운 기구도 만들겠다는 의지를 피력했다. 이러한 일련의 대응은 미 의회가 이 문제를 전통적인 거버넌스의 틀 내에서 해결하려 했다는 사실을 잘 보여주었다. 당시 이웬호는 로스앨러모스의 연구소 직원이기는 했지만 미 에너지부의 직원이 아니었으며, 단지 버클리대학교에서 계약을 통해 파견된 장기근속 연구원일 따름이었다. 에너지부의 관련 연구소는 외부와의 계약 관계를 통해 다양한 분야의 전문가들을 초빙하는 네트워크 구조를 유지하고 있었는데, 이웬호 역시 이러한 네트워크 구성원 중 하나였다. 이러한 네트워크 구조를 제대로 이해하지 못한 채 미 의회는 전통적인 방식으로 에너지부를 구조 조정함으로써 문제를 해결하고자 했던 것이다.[1]

거버넌스와 관련된 또 다른 사례인 유럽연합의 '북방구상Northern Dimension Initiative'(이하 NDI)은 성공적인 경우라고 할 수 있다. NDI는 1995년 핀란드와 스웨덴이 제안해 1997년 룩셈부르크 유럽연합 이사회에서 공식적으로 출범시킨 북유럽 국가들 간의 협력 프로그램이다. 여기에는 핀란드와 스웨덴을 포함해 덴마크, 에스토니아, 독일, 아이슬

---

1 Kettl(2000), p. 489.

란드, 라트비아, 리투아니아, 노르웨이, 폴란드, 러시아 등 모두 11개국이 가입했는데, 이 구상의 기본 목표는 북유럽 국가들 사이에 수평적인 협력 관계를 유지하면서 해당 지역을 위한 프로그램의 기금을 확보하는 것이었다. 문제는 당시 북유럽 국가들 중에 여전히 유럽연합에 가입하지 않은 국가들이 섞여 있었다는 점인데, 그로 인해 유럽연합의 다른 회원국들 사이에서는 유럽연합의 재정이 비회원국으로 흘러 들어가지나 않을까 우려하는 분위기가 강하게 퍼져 있었다.

당시 북유럽 국가들이 이처럼 비회원 국가들을 포함하는 별도의 프로그램을 시도한 데는 오랜 시대적 배경이 깔려 있다. 냉전기에 유럽 국가들은 미·소 간 대립 속에서 독자적인 안보 구상이 불가능했기 때문에 북유럽이나 동유럽의 안보에 대해 별도의 관심을 기울일 수 없는 형편이었다. 1990년대에 들어와 냉전 체제가 붕괴되기 시작하면서 이러한 상황은 급격하게 바뀌는데, 특히 유럽연합은 국제 사회에서 그 비중이 커지면서 동유럽 등 다른 지역의 발전 모델로 급부상하게 된다. 하지만 외교정책 분야에서 유럽연합은 장기적이고 거시적인 정책을 구상하지 못하고 있는 실정이었다. 여기에는 나름대로의 이유가 있었는데, 유럽연합의 외교정책이 초국가적 영역으로부터 국가 간 관계에 이르기까지 광범위하게 전개되었던 까닭에 눈앞에 닥친 현안을 해결하는 데 최우선의 관심이 모아졌기 때문이다. 또한 역내의 권역별 이슈를 모두 해결할 수 있는 실행 능력과 정책적·경제적 자원이 빈약했기 때문에 부득이 주변 비회원국의 협력을 얻지 않으면 안 되는 상황이었다.

유럽연합은 이러한 외교정책상의 난관을 타개하기 위해 '네트워크 거버넌스' 메커니즘을 도입하기 시작했다. 이것은 정책 실행 역량이 미진한 분야에서 외부와의 연계성을 강화함으로써 문제를 공동으로 해결하기 위한 유럽연합의 고육지책이었다. 유럽연합이 초국가 행위자와 개별 회원국 그리고 국가 내부의 하위 단위체를 포괄하는 다층 거버넌스라는 점은 이미 잘 알려져 있다. '네트워크 거버넌스' 방식은 여기에 더해 회원국 외부와의 연결망까지 함께 고려한 복합적 해결책이었다. 유럽연합은 북유럽의 협력 문제를 해결하는 데 필요하다고 판단되면 언제나 비회원국들을 포함시키려 했다.[2] 예를 들어 외교정책 분야에서 외부 행위자를 포함하는 정책 네트워크를 허용함으로써 지역별로 미시적인 관리가 가능하도록 했다.[3] 이러한 해법은 그동안 유럽연합의 작동 원칙으로 자리 잡아온 '보조성의 원리'와도 부합하는 것으로, 연합 차원에서 해결이 어려운 지역 현안을 해결하는 데 외부의 자원을 동원하고 필요한 부분을 공유하려 한다는 점에서 기존의 거버넌스 메커니즘보다 훨씬 더 유연한 형태의 문제 해결 방식이라고 할 수 있다.[4]

이와 같이 미국과 유럽의 사례를 통해서 우리는 거버넌스 메커니즘이 어떤 경우에 실패하는지, 그리고 어떤 경우에 성공적으로 작동하는지 그 차이를 이해할 수 있다. 미 의회의 경우에는 여전히 중앙집중적이고 통합적인 프레임워크를 벗어나지 못한 채 부처 간의 기능과 권한을 명백하게 구분하고 책임 소재를 밝힘으로써 문제를 해결하고자 했

---

2 Filtenborg, Ganzle and Johansson(2002), pp. 391-395.

3 그렇게 함으로써 연합 차원의 통합된 외교정책 구상이 없는 상황에서도 지역적인 문제를 해결할 수 있는 메커니즘을 구축할 수 있다는 것이 바로 네트워크 거버넌스의 장점이다.

4 NDI 사례는 유럽연합의 네트워크 거버넌스가 지정학적, 제도적, 법적, 문화적 경계를 새롭게 설정함으로써 정책 결정 과정을 새로이 재편성하고 있음을 말해주는 것이기도 하다. 즉 기존의 국경선에 국한되지 않고, 필요할 경우 언제든지 역외 국가들과도 협력할 수 있도록 한다. Filtenborg et al.(2002), pp. 398-402.

다. 미국 정부가 9·11 테러 이후 안보와 관련된 여러 기능을 하나로 통합해 국토안보부를 설립하고 여기에 최우선적인 권한을 부여하려 했던 사례 역시 비슷한 사고의 틀 속에서 이루어졌다. 이러한 미국의 중앙집중형 거버넌스는 이웬호 사건에서 보았듯이 적어도 보안이나 안보와 관련된 문제에서 그리 효율적인 성과를 올리지 못하고 있는 상황이다. 이에 비해 유럽연합의 네트워크 거버넌스는 기존 협약의 틀에 국한되지 않으면서 유연하고 적응력이 뛰어난 대응 방식으로 평가되고 있다. 유럽연합은 북유럽 회원국들이 자신들의 안보 문제를 스스로 해결할 수 있도록 재량권을 부여함으로써 비회원국들과의 협력하에 원하는 프로젝트를 추진할 수 있는 여건을 마련해 주었다. 즉 거버넌스의 메커니즘을 기존의 법적·제도적 틀 속에 가둬놓지 않았던 것이다.

네트워크 사회의 거버넌스

1990년대 이후 빠른 속도로 진행되어 온 세계화의 추세는 거버넌스의 양식에 큰 변화를 가져왔다. 무엇보다도 거버넌스의 핵심적인 주체였던 국민 국가의 권한과 기능이 대폭 줄어들었고, 비정부기구 및 비국가기구와 더불어 다양한 민간 부문에서 정책 결정 과정에 참여하는 빈도가 증가했다. 나아가 국가 내부의 수많은 하위 단위체를 비롯해 대외적으로 초국가기구와 초국적 기업, 국제 레짐 등 국민 국가의 전통적인 관할권을 위협하는 수많은 경쟁자가 등장했다.[5] 하지만 이러

5 소위 '세계화론자globalizationist'라고 불리는 학자들은 국경이 허물어지고 국민 국가의 권한이 약화되는 모습을 잘 묘사했다. Friedman(1999); Barber(1992); Strange(1996/2001).

한 관찰만으로는 국민 국가가 쇠퇴했다고 보기 어렵다는 것이 많은 학자의 견해이다. 국민 국가는 오랫동안 스스로를 변환시키면서 존속해 왔기 때문에 국가의 전통적 기능이 축소되었다고 단정하기보다는 새로운 환경에 국가가 어떻게 적응해 나가는가를 짚어보아야 한다는 것이다.[6] 따라서 오늘날의 국가는 세계화 추세에 맞춰 여러 유형의 행위자들이 정책 결정에 참여할 수 있는 기회를 넓히면서 다양한 방식으로 기존의 거버넌스 메커니즘을 바꿔나가고 있다고 보는 것이 타당하다.

국가를 포함한 다양한 거버넌스 양식의 변화는 오늘날 사회적 선택의 해결을 위한 제도라는 차원에서 여러 가지 주목할 만한 현상을 만들어 내고 있다. 우선 국가 이외에도 여러 정치적 행위자가 등장했는데, 영토적 범위에 제한을 받지 않는 초국가기구의 영향력이 커졌다. 또한 국가들 사이의 상호 의존이 증가함과 더불어 비정부기구 및 민간기구가 정책 결정 과정에 참여하는 경우도 점차 빈번해졌다. 1970년대 이후 '복잡한 상호 의존complex interdependence'으로 불려온 국가 간 연계성의 강화는, 정책 결정 과정의 민감성과 취약성을 증가시킴으로써 전통적인 국가의 위상을 흔들기 시작했다.[7] 1990년대에 들어와 본격적으로 진행된 세계화 현상은 이러한 추세를 더욱 빠르게 자극하면서 국가 간 경계를 무력화시키는 결과를 초래했다. 또한 정보통신 분야 등에서 비약적으로 발전하고 있는 첨단 기술은 국가를 포함하는 다양한 정치적 행위자의 통제력을 강화해 주는 권력 수단으로 자리매김했다.[8]

6 Krasner(1995), pp. 115-151; Sbragia(2000), pp. 243-250; Waltz(1999), pp. 693-700.

7 Keohane and Nye(1977), pp. 11-12.

8 Farazmand(1999), p. 515.

이러한 여러 요소는 모두 오늘날의 정치적 거버넌스가 그 기능과 권력이라는 차원에서 매우 빠르고 복잡한 양상으로 전개되는 데 핵심적인 역할을 수행하고 있다.

이와 같은 복잡한 현실 정치의 변화를 설명하기 위한 이론도 다양하게 제시되어 왔다. 우선 세계화로 인해 초국가적 관계에 많은 변화가 생기는 상황에 대해서는 크게 두 가지의 견해가 공존한다. 하나는 '글로벌 레짐 관리global regime management'로 명명되는 거버넌스 방식이 주류를 형성하고 있다는 견해인데, 여기에서는 강력한 초국가적 행위자들에 의해 만들어진 규범이 지역적 행위자로 전락한 국가에 의해 실천되고 있다고 본다.[9] 다른 하나는 권력이 취약해진 국가들이 뿔뿔이 흩어지면서 '신新중세적' 상황으로 접어들 것이라는 암울한 전망을 제시한다.[10] 하지만 이러한 두 가지 전망 모두 오늘날 세계적 차원의 거버넌스 변화를 적절하게 묘사하지 못하고 있다. 이 두 시나리오는 세계화로 인해 국가 단위체가 급속하게 위축되었다고 진단하지만, 오늘날의 국가는 다른 정치적 행위자들에 비해 여전히 강력한 지위를 차지하고 있기 때문이다.[11]

세계화 시대의 국가가 겪고 있는 변환을 미시적으로 설명하려는 이론들은 이러한 점에서 주목할 가치가 있다. 특히 국가의 변환에 관련된 최근의 이론 중에서도 국민 국가들이 주권을 부분적으로 양도해 설

---

9 1980년대 초 현실주의와 자유주의 사이의 국제정치 이론 논쟁을 통해 부상하기 시작한 '국제 레짐'에 관한 전반적인 소개는 Krasner(1983) 참조.

10 신新중세주의는 1970년대에 불Hedley Bull의 논의에서 구체적으로 언급되기 시작했으며, 이후 국제정치의 구조가 어떻게 변할 것인지를 둘러싼 예측에서도 자주 등장해 온 양극화 이후의 대표적인 시나리오로 자리 잡고 있다. Bull(1977); Friedrichs(2001), pp. 475-502.

11 O'Toole and Hanf(2002), pp. 158-169.

립한 초국가적 행위자로서 유럽연합에 초점을 맞춘 이론이 늘고 있는 추세이다. 이러한 이론은 국가 단위체 자체의 속성이 변화하는 모습과 더불어 다양한 현안을 둘러싸고 국가들 사이에 협력과 경쟁이 이루어지는 초국가기구 및 국제 레짐 등에 대해서도 관심을 기울이고 있다. 한편 '권한 이양devolution'에 대한 관심이 지속적으로 증가하면서 국민국가 내의 지방 정부, 비정부기구, 시민단체 등 다양한 하위 행위자가 어떻게 정책 결정 과정에 참여하는가에 대한 논의도 빈번해지고 있다. 최근 들어 지역 또는 특수 이해관계를 대변하는 이러한 행위자들의 영향력이 증가하면서 국민 국가나 초국가기구에서 이들의 참여를 적극적으로 권장하고 있기도 하다.[12] 권력과 기능, 정당성을 독점하고 있던 전통적 국민 국가는 이제 위와 아래로부터 동시에 압력을 받으면서 한층 더 복잡한 거버넌스 메커니즘을 구현해야만 하는 처지에 놓이게 된 것이다.

이와 같은 국가 거버넌스의 변환은 유럽연합의 정치적 속성에 관한 기존의 이론과 관련해 시사하는 바가 크다고 하겠다. 지난 수십 년 동안 유럽연합 내에서 전개된 정책 공조에 대해서는 크게 '정부간주의intergovernmentalism'와 '초국가주의transnationalism'의 두 가지 시각이 공존해 왔는데, 국가의 성격 변화에 관련된 최근의 이론은 이러한 기존 시각의 한계를 뛰어넘는 새로운 시도로 평가할 수 있다. 먼저 유럽연합 내의 정책 공조 거버넌스는 오랫동안 정부간주의에 의해 주도되었는데, 여기에서는 유럽연합의 정치가 개별 회원국 정부와의 상호 작용

12 카노이Martin Carnoy와 카스텔Manuel Castells은 세계화와 정보화로 인해 지식의 독점을 통한 통제가 어려워지면서 국가의 형태도 변화하게 되었다는 점을 강조하고 있다. 이러한 변화의 결과 유럽연합과 같은 '네트워크 국가network state'가 등장하게 되었다는 것이 그들의 주장이다. Carnoy and Castells(2001), pp. 13-14.

을 바탕으로 하며 하위 행위자들은 단지 이러한 국민 국가의 대리인에 불과하다고 보았다. 또한 초국가기구들이 지닌 권한도 국민 국가가 위임해 준 범위 내에서 행사되는 것으로, 궁극적인 책임은 회원국 정부에 있는 것으로 간주되었다.[13] 이러한 정부간주의의 기본적인 입장은 정책 연구에서 활발하게 원용된 정책 네트워크policy network 이론과도 밀접한 연관을 지니고 있다.[14]

하지만 이러한 국가 중심의 시각에 대한 초국가주의의 비판도 활발하게 전개되었는데, 이는 크게 다음의 두 가지로 대별된다. 첫 번째 비판은 하위 단위체와 초국가기구의 등장으로 인해 유럽 통합이 국민 국가의 수준을 넘어설 것이라는 신기능주의neofunctionalism의 입장을 계승한 것으로, 여기에서는 유럽연합의 초국가적 제도가 완성될수록 국민 국가의 지위가 쇠퇴할 것이라고 본다.[15] 이와는 달리 다층 거버넌스 multi-level governance 시각은 유럽연합의 정책 결정이 초국가기구와 하위 단위체에 분산되어 있다는 점을 부각하면서 이들 사이의 권력 분산이 어떻게 이루어지는가의 미시적 과정을 더욱 강조한다.[16] 다층 거버넌스 개념은 유럽연합이 정책 결정의 여러 정치적 층위 사이에 불가피한 연계를 형성하는 복합 네트워크라고 규정함으로써 기존의 국제기구와 차별화되는 정치 단위체라는 의미를 강조한다.

이상과 같은 정부간주의 시각과 초국가주의 시각은 공히 전통적인 국민 국가의 역할이 축소되어 가는 현상을 강조한다는 점에서 공통성을 지닌다. 다만 정책 네트워크 이론이 여전히 국가를 중심으로 해서

13 Moravcsik(1993), pp. 473-524; Garrett(1992), pp. 539-564.

14 Thatcher(1998), pp. 389-416.

15 Stone(2004), pp. 545-566.

16 Hooghe and Marks(2003), pp. 233-243; Rosamond(2000), pp. 109-113.

거버넌스의 변화를 설명하고 있는 반면, 초국가주의 또는 다층 거버넌스 이론은 정치적 단위체의 복합적 연결망에 더 초점을 맞추고 있다는 점에서 차이를 보인다.[17] 특히 다층 거버넌스 이론은 국민 국가의 역할을 지나치게 축소하고 상대적으로 하위 단위체와 초국가기구의 부상을 강조한다는 점에서 유럽연합의 통합 과정이 주춤하고 심지어 브렉시트로 인해 부분적인 손상을 입고 있는 오늘날의 상황을 설명하는 데 어려움이 있다. 또한 다층 거버넌스의 내부에서 구체적으로 어떤 일이 일어나는지를 보여줄 수 있는 이론적 메커니즘이 충분하게 제시되지 못하고 있다는 점도 한계로 지적된다.[18]

이와 같은 여러 한계를 고려할 때 우리는 세계화의 조류로 인해 국가의 모습이 많이 바뀌고 있으며 유럽연합이 그러한 변환의 선두에 서 있다는 사실을 알 수 있다. 네트워크 사회의 등장은 앞의 두 사례에서도 살펴보았듯이 적절한 거버넌스 메커니즘이 사회적 문제 해결에 얼마나 중요한 역할을 하는지를 잘 보여준다. 거버넌스 방식의 변화와 관련해 국가가 쇠퇴하고 있는지 또는 변환하고 있는지에 대한 논쟁 역시 이러한 맥락 속에서 이해할 수 있다. 하지만 구체적으로 국가의 변환이 왜, 그리고 어떤 방식으로 이루어져 왔는가에 대한 논의는 아직도 미흡한 상황이다. 다음에서는 이러한 논의를 한 단계 발전시켜 거버넌스의 변화에 따른 '네트워크 국가'의 등장이 정치적으로 어떤 의미를 갖는지를 심층적으로 살펴보고자 한다.

17 Ward and Williams(1997), pp. 445-446.

18 앤셀과 그의 동료들은 다음의 논문에서 유럽연합의 이중 네트워크 구조를 설명하기 위해 기존의 다층 거버넌스 프레임워크를 확대 적용했다. Ansell, Parsons and Darden(1997), pp. 349-350.

3. 네트워크 국가와 거버넌스

네트워크 구조와 내재성

앞서 언급한 국민 국가의 '변환transformation'은 전통적인 국민 국가가 외부 환경의 변화에 적응하면서 스스로의 성격을 바꿔나가는 과정을 일컫는다.[19] 국가의 변환 중에서도 가장 두드러지게 나타나고 있는 특징이 바로 '네트워크' 구조의 등장인데, 이는 국가 내·외부의 다양한 행위자가 여러 수준에 걸쳐 복잡한 정책 결정의 연결망을 형성하고 있음을 의미한다. 이러한 특징을 지닌 국가를 '네트워크 국가'라고 부른다.[20] 그렇다면 네트워크 국가 내부의 거버넌스 메커니즘은 어떤 변화를 겪고 있으며, 그러한 변화는 왜 일어나는 것일까? 국가는 왜 전통적인 거버넌스 양식을 포기하고 새로운 방식을 채택하는 것일까? 세계가 복잡해질수록 왜 위계질서형 거버넌스는 약화되고 네트워크형 거버넌스가 부각되는 것일까? 여기에서는 이러한 문제의식 아래 새롭게 관심을 끌고 있는 네트워크 국가의 내부 정책 결정 메커니즘이 어떤 논리를 통해 작동하는지 살펴보고자 한다.

사회가 복잡해지면서 상호 작용의 구조가 점차 네트워크를 통해 이루어지는 현상은 최근 경제학을 포함해 다양한 사회과학 분야에서 주목을 받아왔다. 일찍이 코스Ronald Coase는 경제 활동에서 발생하는 거

---

19 여기에서 '변환'은 국제정치학계에서 국가의 변화하는 모습을 표현하기 위해 채택한 용어이다. 하영선(2006), pp. 13-61 참조.

20 네트워크 국가의 일반적인 성격에 관한 논의는 이 장의 직접적인 주제가 아니므로 세부적으로 다루지 않기로 한다. 다만 이 장에서는 네트워크 국가 내부에서 거버넌스의 형태가 어떻게 바뀌고 있는가에 대한 '미시적' 논의에 주안점을 두고자 한다.

래 비용의 문제를 해결하기 위해 '기업'이라는 거버넌스 구조가 만들어진다고 주장했는데, 이는 전통적인 '시장'이 해결하지 못하는 사회 문제를 해결하기 위한 대안적 제도의 등장을 최초로 설명한 이론이었다.[21] 윌리엄슨Oliver Williamson은 이러한 논의를 이어받아 거래 형태에 따라 거버넌스 방식이 달리 나타난다는 점을 강조했는데, 그에 따르면 자본이나 시간, 노동 등 쉽게 이전될 수 없는 생산 요소의 경우 시장보다는 위계질서의 형태를 띤 거버넌스에 의해 관리되는 경향이 있다. 특히 인간의 합리성이 완전하지 않을 경우, 그리고 상호 작용의 행위자들이 자신들에게 유리한 상황을 만들어 내려는 '기회주의'가 만연할 경우 이러한 위계질서형 거버넌스가 필요한다고 보았다.[22] 그렇다면 이러한 위계질서형 거버넌스를 대신해 오늘날 네트워크형 거버넌스가 등장하게 된 이유는 무엇일까? 여기에서 우리는 상호 작용 관계의 '내재성embeddedness'에 관해 논의할 필요가 있다.

내재성의 개념을 다루기 위해서는 먼저 고전경제학의 한계를 짚어 볼 필요가 있다. 고전경제학은 주로 '양자dyad' 관계를 기반으로 한 이론 틀에 의존해 왔다. 모든 경제적 상호 관계는 계산을 바탕으로 행동하는 개인들 사이에 일어나며, 이익의 극대화라는 관념 위에 가능한 것으로 간주되었다. 따라서 고전경제학에서 '시장'이라고 할 때에는 이러한 양자 관계의 총합을 의미하는 것이었다. 이와 같은 설정은 '합리적 인간' 및 '이익 극대화'라는 전제와, 그들의 행동이 스스로의 계산 이외에 다른 변수로부터 영향을 받지 않을 것이라는 가정을 깔고 있었다. 양자 관계의 설정은 경제뿐만 아니라 다른 사회 현상을 이해하는

21 Coase(1937), pp. 386-405.
22 Williamson(1975) 참조.

데도 자주 이용되었는데, 강력한 논리적 추론과 간결함은 고전경제학이 오랫동안 사회과학의 기초로 자리 잡는 데 큰 역할을 했다. 그러나 동일한 전제를 채택한다고 하더라도, 합리적인 개인들의 총합이 만들어 내는 전체 구조의 모습을 어떻게 설정하는가에 따라 그들의 행동은 달리 결정될 수 있다는 점이 점차 강조되기 시작했다. 예를 들어 두 사람 사이의 상호 작용은 제3의 인물이 존재하는지, 그리고 그 특성이 무엇인지에 따라 다른 형태로 나타날 수 있다. 제3의 인물이나 집단, 전체 시스템 구조의 특징에 따라 합리적인 개인들의 이해관계와 그 계산 방식이 달라질 것이기 때문이다. 고전경제학은 개인들이 속해 있는 전체 구조 또는 여타의 거시적 관계로부터 일어나는 이러한 영향에 대해서는 별 관심을 두지 않았다.

또한 고전경제학에서 다루고 있는 인간 행위의 대상은 지극히 제한된 범주에 국한되었다. 개인의 행동을 결정하는 주된 요소로 '합리성'과 '이익 극대화'가 지나치게 강조되면서 그 외의 요소에 대해서는 크게 주목하지 않았다. 하지만 한 개인의 이해관계가 다른 개인들과 복잡하게 얽혀 있는 경우 고전경제학의 전제는 쉽게 성립하기 어려우며, 개인의 합리성이 완벽한 것이라고 간주하기도 곤란하다는 점은 잘 알려져 왔다. 사람들은 합리성을 추구하려 하지만 언제나 그것이 완벽한 형태로 구현되지는 않으며, 대체로 적당한 수준에서 만족을 추구하는 데 그치곤 한다. 사람들 사이에 거래되는 재화나 서비스, 지식 자원도 고전경제학의 전제와 같이 분명하게 분리가 가능한 형태로 존재하지는 않는다. 실제의 경제적 거래 관계에서는 이러한 암묵적이고 불특정한 요소들이 동시에 작동하기 때문에 이를 모두 헤아려 경제 모델 속에 포함시킨다는 것이 거의 불가능하다. 고전경제학에서 다루지 못하는 사회적 유대 관계나 문화적 요인의 역할 역시 우리가 사회 현상을 이해하는 것이 얼마나 어려운 일인가를 잘 보여준다.

고전경제학의 한계에 대한 여러 가지 논의 중에서도 사회 구조적 변수가 중요하게 다루어지지 않았다는 비판은 최근 들어와 다양한 이론으로 발전했다. 개인의 경제적 행위가 합리적인 이익 극대화 이외에 다른 요인으로부터 영향을 받는다면, 사회 현상을 설명하는 모델 속에 이를 어떻게 포함시켜야 할까? 개인의 특성과 그 개인이 속해 있는 시스템 전체의 속성이 서로 영향을 미치는 관계라는 점을 고려한다면, 우리는 인접한 양자 관계에만 초점을 맞춘 고전경제학의 단순한 모델보다도 훨씬 더 복잡한 모델을 만들어야 할 것이다. 이러한 점은 경제학 이외의 다양한 사회과학 분야에서 꾸준하게 인식되어 왔다. 현실 사회에 있어서는 양자 간의 상호 관계가 양자 이외의 제3자와 다른 집단, 또는 시스템 전체의 구조에 의해 서로 다른 모습으로 나타날 수 있다는 것이다. 이러한 관계를 바로 '내재적' 관계라고 부른다. 내재적 관계란 양자 간의 미시적 관계가 다양한 거시적 변수, 특히 구조적 변수에 의해 결정될 수 있는 관계를 의미한다. 이러한 관계의 구조는 '네트워크' 구조를 띤다.[23]

내재적 사회 구조는 일찍이 폴라니Karl Polanyi와 그라노베터Mark Granovetter에 의해 체계적으로 이론화되었다. 폴라니에 따르면 인간의 경제생활은 언제나 사회적 요구를 반영한 내재적인 것이었다. 하지만 19세기의 자유주의 전성시대를 거치며 경제 논리와 사회 논리 사이에

23 사회관계의 내재성에 대한 논문에서 우찌Brian Uzzi는 사회적 유대 관계의 유형이 사회적 선택의 문제에 대한 해법을 탐색하는 데도 영향을 미친다고 주장한다. 특히 내재적 관계 속에는 단순한 개인의 계산이 아니라 복수의 관계를 전제로 하는 통합적 관점의 해법을 찾으려는 '심층적 탐색deep search'의 성향이 있음을 강조하고 있다. Uzzi(1997), pp. 48-50.

명확한 구분이 생겨나면서 경제와 사회가 마치 서로 다른 영역인 것처럼 작동하기 시작했다. 이러한 괴리로 인해 사회의 모순은 점차 증가하기 시작했고, 20세기 초반에 들어와 전체주의와 대공황이라는 엄청난 비극으로 연결되었다. 이때부터 케인스주의와 같이 정부의 개입 논리를 앞세운 '큰 정부big government' 사고방식이 널리 퍼지게 되었다. 정부는 경제 논리의 뒷전에 밀려 있던 다양한 사회 세력의 이해를 대변하는 역할을 맡게 되었다. 20세기의 사회주의 국가와 복지 국가, 발전 국가의 양태는 모두 이러한 '큰 정부' 논리가 다양한 방식으로 구현된 것이었다. 말하자면 독주를 거듭해 온 자유주의적 경제 논리에 대한 '사회의 반격'이 시작된 것이다.[24] 폴라니는 이러한 역사적 경험으로부터 경제 논리가 독립적으로 작동한다는 가정이 옳지 않음을 분명하게 피력한 것이다. 폴라니는 19세기 자유주의가 지나치게 '시장' 메커니즘에만 치우쳐 있었다는 점을 명쾌하게 설명했지만, 그의 이론을 통시적 관점에서 일반화시켜 보면 '시장'과 '위계질서' 사이에서 특정한 부분에만 해당한다고 볼 수 있다.[25] 그가 지적했듯이 20세기 초반과 중반에는 거버넌스 구조가 위계질서형 또는 국가주도형으로 변환되었다가 후반에는 다시 신자유주의로 바뀌는 변화를 거듭해 왔기 때문이다.

이렇게 볼 경우 사회적 선택의 문제를 해결하기 위한 거버넌스의 구조는 '시장'과 '위계질서'라는 극단 사이에서 여러 형태로 나타날 수 있을 것이다. 하지만 용어 사용상의 혼란을 방지하기 위해 한 가지 점을 지적해야 할 것이다. 본래 네트워크 개념이 시장과 위계질서 사이

---

24 Polanyi(1980/2009) 참조.

25 Granovetter(1985), pp. 481-510.

에서 중간적 형태 또는 혼성적 형태를 의미하지만, 이러한 구분은 모호한 기준을 따르고 있다는 비판을 면하기 어렵다. 예를 들어 어느 정도의 연계성이 존재해야 '네트워크'와 '시장'을 구분할 수 있을지가 불분명하다. 이런 점을 고려해서 네트워크라는 범주 체계를 시장과 위계질서를 모두 포괄하는 상위의 개념으로 설정하는 것이 합리적일 것이다. 말하자면 시장은 '분산형 수평 네트워크'로, 위계질서는 '중앙집중형 수직 네트워크'로 구분하되, 이들 양자는 모두 극단적인 형태의 네트워크라고 보는 것이다. 현실에 존재하는 대부분의 네트워크 구조는 이들 사이의 어딘가에 위치하며, 최근 사회과학에서 큰 관심을 갖는 네트워크 구조란 스펙트럼의 중간쯤에서 많이 발견되는 일반적인 형태의 네트워크를 가리키는 것으로 이해할 필요가 있다.[26]

네트워크의 개념이 이처럼 시장과 위계질서 사이에서 중간적인 형태의 구조를 가리키는 것으로 사용되고는 있지만, 이것이 양극단 사이의 스펙트럼에 존재하는 것이 아니라 완전하게 독자적인 모습을 띤 새로운 유형이라는 주장도 제기되고 있다. 시장 상황에서 불가피하게 발생하는 거래 비용의 문제를 해결하기 위해 위계질서형의 기업이라는 거버넌스 구조가 만들어지는 과정에 대해서는 코스가 체계적으로 이론화한 바 있지만, 네트워크라는 새로운 형태의 거버넌스는 좀 더 복잡한 상황을 배경으로 한다. 우선 네트워크 구조는 장기적으로 협력이 가능하며, 그로부터 행위자들이 모두 이익을 얻을 수 있다는 믿음이 있는 경우에만 가능하다. 또한 행위자들 사이에 정보가 교류되면서 학

26 이 장에서 언급하는 '네트워크' 구조 또는 형태는 시장과 위계질서를 모두 포괄하는 광의의 개념을 전제로 한다. 다만 학계에서 일반적으로 지칭하고 있는 '중간적' 형태의 관리 모드라는 의미의 '네트워크' 용어라 할지라도 문맥상 큰 혼란이 없다면 별도의 언급 없이 기존 관행을 따르고자 한다. Podolny and Page(1998), pp. 59-61.

습 효과가 일어나고 이것이 개방 구조와 불확실성으로 인한 문제의 복잡성을 해결하는 데 도움이 될 경우 네트워크 구조가 만들어지곤 한다. 암묵지tacit knowledge나 기술 혁신과 같이 고전경제학에서 자주 다루지 못했던 요인들이 최근의 복잡한 사회 속에서 점차 중요해지는 추세 역시 네트워크 구조가 등장하게 된 배경으로 꼽히고 있다.[27]

정책 조정과 네트워크 거버넌스

사회 현상을 이해하는 데 내재성의 개념을 도입하게 되면 기존의 이론 틀로는 설명하기 어려운 여러 현상을 한층 더 쉽게 이해할 수 있다. 그중에서도 가장 잘 알려진 것이 바로 '조정coordination'의 문제인데, 이것은 정보가 복잡해지고 행위자의 수가 증가하면서 위계질서의 메커니즘이 제대로 작동하기 어려운 상황에서도 왜 문제 해결을 위한 협상이 자주 일어나는가 하는 의문에서 출발한다. 현실 속에서 사람들은 중앙 정부가 존재하지 않는 상황에서도 협상을 통해 자신들의 이익을 확보하려 한다. 즉 가능성이 존재할 경우 추가적인 이익을 확보하고 이를 나누기 위한 조정은 발생하기 마련이다. 샤프Fritz Scharpf의 이론에 따르면, 기존의 단순한 관계 모델에서는 상호 작용의 복잡성을 지나치게 축약해 '파레토 우위Pareto superiority'와 이들 사이에 이루어지는 '좁은 의미의 조정 행위'에만 초점을 맞춘다. 하지만 현실 세계에서는 양자 간 관계 이외에도 제3자 등 동일한 구조 속에 공존하는 다양한 행위자를 함께 고려해야 하기 때문에 이들을 모두 포괄하는 '넓은 의미의 조정 행위'에 대한 설명이 필요하다.[28] 이들 사이의 협상과 조

27 Powell(1990), p. 322.

정은 여러 유형의 행위자를 전제로 하기 때문에 단순한 개인을 상정하는 기존 시장 시스템보다도 훨씬 복잡하다.

이와 같이 전통적인 시장이나 위계질서가 아닌 복잡한 상황에서도 행위자들 사이에 협력을 위한 조정이 활발하게 일어나는 이유는 무엇일까? 이 질문에 답하기 위해서 우리는 상호 작용이 일어나는 상황을 세부적으로 분류할 필요가 있다. 우선 고전경제학에서는 상호 작용하는 행위자들이 상대방 또는 제3자의 이해관계나 행동에 '무관심한' 성향을 지닌다고 가정한다. 다시 말해 상대방의 선택이나 제3자의 존재가 해당 행위자의 선택에 영향을 미치지 않는다는 것이다. 하지만 이해관계의 구조에 따라 이들의 성향은 달리 나타날 수 있다. 먼저 우리는 양자 간의 관계가 매우 경쟁적인 상황을 가정할 수 있다. 흔히 '제로섬 게임'이라고 알려진 이러한 관계 속에서는 한편의 이익이 상대편의 손해로 이어지기 때문에 불신과 경쟁이 일어나게 된다. 생존의 문제와 직결된 '안보 딜레마security dilemma'는 바로 이러한 제로섬 게임의 구조를 띤다. 안보 딜레마의 구조 속에서는 한편의 안보 위협을 해소하기 위한 군비 증강이 상대편에게는 공격적인 행위로 간주되고, 이것이 다시 상대방의 군비 증강을 초래하게 된다. 결국 안보 위협을 해소하기 위한 행동이 안보 위협을 증가시키는 딜레마에 빠지게 되는 것이다.[29]

한편 양자 간 관계에서 협력을 통해 모두가 이익을 얻을 수 있는

28 샤프는 '파레토 효율성Pareto efficiency'의 관념을 바탕으로 한 양자 간 단순한 조정을 '부정적 조정negative coordination'으로, 그리고 보상compensation에 의한 복지 증진의 가능성을 고려하는 '칼도-힉스 효율성Kaldor-Hicks efficiency'의 관념을 바탕으로 한 다자간 조정을 '긍정적 조정positive coordination'으로 구분하고 있다. Scharpf(1994), pp. 38-39.

29 Jervis(1978), pp. 167-214.

'비제로섬 게임non-zero-sum game' 구조도 자주 발견된다. 이러한 상황에서는 상대방의 신뢰를 얻고 장기적으로 협조 관계를 구축하기 위한 투자가 이루어질 수 있다. 비록 초기에는 큰 이익이 없다 할지라도 일단 협조 관계가 형성되면 지속적이고 호혜적인 관계가 가능하다. 액설로드Robert Axelrod가 이론화한 이러한 협력 관계는 합리적인 개인들 사이에서도 얼마든지 가능한 것으로 알려져 있다.[30] 나아가 사회가 점점 복잡해지면서 상호 관계의 불확실성이 증가하고 합리적 판단이 더욱 어려워지게 되는데, 이럴 때일수록 개인 행위자들은 서로 간에 협조 체제를 구축함으로써 문제를 해결하려는 성향을 보이곤 한다. 비록 협조의 초기 단계에서 비용이 발생할 수 있지만, 이들은 전체 집단을 호의적인 집단과 적대적인 집단으로 구분한 후 우선 호의적인 성향을 가진 사람들과의 협력을 선택할 것이다. 즉 다양한 행위자의 관계 속에서 선택적인 소수의 협력 집단이 형성될 수 있는 것이다.[31]

네트워크 속에서 이루어지는 이러한 조정 행위의 증가는 거버넌스 메커니즘의 변화를 가져오게 되는데, 이를 일컬어 '네트워크 거버넌스'라고 부른다. 아직까지 이론적으로 널리 합의된 개념은 아니지만, 이것은 관료제와 같은 공식 기구가 아닌 여러 유형의 비공식적 사회 시스템을 통해 복잡하고 불명확한 문제들을 해결하는 절차를 일컫는다.[32]

---

30 Axelrod(1984) 참조.

31 샤프는 이와 같이 형성된 행위자들의 선별적 관계를 '구조적으로 내재화된 자기 조정structurally embedded self-coordination'이라고 부른다. Scharpf(1994), pp. 36-37, 44-45.

32 학자에 따라 '거버넌스 네트워크'와 '네트워크 거버넌스'를 혼용해서 사용하는 경우도 있으나, 이 책에서는 후자의 개념을 채택하기로 한다. 전자의 경우에는 '정책 네트워크'와 마찬가지로 기존의 정책 결정 단위체를 전제로 하기 때문에 새로운 변화를 담아내기에 부족한 감이 있기 때문이다. 후자에 관한 시론으로는 Jones, Hesterly and Borgatti(1997), pp. 911-945 참조.

좀 더 엄격하게 규정하자면, 네트워크 거버넌스는 독립적인 행위자들 사이의 '선택적이고 지속적이며 구조적인 관계'로, 상황의 변화에 따라 계약이 암묵적·개방적으로 적응함으로써 상호 작용을 조정하고 이를 안정적으로 만드는 절차이다. 여기에서 '선택적'이라 함은 시스템 전체가 아니라 부분적인 집단 내부의 클러스터에 한해 협력이 이루어진다는 것을 의미한다. 또한 관계가 '지속적'이라 함은 오랜 시간에 걸쳐 네트워크 내부의 상호 작용이 반복적으로 일어난다는 것을 말하며, '구조적'이라 함은 구성원들 사이의 상호 작용이 임의적이거나 획일적인 대신 일정한 패턴을 띠고 있음을 의미한다. 따라서 네트워크 거버넌스가 암묵적이고 개방적으로 적응한다는 것은 복잡한 환경의 변화에 맞서 구성원들이 조정과 커뮤니케이션을 통해 공동으로 대응한다는 것을 뜻한다.[33]

정책 연구에서도 이러한 네트워크 거버넌스의 추세에 대해 오랫동안 관심을 보여왔는데, 오툴Laurence O'Toole은 특히 거버넌스의 변화를 네트워크 개념을 통해 설명했다. 그는 정책 사안 간에 복잡성이 증가하면서 전통적인 접근 방식, 즉 '분할decomposability'을 통한 문제 해결은 더 이상 가능하지 않게 되었다는 점에 주목했다. 과거의 중앙집중형 거버넌스는 기능별 노동 분화를 통해 주어진 문제를 작게 쪼개어 해결했지만, 오늘날의 복잡성은 문제의 '크기'가 아니라 '상호 연계성'에서 비롯되기 때문에 전혀 다른 방식으로 접근해야 한다는 것이다. 또한 이러한 현상을 체계적으로 이해하고 이에 대응할 수 있도록 해주는 이론 틀이 제대로 정립되지 못했다는 점을 지적하면서, 학자들이 '난해한 정책 문제'라고 부르는 이러한 현상을 이해하기 위해서는 '네

33 Jones et al.(1997), pp. 914-916.

트워크' 개념을 통해 정책을 이해하고 그에 걸맞은 거버넌스 양식을 구축해야 한다는 것이 오툴의 주장이었다.[34]

과거의 정책 결정 모델은 수직적 명령 체계를 통해 일사불란하게 움직이는 정책 수행 메커니즘을 강조했다. 오늘날 이러한 모델이 현실을 제대로 설명하지 못한다는 비판은 대체로 세 가지로 전개되고 있다. 첫째, 중앙과 지방의 관계가 다양해지면서 정부 간 관계가 더욱 복잡해지고 있다는 사실이다. 따라서 하나의 정부라 하더라도 여러 층이 공존하는 복합적인 형태로 인식해야 한다는 주장이 설득력을 얻고 있다. 둘째, 행정조직이 공동화되면서 나타나는 탈집중화의 추세가 부각되고 있다. 세계화 시기를 거치면서 더욱 많은 정책 수행이 외부 기관에 의해 이루어지고 있으며, 그 과정에서 경쟁의 논리가 강화되었다. 셋째, 기존의 정책기구에 더해 새로운 행위자들이 늘어났다는 점이 강조된다. 여기에는 지방의 하위 기구뿐만 아니라 국제적인 영향력을 지닌 다양한 행위자가 포함된다. 아울러 민간 및 영리조직도 정책 결정 과정에 적극적으로 참여함으로써 공공 및 비영리조직과 어깨를 나란히 하게 되었다. 이러한 모든 현상은 정책 결정 과정이 전통적인 위계질서 모델이 아닌 복잡한 네트워크로 인식되어야 한다는 주장에 힘을 실어주고 있다.[35]

앞에서 살펴본 미국과 유럽의 사례는 이러한 맥락에서 주목할 만하다. 우선 미국 의회의 경우 보안 문제를 위계질서의 관점에서만 다루었기 때문에 적절한 해결책이었다고 보기 어렵다. 네트워크 거버넌스의 관점에서 본다면 이웬호로 인한 보안 문제는 미 에너지부뿐만 아니

34 O'Toole(1997), p. 46.

35 Robinson(2006), pp. 590-591.

라 정부와 의회, 나아가 미국 사회 전체 시스템의 관점에서 진단하고 해결해야만 했다. 즉 이웬호 개인이나 에너지부의 보안 시스템 문제가 아니라, 그것을 야기한 시스템의 속성, 특히 기관과 기관 사이의 인력 파견 구조나 보안 점검 네트워크의 구조에 더 많은 관심을 기울였어야 했다. 즉 미 의회는 에너지부에 대한 구조 조정보다는 정부기관에 대한 연구 인력 교류 방안의 개편 등과 같이 광범위한 차원의 내재적 해법을 추구해야만 했던 것이다. 이에 반해 유럽연합의 사례는 네트워크 거버넌스의 접근 방식에 훨씬 더 가깝다고 할 수 있다. 회원국들이 비록 연합의 테두리 안에 있지만, 그들이 어쩔 수 없이 안고 있는 지리적·역사적 연계성을 용인함으로써 한층 유연하면서도 시스템 지향적인 문제 해결이 가능하도록 만든 것이다.

결국 사회가 복잡해지면서 나타나는 행위자들의 다양성과 연계성이 강화됨에 따라 네트워크화의 추세가 거버넌스 양태에 결정적인 영향을 미치게 되었고, 오늘날 '네트워크 거버넌스'가 국가 정책 결정 과정의 중요한 메커니즘으로 자리 잡게 되었다. 사회의 네트워크화는 다양한 행위자가 정부 안팎으로 포진해 복잡하게 연계될 수 있는 계기를 제공했으며, 이들은 사안에 따라 문제를 해결하기 위한 협상과 조정을 주도한다. 그 이면에서는 협상의 당사자들이 자신들의 이해관계에만 집착하지 못하게 만드는 다른 요인들도 영향을 미치는데, 이것이 바로 '내재성'이다. 내재성은 어느 시스템 속에서 상호 작용하는 행위자들 사이에 개인적 변수 이외에도 사회적 변수가 불가피하게 고려되어야 한다는 점을 잘 말해준다. 복잡한 사회일수록 이러한 내재적 변수의 역할은 커지게 되며, 그로부터 조정 행위의 필요성도 함께 증가하게 된다. 고전경제학에서는 전제 조건이 지나치게 단순화되면서 이러한 요인이 등한시되곤 했지만, 오늘날의 사회에서는 그 비중이 점점 커지고 있는 것이다. 오늘날 국가의 변환은 바로 이러한 내부의 변화를 바탕으로 하고 있다.

4. 메타거버넌스와 국가

국가의 네트워크화 추세와 관련해 밀워드H. Brinton Milward는 1990년대 초부터 '공동화된 국가hollow state' 개념을 사용했는데, 이는 공공관리의 방식이 점차 네트워크 형태로 바뀌어 가는 모습을 비유적으로 표현하기 위한 것이다. 즉 국가의 전통적인 기능과 권한이 분산됨으로써 그 핵심에 공백이 생겨났고, 이러한 공백을 다양한 비국가 행위자가 채우고 있는 상황을 묘사하고 있다. 이런 표현은 효율성과 책임성을 중시하는 전통적 정책 규범에 대한 새로운 도전을 의미한다.[36] 밀워드는 기업이 하도급 계약자들과 형성하고 있는 네트워크를 묘사하기 위해 사용된 '공동화된 기업'의 비유로부터 '공동화된 국가' 관념을 고안했다. 기업과 마찬가지로 국가도 공공서비스 기능을 다양한 비영리기관 또는 영리기관과 분담해 시행한다는 것이다. 이로써 과거에 독점적으로 공공서비스를 운영해 왔던 국가의 자리가 공동화되고, 이곳에 제3의 행위자들이 그 기능을 대리 수행하는 계약 관계가 형성된다. 이러한 과정에서 정부는 직접적인 서비스 대신 계약의 협상, 감독, 평가 등 통합적 기능에 집중한다.[37] 과거의 정부가 위계질서를 관리하는 데 몰

36 O'Toole(1997), p. 47; Milward(1994), pp. 73-77.

37 밀워드H. Brinton Milward와 프로반Keith G. Provan은 공동화된 국가의 등장을 주인principal-대리인agent 관계의 프레임워크를 이용해 설명한다. Milward and Provan(2000), pp. 359-379.

두했다면, 공동화된 국가는 네트워크를 관리하는 데 더욱 많은 노력을 기울이고 있다. 밀워드의 비유를 들자면 정부는 '노를 젓는rowing' 기능보다 배를 '조종하는steering' 기능을 더 중시하기 시작했다.[38]

정부의 역할이 조종, 즉 '방향타를 잡는' 쪽으로 변화하고 있다는 주장은 오늘날 많은 학자의 호응을 얻고 있다. 하지만 정부가 정책 결정 과정상의 여러 행위자 중 하나에 불과하다고 볼 수 있을까? 국가를 대표하는 정부는 단지 유사한 참여자들 사이의 네트워크를 조정하는 단위체에 불과한 것일까? 그렇게 보기에는 여전히 국가기구의 비중이 크다는 점에 주목할 필요가 있다. 지금까지 이와 관련된 대부분의 논의는 국가 대 비국가기구 사이의 수평적 관계를 중심으로 해왔기 때문에 국가를 중심으로 해서 수직적으로 퍼져 있는 네트워크 구조에 대해서는 상대적으로 관심을 많이 갖지 못했던 것이 사실이다. 이러한 수직적 관계는 유럽연합의 경우에 두드러지게 나타나고 있는데, 예를 들어 환경이나 안보 등 특정한 사안을 둘러싸고 초국가기구와 개별 회원국 정부, 그리고 지방 정부와 민간기구에 이르기까지 다양한 층위의 행위자들이 복합적 연대 관계를 형성해 정책을 결정하는 경우가 있다. 이러한 모습은 수평 네트워크와 더불어 수직 네트워크가 함께 어우러진 일종의 복합 네트워크라고 볼 필요가 있다.[39] 그렇다면 이와 같은

38 아쉽게도 밀워드의 '공동화된 국가' 논의는 대부분 수평 네트워크 형태의 거버넌스에 한정되어 있는 까닭에 오늘날 유럽연합 등 수평·수직 네트워크 형태가 동시에 나타나고 있는 복합형 거버넌스의 모습을 제대로 파악하지 못한다. Milward(1996), pp. 193-194.

39 이와 같은 복합 네트워크를 일컬어 앤셀Christopher Ansell은 '이합질서heterarchy'라고 명명했다. 일대다 대응 관계를 기초로 하는 위계질서와 달리 이합질서는 다대다 대응 관계를 중시하며, 그 속에서 다양한 층위에 위치한 행위자들은 사안별로 중간 단계를 거치지 않고 직접 논의하거나 협상한다. Ansell(2000), pp. 305-309.

복합 네트워크 속에서 정부 또는 국가의 관리 기능은 이전과 비교해 볼 때 한층 더 복잡한 성격을 갖는 것임에 틀림없다.

이러한 특징을 지닌 복합 네트워크 거버넌스를 제솝Bob Jessop은 '메타거버넌스'라고 부르고 있다. 이 개념은 특히 국가의 역할이 여러 행위자 중의 하나에 그치지 않으며, 다양한 거버넌스 메커니즘을 관리한다는 차원에서 상대적으로 비중이 큰 행위자라는 점을 부각한다. 메타거버넌스는 바로 이러한 복합 네트워크 거버넌스 속에서 국가가 수행하는 역할 모델이라고 할 수 있다. 메타거버넌스는 복잡한 상호 작용과 조정 과정 속에서 서로 다른 유형의 거버넌스가 조화롭게 작동할 수 있도록 해주는 도구의 역할을 수행한다. 말하자면 다양한 거버넌스 메커니즘의 '조타수 역할'을 맡고 있는 것이다. 조타수라 함은 특정한 사회적 문제의 해결을 직접 떠맡는 것이 아니라 거버넌스 규범을 설정하고 집단 간에 정보의 흐름과 호환성을 보장해 주는 최후의 보루로서, 그리고 사회적 통합을 위한 권력 배분의 균형자로서 기능을 수행함을 뜻한다. 그럼으로써 메타거버넌스는 다양한 거버넌스 메커니즘이 적절한 해법으로 자리 잡을 수 있도록 도와주는 관리 모델이라고 할 수 있다.[40]

예를 들어 안보 문제에서 국가는 강력한 중앙집중형 정책을 구상하고 집행할 수 있다. 안보나 생존 문제에 관해서는 사실상 많은 나라에서 정부주도형의 정책 결정이 이루어지는 경우가 다반사이다. 이에 비해 국가의 안위에 직접적인 영향을 미치지 않는 사안에 대해서는 규제를 완화하고 정부의 개입을 최소화할 수 있다. 오늘날 세계화의 추세 속에서 이러한 자유주의의 움직임은 모든 나라에 상당한 부담으로 작

---

40 Jessop(2001), p. 227.

용하기도 한다. 이처럼 사안에 따라 정책 결정 거버넌스의 속성이 달라질 수밖에 없다면, 중요한 점은 언제, 어떤 거버넌스 메커니즘을 활용할 것인지, 그리고 이를 누가 결정할지에 달려 있다. 지금까지 이러한 거버넌스 방식의 선택 기능을 정부가 담당해 왔는데, 이런 모습은 당분간 계속될 것으로 보인다. 이처럼 메타거버넌스의 프레임워크 내에서 '조정' 역할을 담당하는 국가는 다른 거버넌스 참여자들과 비교해 상대적으로 중요한 지위를 누리고 있다. 비록 국민 국가의 비중이 과거에 비해 약화되기는 했지만 국가는 여전히 '무리 중의 일인자'로서 거버넌스의 핵심 행위자로 남아 있는 것이다.[41]

이와 같이 메타거버넌스의 개념을 통해 새로운 거버넌스 메커니즘의 성격이 어떻게 바뀌고 있는지를 좀 더 분명하게 알 수 있다. 지금까지 우리는 국가의 권한이 분산되고 다층적인 구조를 띠게 되면서 '네트워크 국가'라는 새로운 형태의 정치 단위체가 등장하는 현상에 주목해 왔다. 하지만 형태와 구조의 내면에서 어떤 정치 과정이 이루어지는지에 대해서는 지금까지 큰 관심을 갖지 못한 것이 사실이다. 이러한 문제를 어떻게 다룰 것인지는 정책 결정 메커니즘이 중앙집중형인지 또는 분산형인지를 판단하는 유형화typology 작업에 달려 있다. 하지만 실제 네트워크 국가의 내부에서는 분야별, 사안별로 훨씬 더 복잡한 정책 결정이 동시다발적으로 일어나곤 한다. 네트워크 국가의 내부 정책 결정 메커니즘의 이러한 복잡성을 충분하게 설명하고, 나아가 이전의 거버넌스 개념과는 다른 특성을 담아내기 위한 새로운 이론적 개념으로 제시된 것이 바로 '메타거버넌스'인 것이다.

결국 '메타거버넌스'의 개념은 '거버넌스의 거버넌스governance of

41 Jessop(1998), p. 43.

governance' 또는 '거버넌스의 관리government of governance'라고 규정할 수 있다. 메타거버넌스 개념은 그동안 거버넌스에 대한 논의에서 등한시되었던 '정부'의 독특한 기능에 다시 주목하고 있다는 점에서 중요한 의미를 갖는다. 메타거버넌스 속에서 이루어지는 정부의 역할은 대체로 다음과 같은 기능에 집중되어 있다. (1) 핵심 이슈를 규정한다. (2) 어떤 부류의 이해 당사자들이 거버넌스에 참여할지를 결정한다. (3) 네트워크에 정보를 포함한 자원을 배분한다. (4) 비정부 참여자들과 권력 및 권한을 얼마나 공유할지, 그리고 관계를 어떻게 유지할지 결정한다.[42] 이러한 네트워크 속에서 정부의 역할은 분명 여타의 참여자들과 두드러진 차이를 보인다. 비록 다른 참여자들을 완전하게 압도하는 것은 아니지만 상대적으로 중요한 역할을 담당하고 있다는 점에서 차별화되고 있는 것이다.

그렇다면 기존의 거버넌스 개념에 비해 이와 같이 새로운 메타거버넌스 개념을 제시하는 것은 어떤 의미를 함축하는 것일까? 가장 큰 의미는 '정부'의 역할을 어떻게 규정하는가의 질문에 대한 진전된 해답이라는 점에서 찾을 수 있다. 기존의 거버넌스 모델은 위계질서와 시장 모델에 대비되는 '제3의 관리 모델'이라는 점만이 강조되었다. 그 속에서 민간 영역과 공공 영역의 경계가 허물어지고 '위계질서 대 시장'의 이분법적 구분을 넘어서는 새로운 거버넌스 양식에 대한 인식이 확산되어 온 것이다. 하지만 다양한 거버넌스 참여자들 사이에 상호의존도와 협력 관계가 더욱 심화되면서 정부의 역할을 한층 정교한 방식으로 설정해야 한다는 요구가 커진 것도 부인할 수 없는 사실이다. 그만큼 현실 정치의 다양한 요구에 대응해 정부는 기존의 거버넌스 모

42 Bell and Park(2006), p. 64.

델에서 제시하는 수준 이상의 역할을 떠맡아야 하는 상황에 직면한 것이다.

이러한 필요성으로부터 거버넌스와 국가의 관계에 대한 몇 가지의 이론적 방향 전환이 이루어지게 되었다. 첫째, 국가가 쇠퇴했다는 일부의 주장에 대한 반론이 강하게 제기되기 시작했다. 비록 국가의 권한과 기능이 과거보다 약화되기는 했지만, '민주적이며 책임 있는 거버넌스'를 수행하는 데 있어 국가를 대체할 만한 정치체는 아직 나타나지 않고 있다. 둘째, 국가와 거버넌스를 연구하는 학자들은 국가의 생성과 소멸보다도 기능적인 변환 과정에 더 많은 주의를 기울이기 시작했다. 특히 거버넌스 및 메타거버넌스와의 관계 속에서 국가는 이전에 비해 다른 행위자들을 감독oversight, 조종steering, 조정coordination하는 핵심 역할을 담당하게 되었다. 다시 말해 메타거버넌스의 개념은 다양한 거버넌스 모델 중에서도 정부의 위상이 상대적으로 높다는 점을 암암리에 전제하고 있다.[43] 셋째, 국가 권력의 양태가 과거의 하향식 명령 체계로부터 '사회 침투적' 거버넌스로 바뀌고 있다는 점이 강조된다. 이는 국가가 이전에 비해 더 협력 지향적이고 자원을 공유하며 동맹 관계를 중시하는 방식으로 권력을 행사하고 있다는 것을 의미한다.[44]

결국 기존의 거버넌스 담론에서 상대적으로 등한시되었던 '조정'의 기능에 새로운 관심이 모아지고 있으며, 이것은 여전히 국가가 맡아야

43 제솝은 "시장은 위계질서의 그림자 위에서 작동한다"라는 표현을 통해 이러한 의미를 강조하고 있다. Jessop(2001), p. 227.

44 메타거버넌스 개념을 만들어 낸 이러한 관심에도 불구하고 이 개념을 설명하기 위한 체계적인 이론은 여전히 미흡하다는 것이 학자들의 지적이다. Bell and Park(2006), pp. 66-67.

한다는 인식으로 이어졌다. 또한 기존의 위계질서와 명령형 거버넌스를 넘어서는 새로운 지식과 기술에 대한 필요성이 국가와 정부에 요구되고 있다. 이제 정부는 일방적으로 명령을 내리는 독재자가 아니라 기업가 마인드와 네트워크 연결, 중개 등 다양한 기술을 지닌 만능 일꾼이 되어야만 하는 것이다. 그럼으로써 여러 사회적 행위자들 사이에 호혜적인 이해관계를 조정하고 실현할 수 있는 투명한 거버넌스 과정을 이끌어 나가야 하는 임무를 부여받고 있다. 이와 같이 메타거버넌스 개념은 전통적인 거버넌스 모델의 한계로 지적되었던 '책임성'과 '정당성' 문제를 동시에 해결할 수 있는 새로운 대안으로 자리 잡고 있다.[45]

이렇게 볼 때 비정부 행위자들이 거버넌스 구조 속에서 차지해 온 역할에 대해 지나친 확대 해석을 해서는 안 될 것이다. 정부 또는 국가는 여전히 거버넌스를 관리하는 강력한 일인자의 지위를 유지하고 있으며, 복잡한 네트워크의 조정이라는 중요한 기능을 담당하고 있다. 따라서 다양한 비정부 행위자와의 '권력 공유power sharing'는 의외로 미미한 수준에 머물러 있는 경우가 많다. 또한 거버넌스 구조 속에서 민간 또는 비정부 행위자의 참여가 단지 정부에 대한 '자문advisory' 역할에 머물러 있기도 하다. 그만큼 1990년대 이후의 세계화 속에서 비국가 행위자의 위상이 높아지기는 했지만, 여전히 국가의 주도권은 사라지지 않고 있다. 수많은 '국가의 쇠퇴' 담론에도 불구하고 전통적인 국민 국가는 여전히 살아남아 스스로를 변환시키면서 사회적 선택의 거버넌스를 관리하고 있기 때문이다. 1980년대에는 '국가 되살리기

---

45 거버넌스의 책임성 문제는 세계화 추세 속에서 민주주의의 변화라는 주제와 밀접하게 연관되어 있지만, 이 장의 주제가 아니므로 세부적인 논의는 하지 않기로 한다. 이와 관련된 논의로는 Sørensen(2006), pp. 98-114; Stoker(2006), pp. 41-57 참조.

bringing states back in'의 구호가 사회과학의 주된 이론적 관심사였다면, 거버넌스의 열풍이 휩쓸고 지나간 오늘날에는 보다 미시적인 차원에서 '정부 되살리기bringing governments back in'의 구호가 요구되고 있는 것이다.

이 장의 전반부에서 소개한 미국 의회와 유럽연합의 두 사례를 통해 시대적 상황에 신속하게 적응할 수 있는 거버넌스 메커니즘이 얼마나 중요한가를 알 수 있다. 전통적인 국민 국가는 지난 수백 년에 걸쳐 가장 대표적인 거버넌스 메커니즘으로 자리 잡아왔다. 그러나 1990년대의 세계화 추세는 국민 국가의 경계를 무너뜨리고 그 기능과 권한을 대폭 무력화시킨 듯했다. 실제로 다양한 유형의 정치적 행위자들이 등장하면서 국민 국가는 대내적으로, 그리고 대외적으로 위기에 봉착하게 되었다. 안팎으로 밀어닥치는 압박 속에서 국민 국가의 위상은 흔들리기 시작했다. 거버넌스 이론은 이러한 상황을 배경으로 등장했는데, 특히 다양한 참여자들 사이의 권력 분산이 핵심 속성으로 꼽힌다. 그러나 이 장에서는 오늘날의 상황이 단지 권력의 분산만으로는 설명하기 어려운 측면이 있다고 보며, 무엇보다도 국민 국가의 지속적인 영향력에 대한 심도 있는 고찰이 필요하다는 문제의식을 제기한다. 국민 국가는 비록 권력과 역할에 있어 과거의 영화를 누리지 못하고 있지만, 스스로 변신을 꾀하면서 외부 환경의 변화에 적응해 나가고 있다는 것이 이 장에서 주장하는 바이다. 이 장의 서두에서도 소개했듯이, 변화하는 환경에 신속하게 적응하지 못한 미 의회의 실패 사례와 유연한 대응을 통해 제도의 적응력을 높인 유럽연합의 성공 사례는 오늘날 거버넌스 메커니즘의 의미에 대해 많은 것을 생각하도록 해준다.

이 장에서는 세계화 이후의 환경 변화가 '네트워크 국가'라는 새로운 국가 유형을 낳았으며, 이러한 변모는 기존의 세계화론자들의 주장과 상충되는 측면이 있음을 지적했다. 이론적 관점에서 볼 때 네트워크 사회는 필연적으로 다자간 관계의 영향을 받을 수밖에 없다. 이는 곧 상호 작용이 구조의 영향을 받는 '내재성'을 지니고 있음을 의미한다. 따라서 고전경제학의 단순화된 상호 작용 논리는 오늘날의 복잡한 네트워크 사회를 설명하는 데 더 이상 적절하지 않다. 복잡한 상호 작용과 불확실성 그리고 암묵적인 재화의 속성으로 말미암아 오늘날 사회 문제의 해결책을 찾기 위한 제도적 장치는 매우 복잡해지고 있다. 과거와 같은 하향식, 위계질서형 메커니즘으로는 이러한 상황에 적절하게 대처할 수 없다. 오히려 다양한 이해관계 속에서 행위자들 사이에 일어나는 '조정'의 거버넌스가 바로 네트워크 거버넌스를 낳는 원동력이 되고 있다. 네트워크 거버넌스는 오늘날 국가를 포함하는 다양한 문제 해결 거버넌스의 핵심 요소이다.

이러한 복합적 거버넌스 속에서 국가의 역할은 직접적인 공공서비스의 제공에 그치는 것이 아니라 다양한 거버넌스 메커니즘을 통합 관리하는 '방향타'에 맞춰져 있다. 이러한 기능을 일컬어 메타거버넌스라고 부르는데, 이 개념은 곧 사안별로 적절한 거버넌스 메커니즘을 설정하고 그것들이 조화롭게 작동할 수 있도록 관리하는 '거버넌스의 거버넌스'를 뜻한다. 오늘날 국가의 역할은 바로 이러한 통합 조정 능력에 놓여 있다. 이러한 기능적 변환을 통해 국민 국가는 복잡한 거버넌스의 그물망 속에서 여전히 영향력을 행사한다. 또한 이러한 역할을 통해 고질적인 민주주의의 책임성 문제를 해결할 수도 있다. 그럼으로써 기존의 단순한 거버넌스 메커니즘에서 드러난 한계를 극복하고 여전히 지속되고 있는 국가의 영향력에 관한 논의를 담아낼 새로운 이론틀을 제시하는 것이 이 장에서 추구하는 목표이다. 이 장에서 제시된 두 가지의 핵심 개념으로서 '네트워크 국가'와 '메타거버넌스'는 바로 이러한 문제의식 아래 제시된 이론적 고민의 결과물이다.

5장 네트워크 거버넌스로서 유럽연합

1. 유럽연합의 개방형 정책 조정

지난 반세기 동안 유럽에서 일어난 정치적 변화는 그 어떤 지역보다도 도전적이고 실험 정신이 가득한 것이었다. 근대 이후로 가장 효율적이고 강력한 국민 국가 모델을 만들고 이를 바탕으로 세계를 지배해 온 유럽인들은 이제 다른 나라들이 국민 국가 모델에 채 익숙해지기도 전에 새로운 국가 통합 모델을 모색해 나가고 있다. 유럽연합은 이러한 포괄적인 정치적 노력의 결과물일 뿐만 아니라 미래의 무한한 가능성을 담고 있는 그들만의 시제품이기도 하다. 동아시아의 여러 나라가 20세기 후반에 들어와 근대화를 이루고 또 국민 국가의 제도화를 향해 한 걸음씩 나아가고 있을 때 유럽 국가들은 새로운 통합 거버넌스 모델을 중심으로 다양한 제도적 실험을 반복하면서 보다 나은 미래를 설계하고 있는 것이다. 이러한 과정은 오늘날 정치학, 행정학, 경제학, 법학 등 여러 사회과학 분야의 주된 연구 대상이 되고 있다. 이 장에서는 이러한 유럽의 정치적 경험이 집약된 '개방형 정책 조정Open Method of Coordination'(이하 OMC) 메커니즘을 집중적으로 분석하고, 이로부터 그 이론적·정책적 의미를 탐색한다.

OMC는 2000년 리스본에서 개최된 유럽연합 이사회에서 유럽연합 회원국 사이에 합의된 정책 조정 메커니즘이다. 이 메커니즘은 고용이나 사회보장 등 국내 사정으로 정책 공조를 이루기 어려운 분야에서 상호 조정을 통해 통합의 수준을 한 단계 더 높이기 위한 목적을 지니고 있다. 유럽연합의 향후 10년을 위한 새로운 전략적 목표를 수립하기 위해 열린 리스본 이사회에서는 회원국들이 보다 나은 일자리와 사회적 유대감을 동반하는 '지속 가능한 성장'을 달성하고, 이를 통해 경쟁력을 갖춘 지식 기반 경제를 구축한다는 전략을 제시했다. 여기에는 그동안 적극적으로 추진된 경제 중심주의가 한계에 봉착하면서 어쩔 수 없이 유럽 통합의 방향을 수정해야 한다는 고민도 깔려 있었다.

OMC 메커니즘의 구상에는 지식 기반 경제나 환경친화적 비즈니스, 거시경제 조정 등과 같은 경제적 동기뿐만 아니라, 그것을 달성하기 위한 기반으로서 교육과 훈련, 사회보장, 사회 통합 등 다양한 사회적 동기도 함께 고려되었다.[1] OMC가 2000년에 본격적으로 출범하기는 했지만, 그 뿌리는 1992년 마스트리흐트조약의 '확대 경제정책 가이드라인Broad Economic Policy Guidelines' 및 1997년 암스테르담조약의 '유럽 고용 전략European Employment Strategy'까지 거슬러 올라간다. 2000년의 유럽연합 이사회에서는 OMC를 공식적으로 채택함과 동시에, 경제와 고용을 넘어서는 여러 영역, 특히 사회보장과 교육 및 훈련, 기업정책, 혁신정책, 연구 지원 등으로 이를 확대 적용하기 위한 '리스본

1 Craig(2006), p. 192.

전략Lisbon Strategy'을 결의했다.

리스본 전략은 다양한 분야에 걸쳐 사회적 변화를 추진하기 위한 하나의 제도적 '엔진'으로서 제시되었는데, 크게 경제 통합에 대응하는 사회 통합의 달성, 유럽연합의 확대에 따른 호환성 증대 그리고 고용과 사회보장 등 연합 차원의 사회적 현안 해결이라는 세 가지 목표를 지향했다.[2] OMC는 이러한 리스본 전략을 실천하기 위한 하나의 방법으로 제시되었고, 특히 기존의 전통적인 거버넌스에서는 찾아볼 수 없는 '연성soft' 정책 메커니즘을 포함함으로써 공동의 목표로부터 이탈하거나 이를 달성하기 어려운 국가를 최대한 포용해 연합 차원의 협력 수준을 끌어올리고자 했다. OMC는 우선 공동체 차원에서 설정된 목표를 달성하기 위해 단기·중기·장기에 걸쳐 세부 일정을 수립했고, 여러 회원국의 경험 중 '최선의 사례'를 벤치마킹해 비교를 위한 지표로 삼았다. 이러한 '최선의 사례'는 다른 나라들이 본받을 수 있게 적절한 방식으로 수집되었다. 특히 개별 국가 또는 지역에서 수립된 실질적인 정책 목표들이 현지의 사정을 고려해 실행이 가능한 범위 안에서 추진되어야 한다는 데 합의가 이루어졌다. 개별 회원국 차원에서 독자적으로 이루어지는 정책 결정을 다른 국가들이 정기적으로 감시하고 평가함으로써 서로 간에 학습 효과와 시너지가 일어날 수 있도록 한다는 것이 OMC의 기본 구상이었다.

이 장에서는 이렇게 시작된 OMC가 정치적·정책적 관점에서 매우 흥미로운 현상이라는 점을 인식하고, 이러한 제도적 메커니즘이 유럽 통합의 맥락 속에서 어떤 의미를 갖는지 살펴본다. OMC는 그동안 사회과학에서 주요 연구 대상으로 자리 잡아온 '거버넌스'의 한 유형이

2 Goetschy(2007), p. 500.

라는 점에서 전통적인 근대 국가의 통치 도구라고 보기 어렵다. 오히려 이것은 유럽연합이라는 독특한 정치 실험 속에서 시범적으로 채택된 정책 조정의 방식으로, 정책이 일방적으로 전달되는 '하향식' 시스템 대신에 회원국 간의 상호 작용을 통해 기획과 집행이 이루어지는 '상향식' 시스템을 지향한다. 또한 국민 국가뿐만 아니라 여러 층위의 정치적 행위자들이 연합 차원의 문제 해결에 적극 참여하면서 다양한 파트너십을 형성한다는 점에서 '네트워크 거버넌스network governance'의 한 가지 유형으로 규정할 수 있다. 이처럼 OMC는 그 자체로서 기존의 거버넌스 이론에서 관심을 가질 만한 여러 특징을 지니고 있다. 이 장에서는 이러한 특징을 분석하고, OMC가 유럽연합이라는 거버넌스 메커니즘 속에서 어떤 의미를 갖는지 살펴본다.

2. 네트워크 거버넌스의 도입

거버넌스와 네트워크 구조

거버넌스에 관한 기존의 여러 논의는 그 다양성에도 불구하고 몇 가지 특징을 공유하고 있다. 먼저 거버넌스 담론은 중앙집중형 정부 시스템 대신에 다중심적pluricentric 분산형 정부 시스템에 초점을 맞추고 있는데, 내부 구성원들 사이에 형성된 네트워크 관계가 거버넌스를 작동시키는 주요한 구조적 기반이 된다고 본다. 네트워크상에서 개별 행위자는 독립적이면서 동시에 상호 의존적인 관계를 유지한다. 따라서 과거의 위계질서형 시스템과 달리 리더십에 대한 의존도와 집중도가 현저하게 줄어들게 된다. 또한 거버넌스 개념은 정부의 구조보다 정책 결정이 이루어지는 기능적 과정을 더 중시한다. 이러한 과정 속에서 민간 및 공공 영역에서 이루어지는 협상, 조정, 합의, 협력 그리고 동맹 관계의 다양한 모습을 거버넌스로 개념화한다. 이와 같은 거버넌스 개념은 대부분 경험적 현실을 반영해 문제 해결을 위한 바람직한 메커니즘을 모색한다는 목적을 지닌 경우가 많다.[3] 이와 같은 논의를 거치면서 거버넌스 담론은 국민 국가 중심의 통치 개념으로부터 다자간 분산형 네트워크의 속성을 지닌 관리 메커니즘의 개념으로 진화해 왔다.[4]

이와 같이 거버넌스와 네트워크 개념은 서로 밀접한 연관성을 가진다. 거버넌스 이론가인 로즈R. A. W. Rhodes는 거버넌스 개념이 넓은 의미에서 민간 및 공공기관에 의한 서비스를 가리키는 것이며, 서비스를 주고받는 행위자들 사이의 상호 의존적인 관계가 네트워크 형태를 띤다고 주장했다.[5] 다시 말해 거버넌스는 '네트워크의 관리'라는 것이다. 이렇게 거버넌스 관념에 네트워크적 요소가 가미되기 시작한 것은 세계화로 인한 국민 국가의 변환과도 관련이 깊다.[6] 우선 초국가기구와 NGO 등 비국가 행위자들의 참여가 늘어나면서 국가의 기능과 권한이 축소되기 시작했다. 또한 국가 간에 상호 작용이 증가하면서 수평적인 압박도 가중되었다. 정보화의 추세는 기술적 측면에서 국가의 내부 모습조차 바꾸기 시작했는데, 기존의 발전 국가나 복지 국가 등 단순한 국가 모델들이 점점 더 다양한 형태로 분화되기에 이르렀다.[7] 이

3 예를 들어 '좋은 거버넌스good governance'나 '기업 거버넌스corporate governance', '신공공관리new public management', '다층 거버넌스multi-level governance' 등이 이에 해당한다.

4 van Kersbergen and van Waarden(2004), pp. 151-152.

5 Rhodes(1996), p. 658.

6 Kettl(2000), pp. 488-489.

7 Farazmand(1999), p. 515.

러한 와중에 국가가 다양한 행위자와 파트너십을 형성하면서 여러 정치적 문제를 해결해야 할 필요성이 점차 커지게 된 것이다.

오늘날 거버넌스에서 다양한 행위자 간에 형성되는 파트너십은 '네트워크 거버넌스'의 개념으로 새롭게 규정되고 있다. 이는 독립적인 행위자들이 특정한 목적을 추구하거나 문제를 해결하기 위해, 변화하는 환경에 적응하면서 사회적 구속력을 지닌 방식으로 상호 조정 행위가 일어나는 개방형 메커니즘을 만들어 내고 있음을 뜻한다.[8] 이와 같이 행위자들 사이에 상호 작용의 비중이 커지게 되면 더 이상 합리적이고 예측 가능한 관리가 불가능해진다. 서로의 정책이나 행위가 상대방에게 복잡한 영향을 미치기 때문에 대부분 '의도하지 않았던 결과'가 수반되기 때문이다.[9] 경제학이나 정책학, 사회학에서는 이러한 현상이 사회가 지닌 '내재성embeddedness' 때문에 일어난다고 본다. 이러한 내재적 관계 속에서는 어떤 행위자도 독자적인 동기나 결정을 통해 원하는 결과를 얻기 힘들다. 이들은 항상 주위 환경에 영향을 미치지만 동시에 주위 환경으로부터 영향을 받기 때문이다.[10] 우리가 '거버넌스'라는 다자간, 분산형 메커니즘의 개념에 새롭게 '네트워크'라는 접두어를 추가하려는 것도 바로 이러한 내재성을 강조하기 위한 것이다.

원래 네트워크 개념은 시장과 위계질서 사이의 중간적인 관리 양태를 가리키기 위해 도입된 것이다. 수평적이고 분산적인 시장 메커니즘과 수직적인 위계질서가 현실 세계에서는 극단적인 모습으로 존재하지 않는다는 점을 고려할 때, 대부분의 조직이나 사회에서는 이러한 요소들이 중첩된 형태의 네트워크 구조를 띤다는 것이 일반적인 견해

8 Jones, Hesterly and Borgatti(1997), p. 914.
9 Roots(2004), pp. 1376-1379.
10 Uzzi(1997), pp. 36-37.

이다.[11] 최근에 들어와 네트워크 구조는 이러한 중간적 속성 이외에도 여러 특징을 지니고 있다는 사실이 밝혀지고 있는데, 특히 복잡하고 불확실한 상황에서 네트워크에 내재된 비공식적 관계와 학습 효과, 정당성 부여 효과 등이 중요한 역할을 한다는 사실이 관심을 끈다.[12] 또한 네트워크에서는 위계질서형 조직이나 시장에서 관찰하기 어려운 평판, 신뢰, 상호 의존성이라는 특성이 관찰된다. 이러한 특성을 바탕으로 네트워크 거버넌스는 서로의 행위에 대해 책임지고 스스로 통제가 가능한 '자기 조직적self-organized' 시스템으로 발전해 나간다. 따라서 네트워크 거버넌스는 전통적인 국가에 대해 별도의 책임을 지지 않으며 구성원들 사이에 협상과 조정을 통해 공동의 목적을 달성하려 한다.

이와 같은 거버넌스의 네트워크화 이면에는 국가의 '공동화hollowing out'라는 현상이 자리 잡고 있는데, 이는 전통적인 수직적·하향식 국가 메커니즘만으로는 해결할 수 없는 새로운 문제들이 폭발적으로 증가하기 때문이다. 이런 까닭에 세계화 추세가 진행되면서 국가의 기본적인 기능은 지속적으로 분산되어 왔는데, 예를 들어 국영 기업의 민영화 또는 정부 규제의 완화와 같은 현상이 두드러지게 나타났고, 중앙정부의 기능이 상당 부분 지방 또는 초국가기구로 이전되기도 했다.[13]

---

11 특히 '시장 대 위계질서'라는 대립 구도는 사회가 지닌 여러 속성을 지나치게 단순화하고 있다는 점에서 비판받고 있다. 예를 들어 시장은 사회의 다양한 요구로부터 자유롭지 않다는 점에서 '내재성'의 한계를 안고 있다. 또한 행위자들 사이에 정보와 권력의 불균형 현상이 존재하며 수많은 상호 작용이 복잡하게 얽혀 있기 때문에 단순화된 '시장'과 '위계질서' 모델만으로는 사회의 속성을 올바로 이해할 수 없다. Powell(1990), pp. 299-301.

12 Robinson(2006), pp. 597-598.

13 국가의 공동화는 국민 국가의 초석을 이뤄온 몇몇 핵심 요소에 중요한 영향을 미치기 시작했는데, 권력 분산fragmentation, 조종steering, 책임성accountability의 문제를 어떻게

이처럼 복잡한 행위자 네트워크가 형성된 것은 상호 의존적인 연결망 속에서 반드시 발생하는 '사회적 딜레마'를 해결하기 위해서라고 할 수 있다. 사회적 딜레마 속에서 개별 행위자는 독자적으로 행동할 경우 단기적인 이익을 보장받을 수도 있지만, 장기적으로는 반발과 저항에 부딪히면서 오히려 손해를 입게 된다.[14] 따라서 이해관계의 조율과 공동의 이익 증가를 위한 조정 문제가 필연적으로 발생하며, 이를 해결하기 위한 메커니즘으로서 '네트워크 거버넌스'가 등장하게 된다.[15] 그렇다면 유럽연합에서 일어나고 있는 정치적 통합 현상은 이러한 네트워크 거버넌스의 모습에 얼마나 가까운 것일까?

네트워크 국가와 유럽연합의 거버넌스

거버넌스 개념은 본래 유럽연합에 관한 논의에서 활발하게 사용되기 시작하면서 사회과학의 주요 이슈로 떠오른 것이다. 이것이 기존의 '정부government' 개념을 대체하기 시작한 이유는 무엇보다도 유럽연합 내에서 정치적 행위자agency의 성격이 불확실해졌다는 사실에 기인한다. 유럽연합은 초국가기구와 더불어 회원국 정부, 그리고 국내 차원의 다양한 행위자가 상호 의존해 있기 때문에 정치적 권위와 관할권이 어디에 부여되어 있는지 불분명한 상황이다. 전통적인 베버Max Weber

---

해결할 것인지가 그 사례이다. 거버넌스는 이러한 문제를 해결하기 위한 메커니즘이라는 의미를 갖는다. Rhodes(1996), pp. 661-662.

14 Milward and Provan(2000), p. 371.

15 Scharpf(1994), pp. 37-38. 이렇게 본다면 네트워크 거버넌스는 개인적 행위만으로는 얻을 수 없는 집단의 이익 추구를 위한 적극적인 해결 방법이라고 볼 수 있다. 이러한 관념은 개인의 선택이 사회 구조의 영향을 받을 수밖에 없다는 '내재성'의 논리와도 일맥상통한다.

식 근대 국가의 조건, 즉 영토적 관할권 내에서 물리력을 합법적으로 독점하는 권한은 더 이상 찾아보기 어렵게 된 것이다.[16] 그러면서도 공동의 문제를 해결하기 위한 노력은 다른 어떤 지역보다도 다양하고 정교하게 전개되고 있다는 점에서 유럽연합은 가히 거버넌스의 선두주자라고 불릴 만하다. 다만 이러한 변화 속에서 전통적인 근대 국가가 독점해 온 주권sovereignty의 위상과 역할이 어떤 방식으로 바뀔 것인지에 대한 논의는 이론적, 현실 정치적 차원에서 끊임없이 계속되고 있다.[17]

유럽 통합을 위한 노력은 지난 반세기 이상 꾸준히 진행되어 왔는데, 그 출발점은 안보에 대한 불안감이었다. 냉전 초기부터 시작된 자유 진영과 공산 진영 사이의 팽팽한 긴장 관계는 유럽 지역에서 최고조에 달해 있었다. 처칠에 의해 규정된 '철의 장막'과 케넌George F. Kennan의 '봉쇄정책containment policy' 제안을 출발점으로 해서 그리스와 터키의 공산게릴라운동을 견제하기 위한 트루먼 독트린, 한국전쟁을 전후해 미국의 대對소련 봉쇄정책을 명문화한 NSC-68 등은 1940년대 후반부터 1950년까지 불안정한 국제 기류 속에서 형성된 미국의 대유럽 정책의 핵심 기조를 잘 드러냈다. 유럽은 제2차 세계대전 직후 미국과 소련이라는 초강대국을 중심으로 전개된 이러한 냉전의 희생양이었다. 유럽이라는 전장戰場은 세계의 그 어느 곳보다도 치열한 물밑싸움이 전개되던 곳이었고, 초강대국 간의 힘겨루기 속에서 유럽은 생존의 위협을 느껴야만 했다. 20세기 초반 유럽에서 일어난 두 차례의 대규모 전쟁이 새삼스러운 일은 아니었지만, 냉전이라는 새로운 안보

16 Leisink and Hyman(2005), p. 278.

17 Waever(1995), pp. 389-391.

환경은 과거 어느 때보다도 유럽인들에게 두려운 위협으로 다가왔다. 유럽은 초강대국들의 틈바구니에서 더 이상 자신의 운명을 스스로 결정하지 못한 채 대안을 마련해야만 했던 것이다.

초기의 유럽 통합은 유럽석탄철강공동체ECSC와 같은 소규모의 경제적 협력을 지향하고 있었지만, 냉전이라는 시대적 환경을 고려한다면 궁극적으로는 지역의 생존을 위한 안보공동체를 지향하고 있었던 것이다. 이를 위해서 유럽은 스스로의 힘을 길러야만 했는데, 초강대국에 대항하고 스스로 평화를 이룩할 수 있는 힘은 무엇보다도 통합으로부터 가능한 것이었다. 이를 통해 유럽에서 더 이상의 전쟁이 일어나지 않도록 새로운 평화적 제도를 구축하는 것이 당시의 지상 과제였다. 하지만 유럽이 '유럽공화국' 또는 '유럽합중국'과 같은 단일 국가를 지향하고 있었는지는 확실하지 않다. 미국이나 소련과 같은 하나의 국가로 발돋움하려는 목적이었다고 보기에는 유럽 내에 너무나도 다양한 민족과 국가, 문화적 정체성이 혼재해 있었기 때문이다. 이후 유럽연합의 행보는 이러한 필요성과 현실적 한계 사이에서 오락가락하게 된다. 1970년대까지 통합 노력의 성과는 미흡하기 짝이 없었다. 1980년대 이후에서야 통합운동이 새롭게 부활했고 1990년대 이후 가속도가 붙기 시작해 오늘날에 이르고 있다. 이제 세계에서 가장 복잡한 정책 결정 구조를 갖춘 유럽연합의 제도적 틀은 기존의 국가 이론만으로는 이해하기 힘든 수준에 도달해 있다.

유럽연합이 미국이나 소련과 같은 단일 국가를 통합의 최종 목표로 삼기 어려웠다는 점은 오늘날 국가와 거버넌스의 관계를 이해하는 데 여러 가지 시사점을 제시한다. 무엇보다도 유럽연합이 구조적 관점에서 기존의 국가와는 다른 모습을 띠고 있다는 점을 들 수 있다. 유럽연합은 전통적 국민 국가가 독점해 온 주권을 통합이라는 명분하에 그대로 이양받은 것이 아니다. 연합 차원의 정책 결정 기구들이 모든 현안을 관리하지는 않기 때문이다. 역내의 중요한 사안에 대해서 회원국들은 수직적 의사 결정보다는 수평적 의사 결정을 중시해 왔고, 이러한 전통은 유럽연합 이사회와 집행위원회의 작동 방식에도 그대로 반영되어 있다. 또한 회원국 정부가 독점해 오던 국내 정책 결정권 중에서 일부는 연합 차원으로, 일부는 지방 정부 차원으로 분산되었을 뿐만 아니라, 경우에 따라 회원국 정부를 배제한 정책 결정도 이루어지고 있다. 결국 유럽연합에서는 정치체의 층위별, 이슈 사안별로 다양한 행위자가 참여하고, 이들 사이에 서로 긴밀한 협력 관계가 형성되면서 전통적인 국가 메커니즘과는 매우 다른 구조적 특징을 띠게 되었다. 유럽연합이 행위자들 사이에 '주권의 공유'를 바탕으로 하는 하나의 '네트워크'로서 작동하고 있다는 판단은 바로 이러한 특징에서 유래한다.[18]

이처럼 네트워크 구조를 띠는 제도적 특징을 고려할 때 유럽연합을 '네트워크 국가network state' 또는 '네트워크 정치체networked polity'라고 불러도 크게 이상할 것이 없다. 그만큼 지난 수십 년간 축적된 유럽연합의 경험과 발전된 모습이 하나의 거버넌스 유형으로 자리를 잡았다고도 볼 수 있다. 네트워크 국가에 관한 논의는 1990년대에 카스텔Manuel Castells에 의해 시작되었는데, 그는 유럽 통합에 대한 기대와 현실적 한계의 타협점에서 생성된 융합적 제도에 주목했다. 특히 유럽연합이라는 초국가기구가 정책 결정이나 권한에 있어 보조 역할에 머물면서 회원국 정부와 지역 정부나 지방 정부 등 하부 기구들과 연결되어 있는 모습이 서로 주권을 공유하는 '신중세주의'로의 회귀와도 같

18 Keohane(2002), pp. 746-749; Keohane and Hoffmann(1991).

다고 보았다. 이러한 맥락에서 오늘날 통치체로서의 유럽연합을 '네트워크 국가'로 규정할 수 있다는 것이 그의 주장이다.[19] 연합이라는 거대 시스템 내부에서 다양한 행위자(노드)가 서로 권위와 권한을 공유하면서 밀접하게 연관(링크)되어 있기 때문이다. 네트워크상의 상호 의존적 행위자들은 서로 대등한 관계도 아니고 수시로 이합집산을 거듭하면서 상대에게 영향을 미친다. 이럴 경우 어떤 행위자도 독자적 권한과 정책 결정을 완벽하게 추구할 수 없다. 한 나라의 정책이 다른 나라에 본의 아니게 영향을 미치고 이것이 다시 자국에 영향을 미치면서 복잡한 연결망이 형성되기 때문이다.

구조적 차원에서 유럽연합의 이러한 특징은 세계화의 추세에 기인한 바 크다. 정보화의 진행은 지식에 대한 국가의 통제를 약화하는 위기로 이어졌고 그로 인해 국가의 개편이 빠르게 진행되었는데, 그 결과 중의 하나가 바로 '네트워크 국가'의 등장이기 때문이다.[20] 이 개념은 앤셀Christopher Ansell에 의해 더욱 체계적으로 이론화되었다. 그는 전통적 '시장'과 '위계질서'의 극단적 조직 구조 사이에서 중간적인 형태의 네트워크 조직이 점차 증가하고 있다는 점에 주목했다. 이러한 중간적 형태의 정치적 메커니즘은 시장과 위계질서의 특징을 모두 지니고 있으며, 내부의 다양한 행위자들 사이에 복잡하게 얽혀 있는 '다자간多者間' 연결망 때문에 다른 거버넌스 유형과 구분된다.[21] 앞서 언급

---

19 신중세주의는 권력과 관할권의 중첩성, 그리고 다중적인 정체성을 표현하기 위한 개념으로서 불Hedley Bull에 의해 체계적으로 논의된 바 있다. 이 개념은 그동안 국민국가의 분할과 글로벌 통합이라는 모순적인 현상을 설명하는 데 자주 인용되었다. Bull(1977), pp. 264-276; Friedrichs(2001), pp. 477-479.

20 Carnoy and Castells(2001), pp. 12-14.

21 이와 같이 '구조'의 측면을 강조한다는 점에서 '네트워크 국가' 이론은 다원적인 정책 결정 과정에 초점을 맞추는 기존의 '정책 네트워크policy network' 및 '다층 거버넌스

했듯이 앤셀은 이러한 복합 거버넌스를 '이합질서heterarchy'라고 부르고 있다.[22] 이러한 이합질서는 국가, 사회 세력, 하위 집단, 초국가기구 등 여러 층위의 정치적 행위자들이 서로의 이해관계에 따라 주요한 정책 결정 과정에 끊임없이 개입하는 모습을 잘 설명해 준다. 따라서 이와 같은 복합적 정책 결정 과정이 이루어지는 거버넌스 구조를 '네트워크 정치체'라고 부를 수 있다는 것이 앤셀의 주장이다. 이것은 카스텔이 논의한 '네트워크 국가'와 매우 흡사하며, 구조의 유형화와 더불어 네트워크 속성에 관한 체계적인 이론화를 동반하고 있다는 점에서 중요한 개념이다.

네트워크 국가로서 유럽연합이 지닌 특징으로는 다음 몇 가지를 꼽을 수 있다. 첫째, 연합 차원에서 이루어지는 공동의 정책 집행으로, 유럽의회의 입법 절차를 거쳐 집행위원회에 강력한 집행권이 위임된다. 이 과정에서 회원국 정부 관료와 외부 전문가들이 참여하는 위원회제comitology가 작동한다.[23] 둘째, 거버넌스의 다층적 속성을 꼽을 수 있는데, 이는 다양한 행위자와 하위 정부 사이의 복잡한 협상에 초점을 맞춘 개념이다. 행위자들은 서로 종속 관계에 놓여 있기보다 '상호 연결된interconnected' 형태로 존재하며, 국가는 이러한 연결망 속에서 하나의 행위자에 불과하다. 최근 '다층 거버넌스'에 대한 관심이 증가하고

---

multi-level governance' 이론과는 차이를 보인다. 이러한 이론은 모두 유럽연합의 경험으로부터 출발하고 있지만 서로 다른 측면을 강조한다. 하지만 이론적 내용들이 서로 배치된다고 볼 필요는 없을 것이다.

22 여기에서 '이합異合질서'라는 표현은 서로 다른 성질을 지닌 행위자 또는 단위체 사이에 형성된 질서라는 의미를 담고 있다. 다자간 관계가 전통적으로 국가를 바라보는 시각과 달리 서로 다른 유형의 개체 사이에 상호 작용을 통해 수평적·수직적 요소를 모두 지닌 복합질서를 만들어 낸다는 뜻이다. Ansell(2000), pp. 307-308.

23 Pollack(2003), pp. 125-155.

있는데, 이 역시 유럽연합의 네트워크적 특성을 강조하는 개념이다.[24] 셋째, 유럽연합은 국가를 중심으로 다양한 행위자가 만드는 수평적·수직적 복합 네트워크를 구성한다. 이러한 네트워크 속에서는 개인의 효용 극대화보다 공동체의 문제 해결이 우선적인 과제로 떠오른다. 또한 유럽연합 차원의 공동 정책이 강조됨으로써 국내 정치에서 정책 대결이 사라지는 '정책 공동화' 현상이 나타나기도 한다.[25]

이렇게 볼 때 유럽연합은 전통적인 국민 국가의 확대판이 아니라 질적으로 전혀 다른 유형의 거버넌스 메커니즘을 지향한다.[26] 이런 점에서 '네트워크 국가' 개념은 변화하는 유럽연합의 속성을 가장 잘 표현하는 대표적인 개념이라고 할 수 있다. 지난 수백 년에 걸쳐 정형화된 근대 국가의 '베스트팔렌 체제'와 달리, 다양한 유형의 수많은 정치적 행위자가 상호 작용을 거듭하면서 공동체를 유지해 나가는 질서 형성 과정이 바로 네트워크 국가 안에서 일어나기 때문이다. 네트워크 거버넌스, 또는 네트워크 국가로서 유럽연합은 이러한 구조적 속성을 배경으로 다양한 제도적 실험을 반복하고 있으며, OMC 역시 그러한 실험 중의 하나에 해당한다. 무엇보다도 OMC는 네트워크상에서 서로 독립적인 행위자들이 공동체 전체의 목표를 이루는 데 있어 법적·강제적 수단으로는 해결하기 어려운 문제들을 다루기 위해 새롭게 도입된 네트워크 맞춤형 거버넌스이다. 이렇게 보면 구조적으로는 '네트워크 국가' 개념이, 그리고 정책 결정 및 집행 과정에서는 OMC와 같은 연성 접근법이 오늘날 유럽연합의 거버넌스를 특징짓는다고 할 수 있다.

---

24 Hooghe and Marks(2003), pp. 233-243.

25 Kohler-Koch and Rittberger(2006), pp. 33-35.

26 Ladeur(1997), pp. 43-47.

3. 거버넌스 실험과 개방형 정책 조정

연성 접근 방법과 '사회적 유럽'

오늘날 유럽연합 거버넌스는 다른 지역이나 국가에 비해 여러 가지 면에서 독특한 속성을 지니고 있는데, 국가 이외에도 많은 행위자가 참여해 공동의 정책을 결정한다는 점에서 협의체적이고 비공식적이며, 정책 결정 과정이 여러 층위의 행위자들 사이에 반복적이고 심층적인 논의를 통해 이루어진다는 점에서 다층적이면서 숙의적이다.[27] 이와 같은 속성은 유럽연합의 구조적 또는 제도적 차원보다는 기능적 차원에서 나타나는 네트워크의 특징이다. 네트워크상에서 이루어지는 거버넌스는 기존의 고정적인 관행이나 이해관계를 넘어서서 다양한 행위자의 서로 다른 여건과 반응을 바탕으로 현재의 문제를 해결한다는 점에서 '상향식' 메커니즘을 구성한다. 기존의 유럽연합 경성법hard law이 규제regulation와 지침directive을 통해 하부 정치체를 관리하는 '하향식' 메커니즘이었다면, 개방형 정책 조정, 즉 OMC는 정책의 주도권을 회원국 정부에 위임하고 그로부터 만들어지는 결과를 바탕으로 새로운 조정 전략을 구사하는 정반대의 접근 방식을 택하고 있다.[28]

---

27 Sabel and Zeitlin(2007), pp. 5-6.

28 세이블Charles Sabel과 짜이틀린Jonathan Zeitlin은 이러한 새로운 거버넌스 유형을 '직접적 숙의를 기반으로 한 다중질서directly-deliberative polyarchy'라고 부른다. 여기에서 '직접적 숙의를 기반으로 한다'는 것은 현재의 문제에 대한 행위자들의 서로 다른 경험과 반응을 바탕으로 새로운 가능성을 탐색한다는 뜻이며, '다중질서'는 연합 차원이 아닌 지역 차원의 행위자들이 서로 학습하고 원칙을 수립하면서 목표를 설정하는 주체가 된다는 것을 의미한다. Sabel and Zeitlin(2007), p. 9.

네트워크 거버넌스에서는 중앙집중형 통제가 쉽지 않으며, 대부분의 문제를 해결하는 데 지방과 현장의 목소리가 중요하게 작용한다. 유럽연합 이사회나 집행위원회와 같은 초국가기구에서 일괄적으로 법률을 제정하고 정책을 구상하는 경우는 극소수에 해당하며, 대부분 현안이 생길 때마다 관련 이해 당사자들이 모여 협의하고 정책을 결정하는 '상향식' 모델을 채택하고 있다. OMC도 이와 같은 상향식 관리 양식의 하나로서 시작된 것으로, 회원국 내부의 사정이 서로 다르다는 점을 염두에 두면서 이것이 다른 나라에 미치는 영향 및 그에 대한 피드백과 반작용을 함께 고려한 동적dynamic 메커니즘을 지향한다. 따라서 회원국들 사이에 상호 작용이 본격화되기 전에는 구체적인 정책 방향을 수립하기도 어렵다. 그만큼 OMC 체제하에서는 네트워크 내부의 행위자들이 서로의 상호 의존적 관계를 인식하면서 그것이 자신에게 미치는 영향을 고려해 정책 결정을 내릴 수밖에 없다. 분산적이고 상호 의존적인 네트워크 거버넌스의 전형적인 특성이 바로 여기에서 유래한다.

한편 OMC는 규제와 지침에 의존하는 전통적인 관리 양식에 비해 훨씬 더 유연한 방식으로 정책 조정을 시도한다는 점에서 일종의 '연성법soft law'으로 간주된다. 본래 유럽연합의 경성법은 두 가지로 나뉜다. 첫 번째는 법적 구속력을 갖는 연합 차원의 '규제'이며, 두 번째는 공동의 목표를 위해 회원국에 일괄적으로 부과하는 '지침'이다. 규제는 그 자체로서 실행력을 지니고 있는 반면, 지침은 구체적인 실행 방법을 회원국에 일임한다. 즉 정해진 원칙과 목표만 준수한다면 서로 다른 방법을 사용해도 무방하다. 유럽연합의 지침은 대개 중요한 공동의 문제들을 다루기 위해 제정되는데 차별 금지, 지적 재산권 보호, 프라이버시 보호, 기술 및 안전 규제, 의약품, 문화, 자연보호 등의 영역이 대표적인 경우이다. 해당 분야에서 특정한 목표를 수립한 후 지침이 만들어지게 되면 회원국에서 의도하는 결과를 달성하기 위한 일정표가 만들어지고, 필요할 경우 국내법을 제정하거나 개정하게 된다. 또한 지침의 원칙을 제대로 준수하지 못할 경우 유럽연합 집행위원회는 해당 회원국을 유럽연합 사법재판소에 제소하기도 한다. 이러한 점에서 유럽연합의 지침은 규제와 마찬가지로 경성법에 해당한다고 할 수 있다.

유럽연합의 모든 사안은 이러한 경성법과 연성법을 통해 규제 및 조정되는데, 많은 경우에 경성법이 선호된다. 호혜적인 의무 조건을 동반하거나 당사국의 강한 실행 의지가 요구되는 경우에는 강력한 법적 장치가 더 큰 효과를 거둘 수 있기 때문이다. 이에 비해 연성법이 선호되는 경우는 해당 회원국이 준수해야 할 의무를 받아들이려 하지 않거나, 해당 사안이 법적 테두리 내에서 명확하게 규정되기 곤란한 때이다. 이럴 경우 연성법을 적용하면 다양한 상황과 회원국 간의 차이를 고려한 조정을 통해 더 나은 결과를 기대할 수도 있기 때문이다. 하지만 OMC가 그 자체로서 완벽한 연성법이라고 보기는 어렵다는 견해가 있는데, 이것이 강경한 조치는 아닐지라도 회원국에 부담을 주는 권고를 주로 채택함으로써 기본 프레임에 있어 여전히 유럽연합의 경성법의 테두리를 넘어서지 못하기 때문이다. 예를 들어 경제정책 및 고용정책에 적용되고 있는 OMC 프레임워크는 연합 차원에서 체결되는 조약과 동일한 효력을 지니고 있다고 간주된다.[29]

유럽연합의 네트워크 거버넌스에 이용되는 연성법으로서 OMC는 몇 가지 측면에서 전통적인 거버넌스traditional community method(이하

29 Craig(2006), pp. 209-211.

TCM) 방식과 다르다. 먼저 TCM이 회원국들의 정책 사이에 '조화 harmonization'를 추구한다면, OMC는 공동의 목표를 향한 정책적 '수렴 convergence'을 지향한다는 점에서 훨씬 느슨한 방식으로 운용된다. 또한 TCM이 규제, 지침, 결정 등과 같이 법적 구속력을 지닌 도구를 사용하고 있는 반면, OMC는 연성법을 지향한다. 여기에는 가이드라인, 지표, 벤치마킹, 최선의 실행 방법 공유, 다자간 감시 등 여러 가지 방법이 포함된다. 따라서 회원국들이 OMC 거버넌스를 얼마나 준수할 것인지는 전적으로 자발적인 의사에 달려 있다. TCM 거버넌스에서 유럽연합 집행위원회가 위반국을 감시하거나 사법재판소에 제소하는 것과는 사뭇 다른 모습이다. TCM의 운영이 연합 차원에서 집행위원회, 이사회, 유럽의회의 삼각 구도에 의해 이루어지고 있는 반면, OMC 거버넌스는 회원국 정부의 주도하에 작동하고 있다는 점도 큰 차이이다. 그러므로 OMC 거버넌스에서 연합 차원의 초국가기구는 최소한의 역할만을 담당한다. 결국 TCM이 유럽통합운동 초기의 맥락에서 집행위원회를 중심으로 한 강력한 초국가기구를 지향한 것이었다면, OMC는 회원국의 개별적인 정책 결정을 서로 수렴할 수 있도록 정부 간 네트워크, 행위자 간 네트워크를 구축하려 한다는 점에서 커다란 차이를 보인다.[30]

OMC를 출범시킨 2000년의 리스본 전략이 극복하고자 했던 유럽연합의 한계로 경성 접근 방법과 더불어 '경제 중심' 패러다임을 꼽을 수 있다. 지난 반세기 이상의 경험을 통해 유럽 통합의 과정이 자유주의적 시장경제를 최우선의 과제로 삼아왔다는 점을 고려할 때 이러한 방향 전환은 중요한 의미를 갖는다. 리스본 전략은 역내 시장 통합을

30 Trubek and Trubek(2005), p. 344.

달성하는 데 도움이 될 수 있는 사회정책을 추진하고, 이러한 목표 수행에 장애가 될 수 있는 경성법을 보완할 방법으로 OMC를 제안했다. 이와 같이 유럽연합의 네트워크 거버넌스가 OMC를 통해 작동한 대표적인 분야 중 하나로 교육을 꼽을 수 있다. 유럽연합은 역내 회원국들 사이에 존재하는 다양한 교육제도의 통일성과 호환성을 제고할 수 있는 '유럽 고등교육 지대European Higher Education Area'를 설치함으로써 대외적 경쟁력을 높이고자 했는데, 이러한 노력은 기존의 회원국 정부가 보유한 입법과 행정권을 그대로 유지한 채 교육 분야에서의 개방형 정책 조정을 도모하려는 목적을 지니고 있었다.

1998년부터 시작된 유럽연합의 볼로냐 프로세스Bologna Process는 회원국들 사이에 이러한 문제의식을 공유하기 위한 여러 가지 노력을 포함하는데, 이는 주요 국가들 사이에 채택된 소르본 선언Sorbonne Declaration을 기점으로 한다. 볼로냐 프로세스는 어디까지나 OMC 방식의 연성 메커니즘이라는 점에서 국내법이 제정되기 전에는 강제성을 띠지 않는다. 그럼에도 회원국들은 여기에 자발적으로 참여하는 일종의 '연성 거버넌스' 체제를 유지했으며, 이를 위해 회원국들 사이에 벤치마킹, 역내 '최선의 실행 모델best practice' 지정, 성과 측정, 확장형 표준화 등의 방법을 동원해 OMC를 실천해 왔다.[31] 이러한 방법은 구체적 교육정책의 주체가 여전히 회원국 정부지만, 이를 모니터링하면서 각종 방법을 통해 연합 차원의 조화를 도모하는 역할은 유럽 차원에서 이루어질 수 있다는 것을 보여준다. 그래서 유럽연합 차원에서의 직접적인 개입이 없어도 회원국들의 자발적인 참여와 인센티브, 표준화 작업 등을 통해 각국의 교육제도가 효과적으로 커리큘럼을 개편하

---

31 Brøgger(2019), pp. 55-56.

고 서로의 교육 품질에 대한 신뢰를 쌓을 수 있다는 것이 볼로냐 프로세스의 목표였다.[32]

볼로냐 프로세스의 사례만 보면 유럽연합이 세계화 시대에 경쟁력을 갖추기 위한 제도적 장치를 만드는 데 역내 국가들 사이에 연성 메커니즘으로서 OMC를 구축할 필요성에 공감했을 것이라는 추측이 충분히 가능하다. 그럼에도 이러한 네트워크 거버넌스는 경쟁 정책 분야가 아닌 영역에서도 얼마든지 적용이 가능한 것이었는데, 특히 유럽이 추구해 온 고유의 가치와 세계화 시대의 경쟁력 제고라는 상호 모순적인 목표를 조화롭게 추진하는 데도 OMC와 같은 방법이 동원될 수 있다. 예를 들어 최근에 들어와 '사회적 유럽Social Europe'이라는 구호는 여전히 경제 중심적 과제에 비해 선호도가 떨어지는 것이었다.[33] '사회적 유럽'을 위한 노력은 이미 1957년의 로마조약과 1986년의 단일유럽법SEA으로 거슬러 올라가지만, 당시에는 사회정책이 단지 유럽 경제 통합을 위한 부수적인 수단으로 간주될 따름이었다. 따라서 사회정책은 노동의 이동이나 공정한 경쟁 체제를 갖추는 데 도움이 되는 도구로서만 의미를 지니고 있었다. 1992년 마스트리흐트조약에서는 '정당성' 이슈가 부각되면서 사회 문제에 대한 관심이 더 커지기는 했지만 세부 실행 계획은 여전히 경제 문제에 뒤처지고 있는 상황이었다.[34] '사회적 유럽'의 기치가 본궤도에 오른 것은 1997년 암스테르담조약 이후였는데, 특히 회원국들이 국내 개혁을 통해 고용과 사회보장 문제의 해결이라는 공동 목표를 달성한다는 리스본 전략이 공식적으로 채택되면서 OMC가 널리 알려지게 된 것이다.

---

32 Brøgger(2019), pp. 81-82.

33 Craig(2006), pp. 229-230

34 Goetschy(2007), pp. 507-509

유럽연합의 사회정책은 노동(이주 노동), 실업, 보건, 안전, 성차별 등의 문제를 주로 다루고 있는데, 이러한 것들은 그동안 유럽 통합 과정에서 뒷전에 밀려나 있던 주제였다. 사회정책은 대부분 회원국 국내 정치 차원에서 결정되었고, 연합 차원에서는 거의 존재하지 않았던 까닭에 사회정책의 '공동화'라는 표현이 등장하기까지 했다. 그만큼 연합 차원과 회원국 차원의 불균형이 심각하게 표출되었던 분야라고 할 수 있다.[35] OMC가 사회정책을 중심으로 적용되기 시작한 데는 유럽연합 차원의 통합 노력이 주로 경제정책에만 초점을 맞춰왔다는 역사적 배경이 깔려 있다. 유럽연합은 경제 통합을 최우선의 목표로 삼고 있었지만, 별도로 필요하다고 판단되는 경우가 아니면 회원국의 개별적인 정책 결정을 존중하려는 '보조성의 원리'를 충실하게 준수했다.

유럽연합 사회정책의 여러 이슈들이 대부분 회원국 정부 차원에서 다루어진 것도 바로 이 원리에 입각한다. 문제는 회원국 내부의 경제적·사회적 생활 수준의 격차가 상당히 크게 나타나고 있으며, 연합 차원에서 공동의 목표를 달성하기 위한 정책을 조율할 때 이와 같은 격차가 커다란 장애로 인식되고 있다는 점이다. 그동안 이러한 장애를 극복하기 위해 연합 차원에서 다양한 경성 접근법을 사용해 왔지만, 최근에 들어와 회원국의 수가 크게 증가하고 생활 수준의 격차가 더욱 벌어지면서 이런 방법만으로는 공동의 목표 달성이 쉽지 않다는 결론에 도달한 상황이다.[36] 물론 '사회적 유럽'이라는 구호가 구체적으로 어떻게 유럽 통합의 시장 중심적 자본주의 논리를 보완할 수 있는지는 아직 분명하게 답하기 어렵다. 다만 이러한 방향 전환이 미약하게나마

---

35 Daly(2006), p. 463.

36 Cammack(2007); Daly(2006), p. 464.

시도되고 있다는 사실로부터 우리는 세계 자본주의의 변화를 부분적으로 읽을 수 있다. 사실상 OMC의 출범에 이바지했던 이데올로기적 변화 중의 하나로 유럽형 자본주의 모델을 꼽을 수 있는데, 이는 20세기에 들어와 전 세계로 확산된 자본주의가 개별 국가의 역사적 배경과 제도적 특징에 따라 '다양한 복수의 자본주의'로 분화해 가는 추세의 일환으로 볼 수 있을 것이다.

최근 주목을 받고 있는 '자본주의 다양성varieties of capitalism'에 관한 이론에 따르면, 자본주의는 '자유주의적 시장경제'와 '조정 시장경제'로 분류할 수 있다. 전자가 기업 거버넌스와 재무, 기업 간 연계성을 강조한다면, 후자는 근로자와 노동시장, 교육 훈련에 주안점을 둔다. 이러한 제도적 요소들은 서로 영향을 미치면서 특정한 지역의 자본주의 성격을 결정하게 되는데 미국의 경우 전자에 해당하는 분산형 시장경제로, 유럽의 경우 시장 외적 요인들이 작동하는 조정 시장경제로 발전해 왔다는 것이 이 이론의 핵심적인 주장이다.[37] 일부 학자는 민간 영역에서 이루어지는 기업 대 노동의 갈등과 세력 다툼을 반영한 자본주의 형태를 별도로 '사회적 시장경제'로 분류하기도 한다.[38] 한편 유럽의 경우 영미식의 신자유주의적 자본주의와 달리 신분status을 기반으로 하는 독자적인 자본주의 모델을 발전시켜 왔는데, 이는 양도할 수 없는 개인의 권리 또는 타고난 권리가 자본주의의 작동에 미치는 영향을 고려한 새로운 유형의 자본주의라고 할 수 있다. 즉 신분이라는 사회적 범주가 시장에서의 자유로운 거래 행위에 일정한 제약을 가한다는 것이다. 이는 자본주의 제도가 사회적 환경 안에서 '내재된' 형태로 운

37 Hall and Soskice(2001) 참조.

38 Pontusson(2005) 참조.

영된다는 사실과 크게 다르지 않다.[39] 이 장에서 논하고 있는 '사회적 유럽'의 관념은 이러한 '사회적 시장경제' 또는 '조정 시장경제'라는 유럽식 자본주의의 경로를 배경으로 한다.

OMC의 한계와 가능성

지금까지 살펴본 바와 같이 OMC는 전통적인 유럽연합 거버넌스의 한계를 넘어 연성 접근 방법과 사회적 요소를 강조한다는 점에서 새로운 정치제도의 실험이라고 할 수 있다. 하지만 이러한 실험의 성과는 아직 눈에 띌 만한 수준에 도달하지 못하고 있다. 일부 보고서에서는 OMC의 성과에 대해 비판적인 결론을 내리는데, 일부 국가의 경우 기대했던 만큼의 성과를 거두지 못했을 뿐만 아니라 회원국의 개별적인 여건을 고려한 맞춤형 정책의 실행에서도 미흡했다고 지적하고 있다.[40] 해야 할 일은 많은데 정책 조정 어젠다는 체계적으로 설정되지 못했고, 정책의 우선순위에도 일관성이 없을뿐더러 이를 실행하려는 정치적 의지도 박약했다는 것이다. 그리고 리스본 전략의 취지는 회원국 모두가 중요하게 받아들였지만 전략이 실행되는 과정에서 많은 문제를 드러냈다는 것이다.[41] 이와 유사한 맥락에서 2005년 바로소

---

39 예를 들어 미국에서는 노동자의 급여가 근무 시간이나 생산성에 의해 결정되지만, 유럽에서는 노동조합이나 피고용자 단체에 의해 영향을 받는 경우가 많다. 집단적 협상을 통해 개인의 복지가 결정된다는 점에서 유럽형 자본주의는 일종의 '내재된 embedded' 방식이라고 할 수 있다. Offe(2003), pp. 441-443.

40 성과가 미흡한 대표적인 분야로 성장, 고용, R&D 투자, 구조 개혁 등이 거론되었고, 이 외에도 지나친 공약 남발, 정책 분야 간 조정 미비, 정책 사이의 우선순위 불일치, 회원국의 정치적 의지박약, 사회적 파트너의 참여 부진, 재정적 동기의 부족 등이 OMC와 관련해 장애 요인으로 간주되었다.

41 Kok(2004) 참조.

위원회Barroso Commission 보고서도 OMC의 적용 분야를 성장과 고용으로 좁히고 새롭게 방향을 설정해야 한다고 제안했다. 또한 분야별로 통합적 가이드라인을 마련하려는 다자간 방식 대신에, 유럽연합 집행위원회와 회원국 사이에 양자 대화를 통해 실행 프로그램을 착실하게 준비해야 한다고 제안했다.[42] 이 보고서에서는 사회적 통합이라는 2000년의 리스본 정신을 여전히 강조하고 있지만, 연합 차원에서 복잡한 실타래를 풀어가기 위해서는 새로운 접근 방법이 필요하다고 주장한다.

OMC의 성과에 대한 비판적인 평가를 좀 더 구체적으로 살펴보면, 우선 리스본 전략 이후 유럽연합이 견지해 온 보조성의 원리와 시장친화적 노선 사이에 생겨나는 간극을 메우기 위한 도구로서 OMC가 추진되어 왔다는 점을 부각할 필요가 있다. 즉 유럽연합의 사회정책은 경제정책을 위해 도움이 되는 범위 안에서 추진되어야 하는데, 예를 들어 사회보장 조치의 골격은 그것이 시장 통합과 경쟁력 제고에 어떤 영향을 미치는지를 기준으로 만들어지거나 개편되곤 했다. 여기에서 문제는 이러한 경제적 시각과 사회적 시각 사이에 경계가 늘 불분명한 상태로 설정되었다는 점이다. 경제 발전이 사회적 진보를 가능케 하는 것인지, 아니면 경제와 상관없이 사회적 진보가 독자적으로 달성 가능한 것인지에 대한 철학적 기반도 취약했다. 유럽이 추구하는 궁극적인 공동체가 과연 경제적인 형태에 더 주안점을 두고 있는지, 아니면 사회적 또는 정치적인 형태를 더 중요시하는지가 불명확했다.

돌이켜 보면 유럽 통합의 노력이 반세기 이상 진행되는 와중에 언제부터인가 그 기본 노선이 경제적 방향으로 기울어지기 시작했는데,

---

42 European Commission(2005).

리스본 전략은 '사회정책'에 대한 관심을 다시금 불러일으킴으로써 그에 대한 재고를 요청한 것이었다.[43] 그럼에도 불구하고 지난 몇 년간의 노력을 통해 이러한 '경제 논리 대 사회 논리'의 균형점에 도달하는 데 있어 큰 성과를 이루지 못했다. OMC가 '사회적 유럽'이라는 모델의 복구를 향한 열망에서 시작되기는 했지만, '시장 통합'이라는 경제적 요구와 '시장 교정矯正'이라는 사회적 요구가 동시에 추진되지 않는다면 그 성과를 보장하기는 어렵다. 더 큰 문제는 유럽연합의 가입국 수가 대폭 증가하면서 역내 사회정책 지표의 격차가 점차 벌어지고 있다는 사실이다. 이처럼 회원국 간의 정치적 다양성을 고려하면서 공동의 사회경제적 목표를 달성해야 하는 상황에서 OMC의 효과가 그동안 지나치게 과대 포장된 것이 아닌가 하는 반성도 이루어지고 있는 실정이다.[44]

OMC가 지닌 또 다른 문제로는 기존의 경성 접근 방법에 비해 여전히 효과가 약하다는 점을 들 수 있다. 법적·경제적 제재 조치를 사용하지 않는다는 이유로 인해 OMC의 실효성에 상당한 의문이 제기되고 있는데, 해당 회원국이 유럽연합 집행위원회나 다른 국가의 권고와 압력을 받아들이지 않을 경우 별다른 해법이 없다는 것이 취약점으로 꼽힌다. OMC는 정책 가이드라인과 지표, 모니터링과 평가를 통한 학습 효과 제고 및 정책적 수렴에 따라 그 성과가 결정되는데, 과거와 같이 연합 차원에서 '조화'를 무리하게 강요하기보다는 회원국 특성을 고려한 연성 접근 방법을 중시한다. 하지만 바로 이러한 속성 때문에 OMC의 성과가 한계에 부딪힐 수 있다. 공동의 조율을 위한 노력에

43 Daly(2006), pp. 468-470
44 Scharpf(2002), pp. 649-652.

동참하지 않는 국가를 효과적으로 제재할 수단이 여전히 미흡하기 때문이다.

2002년에 발생한 포르투갈 재정 문제는 이러한 한계의 대표적인 사례로 꼽힌다. 당시 포르투갈 신정부는 -4.8퍼센트의 전년도 재정 적자를 기록했고, 이에 따라 유럽연합 집행위원회는 경제재정이사회ECOFIN를 통해 과도한 재정 적자를 줄이기 위한 실행 프로그램을 준비하도록 권고했다. 이후 몇 년에 걸쳐 재정 적자를 완화하기 위한 포르투갈 정부의 노력이 어느 정도 성과를 거두기는 했지만, 이러한 일이 일어났다는 사실 자체만으로도 OMC의 핵심 도구인 다자간 감시 체계가 제대로 작동하지 않았다는 문제가 드러났다. 유럽연합 회원국들은 균형재정이라는 중장기적 목표에 모두 공감하고 합의했지만 단기적으로 특정 국가가 겪을 수도 있는 심각한 재정 적자의 문제에 대해서는 항상 동일한 입장을 취하지는 못했으며, 연합 차원의 공동 목표를 위한 조정 행위가 해당 국가의 국내 경제에 항상 최선의 이익을 보장하는 것도 아니라는 사실이 분명해진 것이다.[45]

1980년대 이후 유럽연합의 새로운 거버넌스는 과거에 비해 한층 더 복잡한 방식으로 작동하고 있으며, 그 핵심적인 패턴으로 꼽을 수 있는 것이 바로 전담 기구의 네트워크화, 규제 그리고 OMC이다. OMC는 이 중에서도 가장 뒤늦게 도입되어 아직까지 충분한 성과를 거두지 못하고 있는 상황이지만, 기존의 접근 방법을 보완할 수 있는 추가적인 도구라는 점에서 주목을 받아왔다. 예를 들어 전기, 가스, 통신 등의

45 이럴 경우 해당 국가의 정부는 정치적인 이유에서 연합 차원의 권고나 제안을 거절하기 쉽다는 문제가 생긴다. 결국 구체적인 제재 조치가 명시되지 않은 상황에서 이와 같은 개별 국가의 일탈 행위를 주변 국가들의 권고만으로 억제하기 어렵다. Hodson(2004), pp. 240-245.

분야에서는 독자적인 기관을 통한 전통적 규제 방식이 여전히 요구되는 반면, 보건, 안전, 환경, 식품 등의 분야에서는 담당 기구들 사이에 경험을 공유하기 위한 네트워크 연결망이 바람직한 것으로 평가되고 있다. 이에 비해 OMC는 사회적 통합을 겨냥해 '비구속적non-binding' 방식으로 목표와 지표를 설정해야 하는 분야에 적합한 것으로 간주되고 있다. 규제 일변도의 접근 방식이 통합 노력이나 협상 과정 자체를 무산시키고 있다는 반성이 OMC의 출발점이 되고 있는 것이다.

이러한 상황으로부터 우리는 OMC 거버넌스에서 활용하고 있는 학습이나 실험, 혁신, 제도 개선과 같은 도구들 자체가 문제가 아니라 그 바탕에 깔려 있는 권력관계가 더욱 중요하다는 점을 알 수 있다. 제도의 개혁이 공식적으로 법제화되지 않는 이상 개혁 과정을 주도하는 것은 사회경제적 권력관계이기 때문이다. 이러한 점은 집합적 행위자의 권력이 분산되는 과정을 통해서도 알 수 있다. 일반적으로 경제적 상호 작용의 범위가 확대될수록 그것을 관리하는 행위자의 관할권은 좁아지는 경향이 있는데, 이때 규칙을 제정하는 권한 역시 중앙에서 지방으로 이전된다.[46] 이러한 과정 중에 나타나는 가장 두드러진 특징은 정책 결정이 '협력 모드'에서 '경쟁 모드'로 변환된다는 사실이다. 정책 결정이 경쟁 모드로 바뀌게 되면 서로 간의 차이를 '연성적 수단'만으로 해소하기가 어려워진다. OMC가 직면한 문제도 바로 이런 속성을 지니고 있다. 비록 OMC가 기존의 경성 접근 방법을 보완하기 위

46 Offe(2003), pp. 463-465. 야흐텐퓩스Markus Jachtenfuchs도 이와 비슷한 지적을 했다. 그는 유럽 통합 과정에서 '거버넌스' 접근 방식이 강조됨으로써 효과적이고 효율적인 문제 해결 능력이 강조되었고, 그로 인해 사회를 움직이는 정치권력의 문제에 대한 고려가 뒷전으로 밀려났다고 본다. Jachtenfuchs(2001). 이러한 한계로 인해 여러 거버넌스 방식이 실행되는 과정에서 예상치 못한 반발과 제약에 부딪히게 된다.

해 시도되고 있지만, 이것만으로는 결코 의도했던 성과를 거두기 어렵다. 무엇보다도 연성 접근법과 경성 접근법을 적절하게 혼합할 수 있는 유연성이 필요하다.

일반적으로 법은 '무엇'을 할 것인지, 그리고 '어떻게' 할 것인지를 모두 규정하고 있지만, 유럽연합의 지침은 '무엇'만을 규정하고 있다는 점에서 차이를 보인다.[47] 한편 OMC와 같은 연성 접근 방법은 사안의 실체보다 절차를 중시한다는 점에서 '어떻게'의 측면을 더 부각한다. 이러한 속성에 관한 합의를 '규약covenant'이라고 부르는데, OMC도 절차에 관한 규약으로서 출발했지만 조정기구에 대한 구체적인 합의가 미흡했던 까닭에 여러 가지 시행착오를 겪고 있는 상황이다. 이런 맥락에서 OMC 가이드라인과 개별 회원국의 국가실행계획NAPs을 연결할 수 있는 책임기구가 필요하다는 견해도 제기되고 있다.[48] 이런 기능은 유럽연합 차원에서 마련해야 하겠지만, 그렇다고 해서 이것이 보조성의 원리를 훼손한다고 볼 수는 없다. 연합 차원에서는 단지 조정 또는 조율 기능만을 수행하기 때문이다. 말하자면 '자기 규제의 규제regulation of self-regulation'만으로도 충분한 것이다.

지금까지 OMC 거버넌스가 지닌 가장 큰 한계는 유럽연합의 정책 결정 구조가 '이합질서', 즉 복합 네트워크라는 점을 충분히 고려하지 못한 채 수평 네트워크에만 치중해 왔다는 사실이다. OMC는 사안별 정책 결정의 주도권을 보조성의 원리에 따라 해당 회원국 정부에 부여

---

47 유럽연합의 법은 일반 국내법과 달리 정상적인 강제력이 결여되어 있다고 간주된다. 이는 유럽연합의 '지침'이 '결과'에 대해서만 구속력을 가질 뿐 그것을 달성하기 위한 실행 방법에 대해서는 개별 회원국 정부에 일임하기 때문이다. 따라서 주어진 지침을 어떻게 해석하고 대내적으로 적용할 것인가에 대해 국가별로 상당한 차이가 존재할 수 있기 때문에 일반적인 법체계와는 다르다. Leisink and Hyman(2005), p. 278.

48 Korver and Oeij(2005), pp. 369-371.

함으로써 동료 회원국들 사이에 상호 감시하는 기능을 강조했지만, 상당한 분야에서 초국가기구나 하위의 지방 정부, 시민단체 사이에 수직적인 상호 작용과 교류가 빈번하게 일어나고 있는 상황이다. 그만큼 이해관계를 대변하는 통로와 연결망이 입체적으로 확대되고 있는 것이다. 오페Claus Offe가 언급한 '사회경제적 권력관계'는 바로 이러한 수직 네트워크 권력관계를 포함하는 것으로, 그동안 OMC 프레임워크에서는 충분히 검토되지 못했다.[49] 따라서 OMC가 지금까지의 유럽연합 거버넌스의 문제점들을 보완할 수 있는 진정한 도구가 되기 위해서는 수평 네트워크와 수직 네트워크를 모두 포괄하는 복합적 구조를 염두에 두어야 할 것이다.

이렇게 본다면 OMC는 출발 초기부터 경제적 효율성과 사회적 유연성이라는 두 마리의 토끼를 모두 잡으려 했다는 점에서 무리한 목표를 지니고 있었다고 할 수 있다. 사회적 기준과 경제적 기준을 동시에 충족시키는 정책 조정은 결코 쉽지 않기 때문이다. 따라서 OMC는 원래부터 '모순'과 '긴장 관계'를 그 바탕에 깔고 있었다고 하겠다.[50] 하지만 이러한 모순과 긴장 관계를 직접 겨냥한 것이 바로 OMC의 존립 근거가 된다고 볼 수도 있다. 네트워크 관계 속에서 나타나는 모순과 긴장 관계야말로 네트워크 국가 또는 네트워크 거버넌스가 해결해야 할 과제이기 때문이다. 기존의 보조성의 원리가 개별 행위자의 관할권 내 권력 수준을 규정하는 장치였다면, OMC는 이러한 행위자들 사이의 관계를 규정하는 장치로서 개발된 것이다.[51] 따라서 다양한 층위의 복수의 존재와 이들 사이에 이루어지는 혼잡한 상호 작용의 연결망을

49 Offe(2003), pp. 437-369.
50 Daly(2006), p. 478.
51 de la Porte, Pochet and Room(2001), p. 294.

관리하기 위한 상향식 거버넌스 양식, 즉 네트워크 거버넌스의 한 형태로서 시도된 것이 바로 OMC라고 할 수 있으며, 그러한 사실로부터 수많은 시행착오와 취약점이 용인될 수 있을 것이다.

지금까지 OMC에 대한 중간 평가는 일부 영역을 제외하고는 대체로 부정적인 편이라고 할 수 있다. 물론 이러한 부정적 평가가 OMC의 존재 가치를 떨어뜨리는 것은 결코 아니다. 지금까지 그래왔듯이 유럽연합은 끊임없이 새로운 거버넌스 메커니즘을 실험하면서 보다 나은 해법을 찾아가는 진화의 과정 속에 있기 때문이다. OMC는 이러한 다양한 실험 중 하나일 따름이며, 기존의 경성 접근 방법에서 해결하지 못하는 문제들을 다루기 위한 대안으로 출발했다는 데서 큰 의미를 지닌다.[52] 물론 OMC가 지금까지의 중간 평가를 바탕으로 더욱 발전하기 위해서는 몇 가지 보완이 이루어져야 할 것이다. 우선 경제정책, 고용, 사회보장 등 다양한 영역에서 이루어지는 회원국 차원의 정책들이 연합 차원의 공동 목표와 좀 더 통합되어야 한다. 유럽연합이 이합질서 형태의 복합 네트워크 구조를 기반으로 하고 있는 한, 회원국들 사이의 커뮤니케이션과 상호 작용을 효율적으로 관리할 도구가 필요하기 때문이다.[53] 또한 지금까지 OMC 프레임워크에서 사용해 온 연성 접근 방법만으로는 이러한 층위 간 통합을 보장하기 어렵기 때문에 기존의 경성 접근 방법을 혼용할 필요가 있다. 결국 행위자별, 이슈별, 분야별 복합적 연결성을 충분히 고려한 제도가 되어야만 OMC의 성공적인 운용이 가능할 것이다.

---

52 Szyszczak(2006), pp. 488-489.

53 Armstrong, Begg and Zeitlin(2008), pp. 438-440.

‘개방형 정책 조정OMC’은 오랜 유럽 통합의 경험으로부터 만들어진 산물이며, 연합 내의 많은 문제를 다루는 과정 속에서 끊임없는 수정과 보완을 거쳐 시도되고 있는 거버넌스 양식이다. 비록 이 양식이 그 범위에 있어 포괄적이지 않고 또한 효과에 있어서도 아직 강력한 수준은 아니지만, 기존의 경성 접근 방법이 지닌 한계를 극복하기 위한 새로운 거버넌스 메커니즘의 실험이라는 사실만으로도 그 가치는 높다. 이 장에서는 OMC 거버넌스의 등장 배경과 속성에 대해 살펴보고 그 의미를 찾고자 했다. 우선 OMC는 유럽연합의 다양한 정치적 시도 중에서도 복합적 행위자들 사이에 수평·수직의 네트워크 구조에 부합하는 운영 메커니즘이라는 점을 고려할 필요가 있다. 유럽연합 내의 모든 행위자와 현안을 경성 접근 방법으로 관리하기란 거의 불가능하며, 특히 개별 회원국의 특수한 상황을 제대로 고려하는 일은 매우 어렵다. 이러한 문제를 보완하기 위해 2000년의 리스본 전략에서 OMC가 본격적으로 출범하게 되었던 것이다. 이 장에서는 이론적 관점에서 ‘네트워크 국가’의 개념을 동원해 OMC가 작동하는 유럽연합의 구조적인 모습을 가늠해 보고자 했다.

또한 이 장에서는 정책 결정 과정으로서 OMC가 어떤 특징을 지니고 있는지를 살펴보았다. OMC는 연성 접근 방법을 통해 서로 다른 이해관계를 지니고 있거나 수준의 차이를 보이는 회원국 사이에 조율을 통한 협력 시스템을 구축하는 것을 목표로 하고 있다. 아울러 OMC가 출범하게 된 배경에는 경제 중심주의에 대항하는 ‘사회적 유럽’이라는 이데올로기가 자리 잡고 있다. 이러한 요소들은 네트워크 국가로서 유럽연합이 OMC를 주된 도구로 삼아 이룩하려는 경제사회적 통합의 꿈을 위한 첫걸음이 되고 있다. 비록 아직까지 그 성과가 미흡하기는 하지만, 이런 맥락에서 OMC는 앞으로 꾸준히 수정과 보완을 거듭하면서 개선되어 갈 것으로 전망된다. 유럽연합은 세계의 어떤 지역보다도 빠른 속도로 근대 국민 국가의 유산에서 벗어나 세계화 시대에 부합하는 새로운 국가 모델을 개발하기 위한 실험을 하고 있으며, 이를 위해 수없이 많은 시행착오를 반복하는 과정에서 유용한 것으로 받아들여지고 있는 것이 바로 네트워크 국가 모델과 OMC이기 때문이다.

6장 국가론의 재조명과 네트워크 국가

1. 미래의 국가는 어떻게 바뀔 것인가?

인류의 오랜 역사 속에서 국가는 가장 대표적인 정치 단위체로 자리 잡아왔다. 그 형태와 기능에서 다양한 변화가 있었지만, 인간의 사회생활은 궁극적으로 국가의 테두리 안에 국한되어 왔고, 그 영역이 국가 밖으로 확장되기 시작한 것은 지극히 짧은 기간에 해당한다. 17세기 유럽의 역사 속에서 표준적인 형태로 인정받기 시작한 근대 국가의 모습은 지금도 변함없이 지속되고 있다. 동시에 이러한 근대 국가의 성격에 서서히 변화가 나타나기 시작했는데, 여기에는 전 지구적 차원의 경제질서와 기술의 진보가 자리 잡고 있다. 특히 지난 수백 년에 걸쳐 자본주의 생산 양식이 고도로 발전하면서 국가는 불가피하게 경제제도의 영향을 받아왔고, 최근에는 세계화의 추세와 첨단 정보기술의 발전을 통해 국가의 위상이 흔들리는 지경에 이르게 되었다. 오늘날 많은 학자는 새로운 도전 속에서 국가가 소멸해 갈 것인지, 아니면 스스로를 바꿔가면서 새로운 정치체로 거듭날 것인지에 대해 갑론을박을 벌이는 중이다.

이 장은 이와 같은 세계화 및 정보화의 추세 속에서 미래의 국가가 어떤 모습으로 바뀔 것인지를 살펴본다. 특히 정보기술이 발전하면서 전통적인 국가의 특징, 그중에서도 절대 주권의 개념과 영토성이 약화되는 모습에 주안점을 두면서 이것이 과거와 비교해 국가에 어떤 영향을 초래하는지 살펴보고자 한다. 이와 더불어 전통적인 근대 국가의 핵심을 이루는 영토성의 기준이 대폭 약화된 지금의 모습이 향후 국가의 형식과 관련해 어떤 의미를 갖는지를 집중적으로 고찰하고자 한다. 근대 국제정치 질서의 근간을 형성하는 베스트팔렌 체제의 핵심인 주권 개념은 '영토성territoriality'이라는 원칙을 바탕으로 하고 있는데, 오늘날 정보화 및 네트워크 사회의 등장으로 인해 이러한 전통적인 기준이 점차 약해지고 있기 때문이다. 아울러 이 장에서는 세계 여러 지역에서 국가가 이와 같은 도전에 직면해 어떻게 대응하고 있는지 짚어보면서, 궁극적으로 미래의 정치체로서 네트워크 국가가 어느 정도의 가능성을 지니고 있는지 탐색한다.

이를 위해 정보기술의 발전과 그로 인한 네트워크 사회의 등장이 가져온 정치적 변화를 먼저 살펴보고자 한다. 이러한 기술적 발전은 정치적 공간을 확장시키면서 글로벌 공유재global commons의 문제를 초래하고 있는데, 이는 과거의 '미지의 땅'에 대한 논의와도 밀접하게 연관된다. 또한 새로운 기술과 공간의 확장은 상호 의존적이면서 분리 불가능한 방식으로 국가들을 연결함으로써 권력의 성격을 바꿔놓고 있는 모습도 살펴본다. 이어서 영토성의 문제를 본격적으로 탐구하는데, 특히 전통적인 국가론에서 중시하는 국가의 '자율성' 논쟁의 연장선상에서 어떤 의미를 갖는지, 그리고 오늘날의 국가 변환과 어떻게 연결되는지 살펴본다. 또한 역사 속의 대영제국에서 시작해 여전히 강대국을 중심으로 전개되고 있는 '네트워크 국가network state'의 등장을 소개하고, 그 대내외적 속성이 어떻게 규정되는지를 심층적으로 논한다. 마지막으로 이러한 네트워크 국가에 관한 탐구가 전통적인 국가론 논쟁 속에서 어떤 의미를 갖는지, 그리고 미래의 국가 변환을 예측하는 데 어떤 도움을 줄 것인지를 고찰하고자 한다.

2. 정보기술과 네트워크 사회의 정치

그동안 정보기술의 발전은 세계화의 추세와 더불어 국제정치의 여러 측면에 지대한 영향을 미쳤다. 정보통신 분야에서 비약적으로 발전한 기술은 이제 인간을 위한 도구의 차원을 넘어 인간과 사회의 생활양식 및 제도의 변화를 초래하는 주요한 요인으로 꼽히고 있다. 인터넷과 같은 정보기술은 디지털화, 시공간의 압축, 소통 양식의 변화, 가상 공간의 창출, 탈규제, 자유화를 초래함으로써 자본주의 체제 및 금융제도의 개혁, 개인의 정체성 변화 등을 일으키는 주된 원인으로 꼽히고 있다. 과거의 산업혁명을 기반으로 한 자본주의 사회의 등장만큼이나 정보기술의 혁명은 사회 구조의 새로운 변화를 만들고 있는데, 전 세계에 걸쳐 공통적으로 나타나고 있는 이 현상을 일컬어 '디지털 사회' 또는 '네트워크 사회'로 부른다.[1] 이와 같은 네트워크 사회로의

---

1 카스텔Manuel Castells에 의하면 과거 산업혁명 이후의 패러다임으로서 정보혁명은 1970년대부터 시작되었다. 이러한 변화는 정보 처리와 커뮤니케이션의 비약적인 성장이라는 점에서 또 하나의 '혁명'에 해당한다는 것이 그의 진단이다. Castells (1998/2003), pp. 6-7, 54-56.

변화는 과거의 정치질서 및 사회질서를 규정지어 온 개념과 프레임워크가 더 이상 효과적이지 않을 것이라는 신호를 증폭시켰다.

이러한 맥락에서 정보기술의 발전이 전통적인 산업화 시대의 패러다임을 대체하고 있다는 주장에 힘이 실리고 있다. 정보화 시대의 사회 구조는 다양한 문화적·제도적 연결망을 그 특징으로 하는데, 이는 과거 산업화 시대의 자본주의와 국가 개념에 대한 재성찰을 요구하고 있다. 특히 경제적 차원에서 전개되고 있는 기술혁명과 세계화의 추세는 전통적인 생산과 분배, 권력 등의 사회 구조뿐만 아니라 갈등의 양상에도 변화를 야기하고 있다. 이와 같은 변화를 포괄하는 네트워크 개념은 오늘날 정보화 시대의 사회 구조를 대표하는 키워드로 떠오르고 있다. 네트워크 또는 연결망의 구조에 대한 인식은 오래전부터 존재했지만, 이것이 정보기술의 비약적인 발전으로 인해 정치적 권위와 정책 결정 과정에도 영향을 미치기 시작한 것은 비교적 최근에 들어와서였다. 이런 점에서 '네트워크 사회'의 개념은 정보화 시대의 새로운 '사회 형태론social morphology'이라고도 할 수 있다.[2]

정보화 시대의 거버넌스 이슈 중에서 관심을 끌어온 것은 어떤 행위자가 영향력을 더 행사할 것인지, 그리고 정당성을 더 확보할 것인지의 문제이다. 이는 곧 국가 행위자를 중심으로 하는 전통적인 근대 국제정치 질서에서 '주권'의 문제를 다시 고찰할 필요가 있다는 주장으로 이어진다. 특히 인터넷과 같은 정보기술의 발전과 그로 인한 사회적 변화가 기존의 국가 행위자가 권위를 행사하는 데 도움을 줄 것

---

2 Castells(2000), pp. 15-17. 들뢰즈Gilles Deleuze와 가타리Félix Guattari 등이 탈구조주의 관점에서 제시하고 있는 '리좀rhizome' 및 '세망細網, reticulum'의 개념 역시 탈집중형 네트워크의 구조적 특징을 강조한다는 점에서 네트워크 형태론의 일종으로 분류할 수 있다. 민병원(2009), pp. 391-405.

인지가 중요한데, 예를 들어 국가가 하드웨어와 소프트웨어의 기술적 표준이나 재산권 획정을 통해 디지털 사회의 변화를 선도하는 역할을 수행할 수 있다. 또한 이러한 기술적 변화와 관련해 국가 간의 불균형 발전 문제를 새롭게 인식할 필요가 있는데, 다른 분야의 기술과 마찬가지로 정보화 시대의 기술 격차는 미국과 같은 주도 국가와 여타 국가들 사이에 점점 벌어지고 있는 실정이다. 이러한 상황에서 정보화와 그로 인한 네트워크 사회의 등장은 행위자의 다변화 추세 속에서 정치적 주체의 '정당성' 문제를 제기하고 있으며, 이와 더불어 '책임성'의 문제도 새롭게 조망하도록 요구하고 있다.[3] 과연 네트워크 시대의 다양한 정치적 행위자는 디지털 공간에서 어느 정도의 정당성을 보유하고 있으며 자신들의 행동에 얼마나 책임을 지고 있는가?

여러 가지 기술적 변화 중에서 특히 정보기술이 새로운 유형의 '공간'을 만들어 내고 있다는 점을 우선 살펴볼 필요가 있다. 전통적인 공간 개념의 기능은 베스트팔렌 체제를 통해 최고조에 달했는데, 이것은 국가에 부여된 배타적 성격의 관할권을 규정짓는 기준이기도 했다. 하지만 오늘날의 정보기술은 이러한 배타성을 유지하기 어렵게 만들고 있다. 과거의 영토 공간과 달리 '비非가시적' 속성을 지닌 디지털 또는 사이버 공간은 1990년대 이후 인터넷의 폭발적 성장과 더불어 엄청난 잠재력을 지닌 재화이자 무한한 가능성을 지닌 '정치적 공간political space'으로 자리매김하고 있기 때문이다. 국가 행위자들은 이와 같은 기술적 변화를 적극적으로 활용하기 위한 경쟁에 뛰어들고 있으며, 동시에 영토적 관할권과 주권적 권위를 상실할 수도 있는 위기로 치닫고 있기도 하다.

3 Sassen(2000), pp. 28-29.

더 넓은 범위에서 보자면, 정보기술이 만들어 낸 이 새로운 재화는 기존에 배타적으로 소유 및 통제할 수 있는 형태의 재화와는 그 성격이 다르다. 공기, 물, 해양, 우주 등 지구촌 전체가 나눌 수 없는 특수한 형태의 재화와 마찬가지로, 디지털 재화 또는 사이버 공간은 전통적인 소유권 개념으로는 분할이 불가능하다. 경제적으로 해석하면 이러한 공간은 하나의 '글로벌 공유재'라고 할 수 있는데, 이는 곧 재화의 활용이 공동의 거버넌스를 기반으로 할 수밖에 없음을 뜻한다. 불행하게도 인류는 아직까지 글로벌 공유재 문제를 해결할 수 있는 효율적인 메커니즘을 구축하지 못했고, 여전히 국민 국가 간의 경쟁과 전략적 대결을 통해서만 이 문제를 다루고자 한다. 이런 상황에서 정보기술로 인한 재화와 정치적 공간의 변화는 국가 행위자를 전제로 하는 국제정치의 근본 조건에 대해 재검토하도록 요구하고 있다.

17세기에 그로티우스Hugo Grotius는 당시의 기술로 국가 간의 공해 접근권이 확장되면서 분쟁 가능성이 커지자 '소유권 없는 재화res nullius' 또는 '공공재res publica'의 개념을 제시하면서 국제법의 근간을 마련했다. 이와 유사한 맥락에서, 오늘날의 정보기술 역시 '디지털 재화' 또는 '사이버 공간'이라는 새로운 재화 및 영토를 창출함으로써 새로운 거버넌스의 창출을 요구하고 있다. 이는 곧 기존의 국경선을 가로질러 중첩적으로 나타나는 복잡한 관할권 문제를 해결하는 데 전통적인 영토 기반의 주권 개념은 더 이상 효과적이지 않다는 인식으로 이어졌다. 글로벌 공유재가 제대로 관리되지 않을 경우 하딘Garrett Hardin이 우려했던 '공유지의 비극'이 재현될 가능성이 큰 상황에서 전통적인 영토 기반의 국가를 어떻게 재해석해야 할 것인가? 하딘의 제안대로 비극을 해결하고 질서를 부여하기 위한 새로운 '리바이어던Leviathan', 즉 강압적 헤게모니가 등장해야만 하는 것인가?[4]

역사적으로 인류는 새로운 재화와 공간을 발견하거나 창출할 때마다 이를 관리하기 위한 거버넌스 구조를 제대로 구축하지 못했다. 글로벌 공유재를 국가의 눈으로만 보면 과거에 통용되던 '미지의 땅terra incognita' 개념과 유사하다. 2세기 프톨레마이오스가 '존재하지 않는 곳'이라는 의미로 사용했던 이 개념은 근대 이전에는 거의 사용되지 않았다. 그러나 18세기 계몽주의 시대를 거치면서 기술적 진보가 축적되고 학자들의 전문 지식이 증가했는데, 이를 통해 '미지의 땅'에 대한 무지를 반성하면서 이를 과학적으로 다루기 위한 노력이 이어졌다. 오늘날 지구적 차원을 넘어 우주, 미시적 세계, 기술적 창조물 등으로 확장되고 있는 이러한 발전은 곧 새로운 가능성으로서 '미지의 땅'이라고 인식된다.[5] 특히 20세기 후반 이래로 위성, 사진, 레이더, 원격 감응 장치 등이 활용되면서 새로운 글로벌 공유재의 확장은 그 규모를 가늠하기조차 어렵다. 그럼에도 불구하고 기술의 발전과 가능성의 증가로 인한 새로운 기회와 '미지의 땅'을 어떻게 관리할 것인가에 대한 지식 및 논의는 여전히 미흡한 상황이다.[6]

이와 같은 상황에서 네트워크 사회의 등장이 기존의 국가 행위자에 어떤 영향을 주고 있는지에 대한 면밀한 검토가 필요하다. 사회의 정보화와 네트워크화라는 형태적·구조적 변화는 전통적인 국가 주권과 관할권에 어떤 변화를 초래하고 있는가? 영토, 국민, 주권이라는 근대

---

4 하딘은 인간의 이기적인 본성으로 인해 글로벌 공유재가 남용될 것이며, 이는 궁극적으로 모든 인간에게 비극을 초래할 것이라고 보았다. 그리고 이에 대한 해결책으로 양심이 아닌 강제를 기반으로 한 상호 합의적 제도가 불가피하다는 점을 강조했다. 이러한 사회적 합의는 사실상 리바이어던의 등장을 뜻한다. Hardin(1968), pp. 1243-1248.

5 Corbin(2021) 참조.

6 Murray(2005), pp. 103-112.

국가의 세 요소는 이러한 구조적 변화 속에서 여전히 존재감을 과시하고 있는가? 우선 영토적 관할권과 관련해 정보기술은 기존의 국경선을 넘나들면서 국가의 전통적인 권력과 권한을 잠식하고 있는 것으로 간주된다. 디지털 기술을 바탕으로 하는 무역, 금융, 정보 교류 등 개별 국가 차원에서 더 이상 통제하기 어려운 관할권의 중첩이 오늘날 국제기구와 국제법의 가장 중요한 어젠다가 되고 있음을 고려할 때 이러한 진단이 무리라고 보기는 어려울 것이다. 또한 국민들도 정보기술을 통해 보다 많은 경제적 기회를 확보하고 초국가적 정체성을 주장하면서 전통적인 국민 국가의 차원을 넘어서고 있다. 이와 동시에 국가 역시 정보기술을 동원해 국민들의 행동을 규제하고 감시하는 기능을 강화하는 '빅 브라더Big Brother'의 모습을 보이고 있다. 이런 점에서 베스트팔렌 체제에서 승인된 국가의 대내외적 '주권'은 분명 그 속성과 범위에 있어 새로운 개념 규정과 해석을 요구한다고 할 수 있다.

이와 아울러 네트워크 시대의 국가를 재조명하는 데 있어 정치의 근간이 되는 '권력'의 양태가 어떻게 변화하고 있는가를 논의할 필요성도 제기된다. 세계화 및 정보화 시대의 권력은 점차 '사회적 조정social coordination' 능력을 요구하고 있는데, 이는 권력의 작용 범위가 더욱 확장되고 복잡해지면서 과거와 같은 하향식, 중앙집권적 통제만으로는 더 이상 관리하기 어려워졌기 때문이다. 예를 들어 네트워크 사회에서는 글로벌 표준을 선점함으로써 권력의 원천이 전통적인 '주권'에서 연결망을 얼마나 장악하는가의 '사회성sociality'으로 이전하는 양상을 보이고 있다.[7] 연결망이 촘촘해지면서 권력의 본질이 '실체'에서

---

7 예를 들어 국가 간의 협력을 촉진하기 위한 규범이나 실천이 공유되면서 하나의 표준으로 작용할 경우, 이러한 표준을 수립하고 통제하는 권력이야말로 대표적인 네트워크 권력이다. Grewal(2008).

점차 '관계'의 측면으로 이전되고 있는 것이다. 데탕트 시기에는 정책적 민감성과 취약성을 바탕으로 제기된 '복잡한 상호 의존'의 권력 개념이 제시된 바 있다.[8] 하지만 세계화 시대에는 다양한 행위 주체들이 서로 연결되어 있다는 사실 자체가 권력의 중요한 요소로 간주된다. 이러한 상황에서는 권력의 규모보다도 상호 연결성 자체가 권력의 원천으로 작용할 수 있는데, 예를 들어 갚아야 할 부채가 많은 채무국이 채권국에 대해 영향력을 행사하는 일종의 '점성 권력sticky power' 개념이 이러한 연결망 권력에 해당한다.[9]

이와 같이 네트워크 시대의 권력은 과거 중앙집권적 국가의 '독재적 권력despotic power'과 달리, 사회 속으로 깊숙하게 침투해 상대방의 결정을 강제할 수 있는 '기반적 권력infrastructural power'으로 변모해 가고 있다.[10] 이를 좀 더 미시적 차원에서 개념화한 것이 푸코Michel Foucault의 새로운 권력 개념인데, 그에 따르면 권력은 소유하는 것이 아니라 사회제도 속에 내재화된 일상적 관계이며, 모든 개인은 사회관계 속에서 권력의 능동적 주체일 수 있다. 이렇게 권력을 새로운 관점에서 규정함으로써 푸코는 전통적인 리바이어던과 같은 하향식 권력 행사가 아니라 사회관계 속에 존재하는 순환 고리로서 권력관계에 주목했다. 따라서 권력은 사회조직의 그물망을 통해 행사되는 것으로, 개인 행위자는 권력 행사의 단순한 대상이 아니라 지배 관계를 유지하기 위한 권력의 '매개체vehicle'로 이해된다.[11] 이와 같은 푸코의 새로운 권력 개념은 네트워크 시대의 분산형 권력 구조를 설명하는 데도 적절

---

8 Keohane and Nye(1977), pp. 11-12.

9 Mead(2004), pp. 46-53.

10 Mann(1984), pp. 185-213.

11 Foucault(1980) 참조.

하게 활용될 수 있다. 네트워크 시대의 권력은 개인 행위자들이 분점한 권력이 상향식으로 작동하도록 만들어 주는 '미시적 메커니즘'에 의존하고 있기 때문이다. 이러한 점은 네트워크 시대의 권력이 전통적인 '억압적' 속성과 사람들의 행동 양식을 가능하게 하는 '생산적' 속성을 동시에 보유하고 있음을 뜻하며, 이를 통해 자발적 복종 메커니즘을 형성한다는 점에서 권력에 대한 새로운 이해를 촉구하고 있다.[12]

3. 영토성의 종말과 근대 국가의 변환

1990년대 이후 본격적으로 전개된 세계화의 추세는 국제정치의 차원에서 국민 국가라는 주요 행위자의 권위와 역할에 대한 재검토로 이어졌다. 세계화의 추세는 생산, 무역, 금융 등 다양한 경제 활동의 영역에서 전통적인 국민 국가의 통제 권력이 한계에 부딪히고 있음을 여실히 보여주었고, 그로부터 '국가의 종말'이라는 주제가 세계화 시대의 핵심적인 연구 주제로 떠올랐다.[13] 이러한 경향은 1980년대에 시작된 국가론의 발전과도 밀접한 연관성을 띠고 있었는데, 특히 국가-사회 관계를 '국가 중심적' 차원에서 재해석한 신新베버적 연구 경향에 대비되는 것으로서 주목을 끌기 시작했다.[14] 1980년대에 이르기까지 케인스주의와 더불어 발전 국가 담론developmentalism을 통해 국가의 역할

---

12 Mills(2003/2008), pp. 77-78.

13 Ohmae(1995) 참조.

14 Evans, Rueschemeyer and Skocpol(1985). 신베버주의는 전통적으로 자본주의의 구조 속에서 종속적인 지위에 놓여 있던 국가의 자율적인 위상을 강조한다. 특히 베버가 강조했던 국가의 합법적인 폭력 독점을 중시하면서 경제나 시민 사회로부터 독립적인 국가의 속성에 주목한다. Jones(2013), pp. 70-91.

을 새롭게 부각하는 담론이 주류를 형성했다면, 1990년대 이후의 세계화 추세는 국가의 역할이 위축되는 모습을 드러냄으로써 '국가의 종말'이라는 테제가 그럴듯한 가설로 자리 잡도록 했던 것이다.

이와 같이 세계화 시대의 변화에 대한 담론을 주도한 것은 자유주의 국제정치 이론이었다. 오마에Ohmae Kenichi와 같은 자유주의자들의 관점에서 볼 때 경제적 자유화와 상호 의존의 증대는 국가의 권력과 정당성이 한계에 다다르게 만든 주요한 원인이었고, 국가의 역할은 이제 과거로 돌아갈 수 없는 지경에 이르렀다. 이러한 자유주의 논객들은 국가들 사이에 이루어지는 무역과 평화적 관계의 중요성을 과대 포장함으로써 국가는 과거와 같은 통제력을 행사할 수 없다는 결론에 도달했다. 한편 이와는 반대로 세계화 시대에 들어와 국가의 역할이 오히려 증대했다는 반론도 만만찮게 제기되었는데, 크래스너Stephen Krasner와 케네디Paul Kennedy 같은 학자들은 세계화와 더불어 국가의 통제력이 증가했고 경제 위기에 대응한 보호무역주의와 조세 증가, 부족주의 등으로 국가의 위상은 오히려 커졌다고 보았다.[15]

세계화 시대에 대외적 차원에서 국가 간의 불균형 구조가 심화되는 현상에 관한 현실주의자들의 논의도 이와 관련해 주목을 끌고 있다. 스트레인지Susan Strange와 같은 학자들은 세계화, 상호 의존, 글로벌 거버넌스, 레짐 등과 같은 자유주의자들이 애용하는 표현들은 완곡어법에 불과한 것으로, 국제정치에 잠재되어 있는 구조적 불균형을 감추는 용어일 따름이라고 비판했다. 국제정치는 국내 정치와 달리 기술이나 금융의 발달로 인한 변화에도 민감한데, 이로 인해 국가 이외의 행위자들이 점차 중요한 역할을 수행하게 되었다. 그 결과 국가의 권한이 약

15 Hammarlund(2005), pp. 2-3.

화되면서 생겨난 정치적 진공 상태는 혼란과 '비거버넌스ungovernance'로 이어지리라는 것이 스트레인지의 견해였다.[16] 이러한 관점은 세계화 시대에 대한 자유주의자들의 논의가 국내 정치적 차원을 넘어서지 못하는 점을 비판하고 국가 간 관계의 구조적 측면을 부각한다는 점에서 새로운 국가론의 어젠다를 제기한 것이라고 볼 수 있다.

세계화 시대의 국가 위상이 어떠한지에 대한 논란이 지속되고 있는 와중에 가장 주목을 받는 특징으로 국가의 영토적 기원을 꼽을 수 있다. 이는 17세기 이래로 국제정치 단위체의 표준적인 형태로 간주되어 온 근대 국가의 영토성에 대한 적극적인 재검토를 의미한다. 다시 말해 세계화 시대의 국가 변화를 이해하기 위해서는 근대-탈근대 간의 불연속성에 초점을 맞춰야 한다. 이러한 계기는 무엇보다도 탈냉전기의 정치적 상황과 이를 기반으로 가속화된 유럽의 통합 움직임에서 찾을 수 있다. 우선 1648년 이래로 국제 사회는 베스트팔렌 체제를 통해 국가라는 정치 단위체의 영토적 기반에 대한 합의를 유지해 왔는데, 이러한 '근대 국제정치'의 질서가 세계화 시대에 들어와 그 한계에 도달했다는 점을 꼽을 수 있다.[17]

국가의 근대적 기원에 관한 러기John Ruggie의 연구에 따르면, 근대성의 기획은 과학, 도덕, 예술 분야에 걸쳐 나타난 유럽 계몽주의, 탈주술, 탈신비주의, 합리적 통제, 복지, 도덕, 진보, 행복 추구 경향에 기반을 두고 있었다. 중세의 정치질서가 이질적, 파편적, 인격적 속성을 지니고 있었다면, 근대 국가는 대내적으로 동질적이면서 대외적으로 분화된differentiated 영토 내에서 합법적이고 배타적인 지배 체제로서 구

16 Strange(1996/2001), pp. 41-43.

17 Ruggie(1993), pp. 143-144.

축된 것이었다. 근대 국가는 이와 같은 영토의 경계 내에서 규정되고 있었다. 근대 국가는 또한 다른 형태의 국가 체제도 용인했는데, 이는 곧 근대 국제정치 질서가 하나의 '국제 사회'를 지향하고 있었음을 뜻한다. 중세의 세계가 '만민법jus gentium'을 지향하고 있었다면, 근대 국가들 사이의 세계는 '만민들 간의 법jus inter gentes'을 기반으로 하고 있었다. 이처럼 근대 국가는 물질적 차원의 변화뿐만 아니라 정치적 단위체들 사이에 '사회적 인식social episteme'도 공유하고 있었다.[18] 이처럼 근대 국가의 영토성은 국가 간의 배타적 경계 설정을 기반으로 한 국제 질서를 근간으로 하고 있었다.

근대 국가의 영토적 기원을 논하는 데 있어서 놓치지 말아야 할 점 중의 하나는 영토적 주권 관념 안에 내재된 모순에 관한 것이다. 이것은 근대 국가의 대내적 주권 개념을 떠받치는 '최고의 권리'라는 전제와 대외적 차원에서 개별 국가가 지닌 '독립성'이라는 전제가 동시에 충족되기 어렵다는 사실에서 출발한다. 즉 대내적 주권의 '절대성'과 대외적 주권의 '상대성' 사이에 충돌의 여지가 다분히 존재한다는 것이다. 한 국가는 대내적으로 절대적인 관할권을 행사하지만, 다른 나라 영토 내에 위치한 자국의 공관이나 국민에 대해서는 그렇지 못할 수 있다. 이러한 제약은 상대 국가에 대해서도 마찬가지이다. 결국 근대 국가는 영토적 경계 내에서 국가의 절대적 주권을 서로 보장하면서도 그렇지 못한 경우에 발생할 수 있는 '영토성의 딜레마'에 봉착하게

18 Ruggie(1993), p. 160. 베스트팔렌 체제가 '합의'에 기반을 둔 것이기는 해도 그 작동 방식은 비대칭적인 모습을 유지해 왔다는 점에서 일종의 '조직화된 위선organized hypocrisy'이었다는 주장도 제기되고 있다. Krasner(1999). 이러한 역사적 관행에 대한 비판적 관점은 오늘날 글로벌 헤게모니의 불평등성을 고발하는 제국론과도 밀접하게 연관된다. Hardt and Negri(2000/2001) 참조.

되었다. 대내적으로 최고의 권리로서 주권을 보유하고 있는 국가가 대외적으로는 유사한 형태의 다른 국가들과 마주하게 되면서 자신의 완전한 영토적 주권을 주장하기 어려운 처지에 놓이게 된 것이다. 이처럼 '절대적 개체화의 역설paradox of absolute individuation'이라고도 불리는 딜레마를 근대 국가는 어떻게 해결했을까?[19]

러기에 의하면 근대 국가는 예외적으로 '영토성 분할unbundling territoriality'을 제도화함으로써 이러한 딜레마로부터 벗어나고자 했다. 우선 근대 국가는 딜레마를 해결하기 위해 대내적 차원에서 영토적 지배를 강화하고 정당성을 부여할 수 있도록 하는 '사회적 권한 부여social empowerment' 제도를 구축했다. 아울러 대외적 차원에서 복수의 주권 국가들 사이에 관할권이 중복되는 모순을 해결하기 위해 '상호 승인' 제도를 고안했는데, 여기에는 치외법권, 위요지enclave, 월경지exclave 등 영토성 분할을 전제로 한 여러 제도와 관념이 포함되었다.[20] 이는 곧 근대 국가의 근본 원리로서 합의된 영토성이 불완전하면서도 예외적인 방식으로 유지되어 왔음을 뜻한다.[21] 또한 이러한 한계로 말미암아 근대 국제정치 질서가 주권체들 사이의 갈등과 충돌로 인한 임계점에 도달할 수도 있다는 것을 의미한다.

---

19 이 역설은 근대 국가의 영토적 주권 개념이 안고 있는 근본적인 모순의 핵심을 형성한다. 근대 국가의 주권이 대내적으로 최고의 권리로서 절대적 속성을 갖는 데 비해 대외적으로는 그러한 국가들이 복수로 존재하면서 부득불 서로 간의 주권 행사가 상대적으로 이루어질 수밖에 없기 때문이다.

20 Ruggie(1993), pp. 160-165.

21 영토 주권의 개념에 비판적인 수정주의자들에 따르면, 기존에 민족을 중심으로 규정된 영토성의 관념은 서서히 약화되면서 한층 엄격한 조건이 요구되는 추세이다. 예를 들어 정당한 점령, 기본적 정의, 자기 결정권 등이 보장되어야만 한 국가가 해당 영토를 지배할 수 있으며, 이러한 조건이 충족되지 않을 경우 국가는 '일시적으로pro tempore' 영토 주권을 가진다고 주장한다. Stilz(2019), p. 21.

이와 같은 러기의 분석에서 우리는 근대 국가의 영토성이 그 자체로 근본적인 모순을 안고 있음을 알 수 있다. 이는 근대 국가 제도가 역사 속에서 지속될수록 점점 모순에 빠져들면서 장기적으로는 붕괴될 수도 있다는 암울한 전망으로 이어진다. 사실 이러한 비관적 인식은 기존의 정치학 연구가 국가에 대한 물신주의에서 벗어나지 못하고 있다는 한계와 밀접하게 연관된다. 즉 국가와 주권의 영토성 전제를 당연하게 주어진 것으로 간주함으로써 주권적 공간을 무無역사적 존재로 만들어 버렸고, 국가의 안과 밖을 구분하는 이분법적 사고를 벗어나지 못한 채 국가 내부에 사회가 내재되어 있다고 인식해 왔다는 점을 지적하지 않을 수 없다. 그래서 기존 정치학의 국가론은 '영토의 함정territorial trap'에 매몰될 수밖에 없었다.[22] 그럼에도 근대 국가를 '영토화된 공간'으로 이해할 수밖에 없었던 것은, 베스트팔렌 체제 이후 지속되어 온 유럽의 역사, 특히 계몽주의 이후 확산된 중상주의, 산업자본주의, 민족주의, 민주주의 등 여러 요소가 복합적으로 작용했기 때문이었다.[23] 근대 유럽이 역사적 발전을 거치면서 근대 국가의 영토성은 불완전하게나마 '공간적 물신주의spatial fetishism'에 의해 지탱되고 있었던 것이다.[24]

이런 맥락에서 보면 근대 국가의 '영토성 분할'이라는 실천적 관행은 탈근대적 국제정치의 조건을 가능하게 만든 방법이었다는 것이 러기의 견해이다.[25] 그에 따르면 근대 국제정치 질서의 불완전한 물신주의에 대한 도전은 다원적 제도의 구축을 통해 영토성 해체를 가속화하

22 Agnew(1994), p. 54.
23 Agnew(2005), p. 441.
24 Brenner(2004), p. 70.
25 Ruggie(1993), pp. 171-174.

고 있는 유럽연합, 무역 등 비非영토적 공간의 확장, 글로벌 생태계의 문제 등에서 나타나고 있으며, 이 모두는 근대의 국제정치 질서를 넘어서는 새로운 '사회적 인식'을 요구한다. 그렇다면 우리는 근대 국가의 속성으로서 영토성의 조건이 얼마나 이완되고 있는가를 오늘날 세계화의 시대에 다시금 성찰해야만 할 것이다. 영토성 자체도 불완전한 메커니즘으로서 존속해 왔지만, 오늘날 이에 대한 도전은 경제적 차원과 기술적 차원에 걸쳐 본격적으로 제기되고 있기 때문이다.

우선 경제적 차원에서는 자본주의의 확산과 심화에 따른 국가 주권의 위축을 언급할 필요가 있는데, 이것이야말로 세계화론자들이 지속적으로 강조하고 있는 점이다. 이들에 따르면 근대 국가의 영토성은 국가-자본의 관계에 따라 변화한다. 과거에는 자본이 국가의 영토 안에서 주권의 통제를 받아야 하는 것이었다면, 자본주의가 고도로 발달한 신자유주의적 세계화 시대에는 오히려 국가가 자본의 공간에 스스로를 맞춰야 하는 상황으로 바뀌고 말았다. 신자유주의는 상품과 서비스, 노동, 자본의 이동을 확대함으로써 영토 기반의 국가조직들이 국가 하위 차원과 초국가 차원에서 새롭게 적응하도록 촉구해 국가-자본의 관계에 변화를 가하고 있다. 그러므로 국가의 '영토' 공간은 더 이상 지리적인 경계에만 국한되기보다 '자본'의 흐름에 따라 재규정되는 복합적 공간 속에 놓여 있다.[26] 이와 더불어 국가의 영토성은 기술에 의해서도 거센 도전을 받고 있다. 앞서 살펴본 것처럼 정보기술의 확산은 국가가 독점해 오던 통제의 권한을 분산시킴으로써 다양한 정치적 행위자가 적극적으로 정치 활동에 관여하도록 부추기고 있으며, 대외적으로도 국가 간 정보 재화의 교류와 흐름이 무제한적으로 이루어

---

26 Brenner(2004), p. 14.

지도록 함으로써 국가의 통제력을 위축시키고 있는 것이다.

이런 점들을 고려할 때 오늘날 근대 국가의 영토성이 과거와 같은 필수적 조건으로 유지될 것이라고 기대하기는 쉽지 않다. 나아가 근대 국가의 여러 조건이 완화되면서 근대 국가의 존재 자체가 위협받거나 소멸하고 있다는 주장도 제기되고 있다. 그런데 이러한 예측과는 반대되는 경향도 나타나고 있는데, 예를 들어 국가가 자본의 흐름을 규제하기 위한 여러 가지 제도적·정책적 노력을 기울이기도 하며, 정보화의 추세 속에서 다양한 기술을 통해 국민들을 감시하고 통제하려는 모습도 자주 관찰되고 있다. 따라서 세계화와 정보기술의 발전이 곧 영토성을 기반으로 하는 근대 국가의 위상을 약화 또는 강화할 것이라고 단순하게 예단하기는 쉽지 않다. 그러한 영향은 경우에 따라 국가의 역할에 긍정적인 방향으로, 때로는 부정적인 방향으로 작용할 수 있는데, 이런 점을 고려할 때 세계화와 정보기술의 영향은 복합적인 방식으로 나타날 것이라고 볼 필요가 있다.

예를 들어 고도로 정보화된 미국이나 중국의 사례를 보면 정보기술은 시민 사회의 역량 강화empowerment로 이어져 정치적 권력의 분포에 변화를 가져올 수 있다. 하지만 미국과 같은 민주주의 국가에서는 이러한 변화가 상향식 투입 요소를 증가시킴으로써 시민들의 정치 참여를 고무하기도 하지만, 중국과 같은 권위주의 국가에서는 오히려 국가의 정보 통제가 강화됨으로써 하향식 거버넌스로서 '빅 브라더'의 권한이 더욱 커지기도 한다. 따라서 정보기술의 발전이 국가의 억압적 메커니즘을 해체해 가는 '자유지상주의libertarianism'의 전망이 우세할지, 아니면 국민들에게 초법적 권위를 휘두르는 '오웰적Orwellian 국가'의 전망이 우세할지 현재로서는 단언하기 힘들다.[27] 이런 맥락에서 우리는 근대 국가의 영토성이라는 물신화의 덫에 빠지지 않으면서 동시에 국가의 지속적인 생존을 설명하기 위한 대안의 프레임워크로서 국가의 '소멸'이 아닌 '변환' 과정에 초점을 맞출 필요가 있다.[28]

4. 대영제국과 오늘날의 네트워크 국가

세계화 시대에 들어와 근대 국가의 영토성이 여러 가지 방식으로 약화되었다는 가설이 타당한 것이라면, 영토적 속성이 오늘날 어떻게 변화하고 있으며 또한 국가의 권위와 역할에 어떤 변화를 주고 있는지를 묻지 않을 수 없다. 국가의 공간적 구조가 국경선이라는 영토적 경계 내에 존재하는 요소들을 단단하게 붙들어 매는 형태로 발전해 온 것이라면, 이것이 완화됨으로써 국가 내부의 응집력에 어떤 변화가 일어나고 있는 것일까? 여기에서 우리는 '네트워크 국가'라는 새로운 형태의 국가 유형에 대한 논의를 시작할 수 있을 것이다. 네트워크 국가의 개념이 전통적인 국가의 개념과 크게 차별화되는 것이라고 보기는 어려울 수 있지만, 오늘날 진행되고 있는 국가의 형태 변화를 설명하는 데 매우 유용한 도구가 될 수 있다. 이러한 네트워크 국가의 등장에 관해 본격적인 논의를 시작하기 전에 먼저 역사적 배경을 살펴보기로 한다.

네트워크 국가의 원조는 19세기 빅토리아 시대의 대영제국에서 찾을 수 있다. 당시의 대영제국 경영은 오늘날의 기준으로 보아도 방대

27 Henderson(2000), pp. 517-523.

28 Brenner(1999), p. 43. 이런 점에서 국가는 소멸한 것이 아니라 기술 혁신으로 인해 국가-사회의 경계가 희미해졌을 따름이라는 주장에는 타당한 면이 있다. Mitchell (1991), pp. 77-96.

한 프로젝트임에 틀림이 없지만, 교통과 통신 등 기술적 수준이 이를 떠받치는 데는 일정한 제약이 따를 수밖에 없었다. 대영제국은 이러한 한계를 극복하기 위해 다양한 거버넌스 형태와 연결망을 통해 전 세계에 걸친 제국의 공간을 안정적으로 유지했다. 사실 대영제국이 역사적으로 발전해 온 경로를 보면 그것은 처음부터 본격적으로 체계를 갖춘 하나의 통합적 '기획'이 아니라, 상황에 따라 임시변통으로 만들어진 역사적 결정의 산물이었다. 다시 말해 대영제국은 중앙집권적 통제가 완전하게 이루어지는 거버넌스 체계라기보다는 다양한 주변부의 상황을 고려한 유연한 관리 양식이었다.[29] 예를 들어 대영제국이 관리하던 영토적 공간은 백인 정착지, 자치령, 왕실령, 속령, 보호령, 공동 통치령, 신탁 통치령 등을 포함하고 있었고, 이를 관장하는 역할도 식민지 주 정부, 인도 정청, 군 등 정부의 여러 기관으로 분산되어 있었다.

이렇게 볼 때 19세기 대영제국은 '공식 제국'과 '비공식 제국'이 중첩되어 있는 통치체였다고 할 수 있다. 대영제국은 경제적 이익과 우월한 지위를 유지하기 위해서라면 언제든지 직접 통치를 포기할 준비가 되어 있었다. 물론 이러한 유연성은 제국을 포기하는 것이 아니라 간접적 방식을 동원해 제국의 지배를 영속화하기 위한 것이었다.[30] 이처럼 빅토리아 시대의 영국이 '공식 제국'과 '비공식 제국'의 혼합적이면서 가변적인 지배 구조를 택했던 것은 주어진 한계 안에서 가장 효과적인 통치를 겨냥한 것이다. 전 세계를 효율적으로 통치할 역량이 부족하다고 인식한 대영제국이 나름대로 생존하기 위해 경제, 군사, 이데올로기 등 다양한 영역의 자원을 총동원해 유연한 방식으로 제국을 네

---

29 이영석(2019), pp. 66-69.

30 Gallagher and Robinson(1953), pp. 3-4.

트워크 형태로 통합 관리한 것이다.[31] 그런 만큼 대영제국은 급변하는 대외 정세에 적절하게 대응하며 스스로의 영향력을 유지하기 위한 목적에서 제국 내의 다양한 권력관계를 맞춤형으로 유지하고자 했다.

이렇게 본다면 대영제국의 네트워크 구조는 글로벌 차원의 헤게모니도 아니고 공식적인 영토 제국을 의미하는 것도 아닌 일종의 영국식 '세계 체제world-system'였다. 이는 법적, 외교적, 정치적, 상업적, 문화적 차원의 관계를 총칭하는 것으로서, 영국 본토와 식민지, 거류지, 보호령, 점령지, 조차지, 세력권 등 다양한 구성원을 네트워크 구조 속에 포함한 것이었다. 이와 같은 영국식 네트워크 정치제도를 하나의 '체제' 또는 '시스템'이라고 부르는 이유는 공간적으로 전 세계에 걸쳐 있는 다양한 구성원을 통합하려는 의지를 담고 있었고 이로 인해 다양하고도 포괄적인 연결망이 구축되었기 때문이다. 중요한 점은 대영제국이 글로벌 차원의 지배와 경제를 지향하고 있었음에도 그것을 관리하는 정치적 역량에 제약이 있다는 사실을 명확하게 인식했다는 것이다. 이렇게 본다면 대영제국은 통합된 계획에 따라 움직이는 단일 정치체가 아니라, 영국 정부와 다양한 제국 구성원 간에 상호 작용과 연결망을 통해 형성된 다양성의 혼합체이다.

결국 대영제국은 하나의 통합적 정치체라기보다는 네트워크 구조를 띤 복합적 '시스템'이었다. 시스템은 경계 내의 구성원 간에 지속적으로 상호 작용이 이루어지면서 서로 간에 유기적으로 생존에 기여하는 전체를 가리킨다. 이를 위해 시스템 내에서 구성원들 사이에 적절한 기능과 역할 분담이 이루어지며, 그럼으로써 공동체가 외부의 환경과 도전에 대응해 살아남을 수 있도록 기여한다. 대영제국도 산업혁명

31 Fletcher, Mountford and Potter(2019), pp. 802-804.

이후의 기술 진보와 사회적 변화를 배경으로 영국식 '세계 체제'라는 정체성을 유지하면서 제국을 관리하는 데 가장 적합한 네트워크 구조를 발전시켜 나간 것이다.[32] 이와 같은 제국의 네트워크 거버넌스는 인류의 정치적 삶이 근대 국가라는 표준적인 형태가 아닌 방식으로도 영위될 수 있음을 보여주는 사례이다.

19세기의 대영제국 네트워크가 과잉 팽창된 영역을 관리하기 위한 목적을 띠고 있는 것과 마찬가지로, 20세기 후반 세계화와 정보혁명의 시기에 등장한 '네트워크 국가' 역시 전통적인 국가가 직면해 있는 역할과 정당성의 위기에 적극적으로 대응하기 위한 자발적인 변환의 산물이었다. 이는 곧 국가라는 정치 단위체가 외부로부터의 위협을 인지하고, 그러한 위기를 기회로 바꾸기 위해 다양한 전략적 대응을 취할 것이라는 전제로부터 출발한다. 이러한 전제는 국가가 경제적 세력이나 외부 요인에 수동적으로 반응하는 행위자가 아니라 사회적 관계 속에서 '자율성autonomy'을 지닌 주체라는 신新그람시주의적 인식을 바탕으로 한다. 물론 세계화로 인해 국경선이 희미해지고 정보기술의 발달로 말미암아 영토적 관할권이 대폭 축소된 점에 대해서는 이견이 없지만, 이런 추세와 더불어 국가는 적극적으로 스스로의 구조와 양태를 바꿔가면서 새로운 도전에 대응하려는 모습도 나타나고 있다는 점에서 이러한 '네트워크 국가'의 현상은 주목할 만하다.

새롭게 등장한 국가 유형으로서 '네트워크 국가'는 대내외적으로 다양한 구성원을 잇는 연결망의 모습을 띤다는 점에서 구조적으로 중앙집중적인 근대 국가와 대비된다. 우선 대외적 차원에서 국가는 새로운 외부 환경의 도전에 맞서 다른 국가 행위자들과 연결망을 구축한다.

---

32 Darwin(2009), pp. 25-26.

물론 이러한 국제 협력이 비단 오늘날에만 국한된 현상은 아니지만, 빈곤이나 무역, 환경, 질병, 자원 등 글로벌 차원의 다양한 문제를 해결하기 위한 협력체의 필요성은 과거 어느 때보다도 커지고 있다. 세계화 시대에 들어와 이러한 요구가 거세게 일면서 많은 나라는 자유주의적 국가 모델의 한계를 극복하기 위한 대안적 거버넌스 모델로서 '정부 간 네트워크intergovernmental network'를 구축해 왔다.

정부 간 네트워크는 국제 문제가 다양한 기능과 층위에 따라 분화됨으로써 행정부, 사법부, 입법부 등 국가의 각 기관이 다른 국가의 기관과 연계하는 국제 협력을 추진하는 방식으로 구축되어 왔는데, 이러한 모습은 전통적인 국제기구가 외교관과 같은 공식 대표들로만 구성된 것과 큰 차이를 보인다.[33] 유럽의 경우만 하더라도 각 회원국의 사회에 '내재된embedded' 정부기관들이 다양한 층위의 사회적 결사체들과 그들 사이에 구축된 네트워크를 통해 수평적 연대를 형성하고 있다.[34] 보다 일반적 차원의 정부 간 네트워크는 동맹, 무역, 국제기구 등 다양한 하위 네트워크 간의 연결로 이어지면서 이른바 네트워크와 네트워크 간의 '망제網際' 구조로 발전해 가고 있기도 하다.[35]

이처럼 다양한 도전에 직면한 국가들이 대외적으로 연결망을 형성하면서 글로벌 차원의 협력을 도모하고 있는 것과 동시에, 대내적 차원에서도 국가의 네트워크화가 전개되었다. 무엇보다도 국가는 시민사회나 지방자치단체 등 여러 층위의 국내 정치체에 권한과 자원을 이

---

33 Castells(1997/2008), pp. 414-420; Slaughter(2004).

34 Ansell(2000), pp. 303-333. 한편 응집력이 강한 유럽연합에 비해 동아시아 국가 간에는 느슨하면서도 개방적인 형태의 네트워크 지역주의가 유지되고 있다고 볼 수 있다. Katzenstein and Shiraishi(1997), p. 12.

35 Maoz(2011), pp. 106-108; 김상배(2007), pp. 111-154.

양함으로써 정당성 문제를 해결하고자 노력했다. 이러한 변화는 기술의 발전과 교류의 증가에 기인하는 정치적 요구의 다양화에 대응한 것으로 해석할 수 있다. 사실 세계화가 가속화되기 시작한 1990년대에는 선진 자본주의 사회에서 국가 실패, 시장 실패, 거버넌스 실패 등 사회적 응집력이 약화된 상황에서 국가가 유지해 온 정당성의 위기가 고조되었고 통제의 효과가 줄어들었다. 이러한 배경 아래 국가는 변화에 적응하기 위한 방편으로 구조적 개편을 추진했고, 그 결과로 '네트워크 국가'라는 새로운 유형의 거버넌스 체제가 등장하게 된 것이다.[36]

이렇게 본다면 20세기 후반에 등장하기 시작한 네트워크 국가는 일종의 '네트워크 정치체'로서 수직적·수평적 다대다 연결 구조를 지닌 '복합적 이합질서'로 이해할 수 있다. 전통적인 조직 원리가 중앙집중형 위계질서 구조와 분산형 시장 구조로 구분되고 양자 간의 스펙트럼상에 위치한 다양한 유형의 복합적 구조를 네트워크라고 보았던 것에 비해, 이와 같은 '이합질서'의 관념은 거버넌스가 다양한 층위에서 동시다발적으로 일어난다는 점을 강조함으로써 정치적 단위체를 더욱 복잡하게 바라본다는 차이를 드러낸다.[37] 그럼으로써 이합질서 네트워크의 개념은 수평적 다원주의와 수직적 조합주의를 아우르는 포괄적 용어로서, 기계적 장치를 넘어서는 유지적 장치로서, 서로 중첩되는 관할권을 가진 조직의 결합체로서 인식되기도 한다.[38]

네트워크 구조를 지향하는 정치체의 경우 운용 방식에서도 하향식,

---

36 Carnoy and Castells(2001), pp. 13-14.

37 예를 들어 서유럽 국가들 사이에 이루어진 지역경제 발전 프로젝트의 경우 전통적인 위계질서 구조 대신 분산적이면서 네트워크 형태의 구조를 띠며 다양한 제도 간의 정치적 교류와 협상을 통해 문제를 해결해 나가는 '이합질서'의 모습을 보여준다. Ansell(2000), p. 311.

38 Ansell(2000), pp. 305-308.

중앙집중형 과정에 비해 상향식, 분산형 과정이 자주 나타나는 것으로 알려져 있다. 이러한 인식은 정부와 시장 모델의 운용 방식을 뛰어넘어 유연한 형태의 '거버넌스' 관리 양식에 대한 필요성으로 이어졌다. 하지만 오늘날의 네트워크 구조는 이와 같은 '국가-시장-거버넌스'의 일원적 연계성에서 한 걸음 더 나아가 이들을 모두 포괄하면서도 상황에 따라 선택적으로 관리 모드를 바꿔가는 '메타거버넌스'에 대한 논의를 가능하게 만들고 있다. 기존 '거버넌스의 실패' 관념에 대응하기 위해 새롭게 제안된 '메타거버넌스'는 '거버넌스의 거버넌스'를 뜻하는 것으로, 네트워크 국가에서 관찰되는 복합적 관리 양식을 가리킨다. 즉 네트워크 국가는 사안에 따라 위계질서형, 분산형, 거버넌스형 등 다양한 관리 모델을 모두 고려하면서 필요에 따라 이들을 취사선택해 복잡한 문제를 해결해 가는 다층 거버넌스 구조로 이해될 수 있다.[39]

이상의 고찰에서 우리는 네트워크 국가를 역사적인 뿌리를 가지고 있으면서 동시에 지속적으로 발전해 가는 하나의 국가 유형으로 규정할 수 있다. 물론 네트워크 국가가 아직까지 전통적인 국가 유형을 완전하게 대체한 것은 아니며, 전 세계에서도 극히 일부분의 국가에서 관찰되고 있다는 점에 유의할 필요가 있다. 다만 19세기의 제국만큼이나 21세기의 국가 역시 그 특성이 바뀌고 있다는 점은 분명 정치학과 국가론의 중요한 관심사라 하지 않을 수 없다. 따라서 네트워크 국가가 전통적인 국가와 완전하게 구분되는 국가 유형이라기보다 영토, 국민, 주권 등 전통적인 국가의 속성을 구성하는 요소들이 점차 상호 작용과 관계의 차원에서 그 모습을 서서히 바꿔가는 대안의 모델이라고 볼 필요가 있을 것이다. 17세기의 베스트팔렌 체제 이래로 근대 국가

---

39 Jessop(1998), pp. 38-41; Jessop(2011), pp. 106-108.

모델이 수백 년에 걸쳐 서서히 발전해 왔던 것처럼, 네트워크 국가라는 새로운 유형으로 규정되는 국가의 모습도 지속적으로 바뀌는 과정적 개념으로 이해해야 하기 때문이다.

5. 국가론의 재조명과 미래의 국가

지금까지 살펴보았듯이 오늘날의 국가가 세계화 및 정보화 시대를 거치면서 그 형태와 기능에 변환을 거듭해 왔다는 점은 정치학적 고찰을 요하는 중요한 이슈임에 틀림없다. 1980년대 이후 국가의 역할에 대한 재조명이 지속적으로 이루어져 왔는데, 특히 신新베버주의 관점은 오랫동안 국가를 자본주의 지배 세력의 도구라고 인식해 온 좌파적 패러다임을 극복하는 데 큰 기여를 했다. 전통적인 좌파 국가론이 경제적 생산관계에 초점을 맞췄다면, 스카치폴Theda Skocpol과 만Michael Mann을 중심으로 하는 신베버주의 국가론은 사회에 비해 국가를 보다 지배적인 행위자로 간주하면서 권력의 하향식 흐름에 더 주목했다.[40] 이러한 입장은 기능주의 사조와 유사한 경향을 보였는데, 국가와 시민 사회의 관계를 비대칭적으로 본다는 점에서 특히 그러했다. 이들이 보기에 높은 자율성을 지닌 국가 내에서 시민 사회는 단지 국가의 역량을 높이는 데 필요한 도구로 간주되었다. 따라서 신베버주의와 기능주의는 국가의 변환을 설명하는 데 있어 전통적인 경제적 시각을 넘어서기도 했지만 동시에 국가의 실제 역사적 궤적을 충분하게 다루지 못했는데, 예를 들어 베버가 원래 강조했던 국가의 '정당성' 문제

40 Evans et al.(1985); Mann(1984); Hall and Schroeder(2006) 참조.

는 오히려 뒷전으로 밀려나 있었다.[41]

이런 점에서 신新그람시주의 국가론의 부활에도 주목할 필요가 있다. 신그람시주의는 국가를 경제적 성과로만 평가하지 않으며, 사회의 '동의'와 그에 기반을 둔 정당성의 측면에서 규정하고 이와 관련된 사회적 규범의 중요성을 강조한다. 따라서 신베버주의의 '국가 되살리기' 대신에 '사회 되살리기'를 더 내세운다. 그람시에 따르면 국가는 지배계급이 자신들의 지배 체제를 정당화하면서 피지배자들의 동의를 획득하기 위한 도구였다.[42] 이와 같은 그람시의 국가관은 전통적인 좌파의 '국가 대 경제'의 구도를 극복하고 이를 '국가 대 시민 사회'로 확장시킨 전기를 마련했다는 점에서 주목을 받아왔다. 그러면서도 신베버주의의 비역사성이라는 한계를 넘어 세계화 시대에 나타나고 있는 국가의 위상 하락과 글로벌 헤게모니의 변화를 설명할 수 있다는 장점을 지닌다. 이러한 시각에 따르면 세계화의 추세는 초국가적 사회 세력의 성장과 국가 행위자의 상대적 위축을 통해 '역사적 블록historical bloc'을 재편성하고, 국가의 전통적인 헤게모니가 글로벌 자본주의 속에서 바뀌어 가는 동인을 제공해 왔다.[43]

국가론의 전개 과정에서 관심을 끌고 있는 또 다른 이슈는 네트워크화로 인해 전통적인 강대국 헤게모니의 지배가 새로운 형태의 '제국'을 만들어 낸다는 신좌파의 논리이다. 세계화 시대에 들어와 상대적으로 위축되어 있던 좌파 국가론은 네그리Antonio Negri와 하트Michael Hardt의 '제국Empire'에 관한 담론으로 발전했다. 19세기의 대영제국은 다양한 요소가 서로 연결되어 끊임없이 진화해 나가도록 만드는 일종

41 Hobson and Seabrooke(2001), pp. 257-260.

42 Gramsci(1971), p. 244.

43 Cox(1981), pp. 126-155; Robinson(2005), pp. 562-563.

의 네트워크였다. 또한 대영제국은 중앙에서 관리하는 일방적인 '권력의 투사projection'가 아니라 다양한 지역적 요소가 생산, 착취, 통제 등을 위해 연결된 구조이자 유기적인 통합이었다. 대영제국의 네트워크는 앞서 논한 것처럼 다양한 정치적 주체의 이해관계가 합종연횡을 거듭하면서 만들어 낸 다원주의의 산물이었던 것이다.[44] 이 장에서 네그리와 하트의 제국론을 본격적으로 다룰 수는 없지만, 이들 신좌파의 국가론에 따르면 제국은 정보기술과 네트워크 관리를 통해 체제의 모순을 극복하고 국가 역량을 강화해 나간다. 이런 논리는 미래의 국가가 어떤 모습으로 진화할지에 대한 흥미로운 주장이다.[45]

전통적인 국가론과 새로운 '국가의 변환' 논리가 어떻게 전개되건 간에, 다가올 미래에 국가가 어떻게 바뀔 것인가에 대한 논의에서 빠뜨릴 수 없는 이슈가 바로 국가의 위기 대응 역량이다. 오늘날 국가는 핵전쟁의 가능성, 지구온난화, 대량 이주, 감염병 등 수많은 과제에 직면해 있다. 기존의 국가와 초국가기구는 그동안 영토와 인구에 대한 통제를 강화하면서 국제적인 협력망을 통해 이러한 위기에 어느 정도 효과적으로 대응해 왔다. 이 과정에서 정보기술과 사회 구조의 네트워크화가 국가의 역량을 강화하고 글로벌 차원의 공동 인식을 함양하는 데 도움을 주기도 했다. 그럼에도 우리가 인식하는 표준 정치체 모형으로서 근대 국가가 오늘날의 급박한 위기에 제대로 대응하고 있는지에 대해 긍정적인 평가를 내리기 어려운 것도 사실이다. 예를 들어 민주주의 체제와 분산형 거버넌스는 많은 경우에 자원의 배분과 갈등 해소에 효과적이지 못한 것처럼 보인다. 또한 많은 나라에서 정부의 무

44 Fletcher et al.(2019), p. 805.
45 Hardt and Negri(2000/2001).

능한 리더십이나 포퓰리즘적 대응이 국민들에게 피해를 입히기도 한다. 이처럼 국가의 역량이 한계에 직면한 상황에서 더욱 강력한 초국가적 리더십이 필요하다는 목소리가 점점 커지고 있다.[46] 인류가 영토적 국경선과 절대적 주권 관념만으로는 적절하게 관리할 수 없는 '공동의 운명'을 지니고 있기 때문이다.

결국 정보화 시대의 새로운 국가론은 영토성의 약화와 국경선의 쇠퇴에 따른 네트워크 국가의 등장과 거버넌스 및 네트워크 거버넌스 관리 방식의 확산을 고려하면서 전통적인 국가 행위자의 변환 및 위기 대응이 어떤 방향으로 전개될 것인지에 주안점을 두어야 할 것이다. 그동안 신그람시주의와 신베버주의 간의 논쟁에서 불거진 것처럼 국가가 자본으로부터 얼마나 자율성을 지니는지, 그리고 국가 대 시민사회의 관계가 얼마나 독립적인지의 문제를 뛰어넘을 필요가 있다. 새로운 종류의 위기에 처한 국가가 기술적·제도적 차원에서 어떻게 바뀔 것인지는 국가의 자율성이라는 지표뿐만 아니라 국가의 역량 전반에 달린 문제이기 때문이다.[47] 이런 맥락에서 앞으로의 국가 변환에 관한 담론에서는 과거에 국가의 '상대적 자율성relative autonomy'을 중심으로 전개되었던 풀란차스Nicos Poulantzas와 밀리밴드Ralph Miliband 간의 논쟁을 재평가하는 노력도 필요할 것이다.[48] 특히 풀란차스는 국가가 자본의 축적과 노동력의 재생산을 수행하는 동시에 사회적 이해관계의 지배와 국가 제도의 정당화라는 역할을 담당하고 있다는 점을 부각

---

46 Russell(2021), pp. 142-143.

47 Offe(1984); Borchert and Lessenich(2016). 이와 관련해 제솝Bob Jessop은 변화에 직면한 국가의 역량이 상대적 자율성을 결정짓는 자원과 책임, 국가 내의 세력 다툼, 그리고 국제 체제와의 구조적 관계로부터 영향을 받는다는 점을 언급한 바 있다. Jessop(2008/2021), pp. 20-21.

48 Poulantzas(1969), pp. 67-78.

시킴으로써 국가의 역할에 상당한 정도의 자율성이 있음을 피력한 바 있다.[49]

이와 같은 풀란차스의 국가관은 오늘날 정보화 시대의 권력관계 변화를 설명하는 데도 유용하게 적용될 수 있다. 오늘날의 국가와 여타 정치 단위체들이 단지 세계화와 정보화의 수동적 대상에 불과한 것이 아니라 스스로의 존속을 위한 메커니즘을 구현하는 능동적 주체라는 점을 부각할 수 있기 때문이다. 그렇다면 풀란차스-밀리밴드 논쟁의 연장선상에서 우리는 오늘날 정보기술의 확산과 네트워크화 추세가 국가에 대해 일관적이지 않은 방식으로 미치는 영향, 즉 국가의 역량 강화와 위축이라는 이중적인 현상을 설명할 수 있다. 물론 오늘날의 국가의 형태와 기능에 영향을 미치는 것이 자본주의적 세계화와 첨단 기술만은 아닐 것이다. 국가는 수백 년에 걸쳐 진화해 왔고, 또 앞으로도 그럴 것이라고 예상된다. 국가는 인류 역사상 존재해 온 다양한 정치체 중에서도 가장 효과적이었고, 여타 시스템에 비해 아직도 비교 우위를 지니고 있는 정치제도이기 때문이다. 이러한 우위는 사이버 공간과 같은 새로운 글로벌 차원의 공공재에서도 지속될 가능성이 크다.[50] 유럽연합과 같이 다양한 형태의 구조적 변화가 시도되고 있기는 하지만,

---

49 Carnoy and Castells(2001), p. 14. 오늘날 신좌파 계열의 학자들은 세계화 시대의 국가를 변환하도록 만드는 매개변수로 노동의 재조직화, 노동자-생산품의 분리, 국가의 재통합 기능, 문화적 정체성의 부상, 지식과 권력관계의 재구조화 등을 꼽고 있다.

50 근대 초기의 주권 관념이 왕조 국가에서 발전하게 된 배경에는 '불문권prescription'이 자리 잡고 있다. 이 개념은 별도의 합의가 없더라도 오랜 기간 이어져 온 관행에 기초해 주장할 수 있는 청구권을 의미한다. 그래서 일정 기간 영토를 점유해 왔다면 그에 대한 권리를 확정할 수 있다는 것이다. 이러한 불문권 개념을 통해 근대 초기의 세습 왕조들은 영토 내에서 자신들의 주권을 보장받았다. Jackson(2007/2016), p. 249. 이와 같이 근대 초의 경제사회적 변화 속에서 세습 왕조들이 주권적 권위를 인정받았던 것만큼이나 사이버 공간에서도 국가의 주권적 지위가 자연스럽게 지속될 가능성은 크다.

아직까지 국가 시스템을 대체할 만한 대안의 모델은 나오지 않고 있는 것이 현실이다. 이런 점에서 근대 국가는 앞으로도 다양한 형태의 도전에 적응하면서 스스로 변환해 갈 것으로 전망된다.

국제정치학자인 길핀Robert Gilpin에 따르면 국제정치의 기본은 오랜 세월에 걸쳐 크게 바뀌지 않았다. 여기에서 '기본'이라 함은 무정부 상태anarchy에서 독립적 단위체들 사이에 반복적으로 이루어지는 부와 권력 투쟁의 패턴을 가리킨다.[51] 하지만 우리가 국제정치의 '변화'라는 동적 차원에 주목한다면, 적어도 국제정치의 외생적 차원에서 나타나기 시작한 변화가 국제정치 본래의 모습을 바꿔가는 것도 관찰할 수 있다. 이와 관련해 홀스티K. J. Holsti는 국제정치의 '변화'를 '기반적 제도'의 변화와 '절차적 제도'의 변화로 구분했다. 전자에는 국가 체제, 영토성, 주권, 국제법이 포함되고 후자에는 외교, 무역, 식민주의, 전쟁 등 반복적으로 일어나는 관행, 이념, 규범이 포함된다는 점을 고려할 때 오늘날 국가의 변환 과정 역시 절차적 제도의 변화에서 시작해 기반적 제도가 변화하는 과정임을 이해할 수 있다.[52] 다시 말해 사이버 공간이 만들어지고 세계의 네트워크화가 가속화되는 절차적 변화로부터 국가와 영토성, 주권이라는 기반적 변화가 도출되는 모습이 새삼스러울 것은 없다.

이와 같은 논의는 장차 등장하게 될 새로운 형태의 정치체로서 미

---

51 Gilpin(1981), p. 7.

52 Holsti(2004), p. 21. 길핀은 국제정치의 다이내믹스를 분석하기 위해 세 가지의 범주를 설정했다. 그것은 제국, 국민 국가, 다국적 기업 등 시스템을 구성하는 행위자의 성격 변화를 가리키는 '시스템 속성 변화systems change', 거버넌스 및 권력 배분의 변화, 위계질서, 규칙, 권력관계에 초점을 맞추는 '시스템 조직 구성의 변화systemic change' 그리고 국가 등 행위자의 빈번한 상호 작용을 중시하는 행위자 간 '상호 작용의 변화interaction change'로 구분된다. Gilpin(1981), pp. 39-44.

래의 국가에 대한 전망으로 이어질 것이다. 정치학 내에서의 국가론의 역사와 성격을 고려할 때 영토성이나 주권의 개념을 뛰어넘는 형태로 국가 중심의 패러다임이 개편될 것인지, 아니면 국가의 권한과 기능이 강화되는 형태로 환경적 요인들이 수용될 것인지를 예측하는 일은 아직 이를 것이다. 그럼에도 불구하고 세계화 이후 빠르게 진행되고 있는 국가의 역할 변화는 주권 또는 '자율성'의 정도에 대한 정치적 판단을 동반할 수밖에 없다. 특히 자본주의 체제가 여전히 존속하면서 대안의 경제 체제가 뚜렷하게 나타나지 않는 상황에서 국가와 자본주의 간의 경제적 연관성은 여전히 좌파적 관점을 무시할 수 없다는 교훈으로 이어진다. 그러나 이러한 추세는 대체로 서구 지역에 편중된 경향으로, 러시아와 중국, 수많은 제3세계의 권위주의 국가에서도 그대로 구현된다고 보기 어렵다. 이들 지역에서는 여전히 '자율성'을 전면에 내세우면서 국가의 권한과 기능이 강화되는 추세가 지속되고 있기 때문이다. 따라서 지금으로서는 네트워크 국가가 언제쯤 국제정치의 지배적인 정치체가 될 것인지를 예측하기가 쉽지 않다. 다만 국제정치의 구조가 17세기에 비해 훨씬 더 복잡해지고 있다는 점을 고려할 때 국가의 모습이 그에 대응할 수 있는 방식으로 서서히 바뀌어 갈 것이라고 진단할 수 있다. 이런 점에서 네트워크 국가는 우리의 관심을 끄는 새로운 현상임이 분명하다.

이 장은 오늘날의 세계화 및 정보화 추세 속에서 전통적인 정치적 단위체의 표준으로 자리매김해 온 근대 국가가 어떻게 변화할 것인지를 살펴보았다. 정보기술의 발전과 그로 인한 전 세계의 네트워크화는 정치적인 면에서도 큰 변화를 초래했는데, 사이버 공간이라는 새로운 글로벌 공유재의 등장은 국가들 사이에 새로운 갈등과 경쟁의 동기를 유발하고 있으며 새 유형의 정치 공간을 생성함으로써 전통적인 영토 기반의 주권에 일대 변화를 촉발하고 있다. 또한 기술의 발전은 권력 개념조차도 새롭게 해석하도록 부추기고 있는데, 상호성과 복잡성이 증가한 오늘날 권력은 과거와 달리 일상적 삶으로부터 분리하기 어렵게 작동하면서 새로운 정치 지형을 만들어 내고 있다.

이러한 상황에서 전통적인 근대 국가의 핵심 원리인 '영토' 기반의 주권 관념에도 일대 변화가 예상되고 있다. 더 이상 영토의 획정에 영향을 받지 않는 인적·물적 교류가 확대되면서 국가가 통제 가능한 관할권이 대폭 축소 또는 약화되고 있는 것이 현실이기 때문이다. 이런 점에서 근대 국가의 영토성 개념은 매우 불안정하면서도 때로는 모순적인 속성을 벗어나지 못하고 있다. 우리가 당연한 것으로 간주해 온 영토적 '물신주의'는 이제 네트워크 사회 또는 사이버 공간에서 더 이상 통용될 수 없다. 이와 동시에 다양한 기술적·공간적 기회가 국가에 의해 전유됨으로써 역으로 국가의 역할과 권한을 강화하는 현상도 나타나고 있다. 이런 점에서 우리는 영토성이 항상 약화되는 방향으로만 진행될 것인지 아직 판단하기 이르다.

그럼에도 불구하고 근대 국가가 과거의 영토성에 얽매이지 않으면서 새로운 형태의 국가, 즉 '네트워크 국가'로 탈바꿈하는 모습에 주목할 필요가 있다. 19세기의 대영제국도 관리상의 효과성을 위해 네트워크 구조를 적극적으로 채택했지만, 오늘날에는 더욱 복잡하면서도 정교한 방식의 네트워크 국가가 등장하고 있기 때문이다. 대외적으로 국가들은 네트워크 형태의 협력망을 통해 글로벌 차원의 도전에 공동으로 대응하고 있다. 또한 대내적으로는 복잡성과 정당성의 문제를 해소하기 위해 거버넌스 및 메타거버넌스의 관리 양식을 적극적으로 도입하고 있다. 이러한 변화는 자유주의적 관점 및 비판 이론의 관점에서 공히 인식되고 있는데, 앞으로 국가가 어떻게 유연한 방식으로 외부의 도전에 대응하면서 스스로의 모습을 변환시켜 나갈 것인지에 대한 어젠다를 촉구하고 있기도 하다.

이상의 고찰을 통해 우리는 전통적인 국가론 논쟁의 연장선상에서 오늘날 나타나고 있는 근대 국가의 변환 및 네트워크 국가의 등장을 설명할 수 있음을 알 수 있다. 과거 자본주의 경제 환경 속에서 계급적 관점으로만 이해하던 좌파 국가론은 오늘날 기능주의적 시각을 포함하는 신베버주의, 그리고 시민 사회의 부상과 정당성 문제를 고려하는 신그람시주의로 확장되었다. 이들 각각에서 중시되는 관점의 차이에도 불구하고 국가의 자율성이라는 문제가 미래의 국가가 어떤 방향으로 나아갈 것인지를 가늠하는 데 핵심적인 주제로 떠오를 것으로 보인다. 아울러 다양한 형태의 위기가 동시다발적으로 확산되는 시대에 미래의 국가가 얼마나 효과적으로 이에 대응할 수 있는지가 무엇보다 중시되고 있다. 탈냉전기에 들어와 양극 체제가 무너지고 국제 사회의 구조적 변화가 빠르게 일어난 바 있으며 이에 더해 미중 관계의 악화 등 단기적으로 예측을 불허하는 변화가 누적되고 있기는 하지만, 그럼에도 지난 수십 년간 진행되어 온 네트워크 국가의 진화는 충분히 주목할 만한 현상이다. 이러한 점들을 감안해 네트워크 국가의 등장이 국가론의 맥락에서 어떤 의미를 갖는지 살펴보았다.

7장 동아시아 평화를 위한 네트워크 거버넌스

1. 동아시아 평화 체제와 거버넌스의 한계

동아시아와 한반도의 평화 체제는 정책 결정자들뿐만 아니라 사회과학을 연구하는 많은 학자에게도 해결하기 어려운 과제로 꼽힌다. 냉전의 영향이 아직 남아 있는 상황에서 다양한 해법을 모색하는 데는 현실적으로나 이론적으로 동원할 수 있는 개념 도구와 자원이 충분하지 못하기 때문이다. 하지만 1990년대 이후 탈냉전의 분위기가 고조되면서 이 문제를 탐구하는 데 새로운 이론 틀과 개념이 동원되기 시작했는데, 그중에서도 거버넌스 패러다임은 국내 및 국제정치적으로 상당한 반향을 불러일으켰다. 이것은 국가 중심으로 이루어졌던 기존의 평화 체제 관련 연구에 새바람을 일으켰는데, 국제정치의 변화를 반영한 새롭고 바람직한 추세가 아닐 수 없다. 동아시아와 한반도 평화 체제의 구축은 이처럼 새로운 시대적 분위기를 바탕으로 한층 더 폭넓은 대안을 모색할 수 있게 되었기 때문이다. 특히 지난 반세기 동안 동아시아 지역을 지배해 온 근대 국민 국가의 유산으로부터 벗어나 다양한 정치적 방안을 상정할 수 있게 되었다는 점이 주목할 만하다.

그러나 거버넌스 패러다임만으로 오늘날의 복잡한 현실을 모두 반영하는 것은 쉽지 않은 일이다. 거버넌스 이론은 비교적 최근에 들어와 서구의 국내 정치 경험을 바탕으로 형성된 까닭에 국제정치에 이를 그대로 적용하는 데 무리가 따른다. 비록 '글로벌 거버넌스global governance'에 관한 기존의 국제정치 이론이 있기는 하지만, 동아시아와 한반도의 평화 체제 같은 구체적인 장소와 상황에 이를 그대로 원용하기란 쉽지 않은 상황이다. 유럽의 경우 지난 반세기에 걸쳐 수많은 시행착오를 겪으면서 오늘날의 통합 수준에 도달했지만 그 과정에서 개별 국가의 저항과 반발은 대단히 컸다. 이러한 문제는 여전히 남아 있는데, 예를 들어 유럽 공동 헌법과 같이 민감한 사안에 대한 합의는 아직도 요원한 실정이다. 동아시아의 경우는 이보다 더 어려운 상황이다. 경제와 문화 등 하위 정치적 교류를 제외하곤 대부분의 영역에서 국가의 간섭과 통제가 강하게 지속되고 있기 때문이다. 한반도의 상황은 훨씬 더 심각한데, 적대적·군사적 대립과 긴장을 해소하지 않고서는 안정적인 교류·협력 관계를 제도화하는 일이 만만찮은 상황이다.

이 장은 이러한 맥락에서 동아시아와 한반도의 평화 체제에 네트워크 거버넌스 모델을 적용할 수 있는지를 검토한다. 여기에서 문제의식을 강조하는 이유는, 지금까지의 관련 연구나 담론이 대부분 정책적 차원에서 이루어졌다는 사실에 기인한다. 다시 말해 이 장에서는 구체적인 정책 대안보다 이론적 관점에서 추론이 가능한 거버넌스 모델을 추구한다. 이를 위해 여러 국제정치 이론과 더불어 시스템 이론, 네트워크 이론, 복잡계 이론 등 다양한 이론적 논의를 살펴보고자 한다. 이로부터 네트워크, 이합異合질서, 메타거버넌스 등 정교한 개념적 도구들을 차용하고, 동아시아 및 한반도 상황에 적합한 거버넌스 모델을 탐구할 것이다. 이러한 새로운 모델화 작업을 통해 기존의 '국가 대 거버넌스'의 논의를 한층 더 발전시켜 '단순한 거버넌스 대 복잡한 거버넌스'의 논의로 끌어올리고자 한다. 이를 통해 다양한 행위자와 그들 간의 힘의 불균형, 그리고 복잡한 상호 작용과 연계성을 모두 포괄하는 새로운 네트워크 거버넌스 모델의 가능성을 짚어본다. 그렇게 함으로써 이 장에서 제시하는 새로운 모델이 동아시아와 한반도의 평화 체제 거버넌스에 관한 향후의 이론적 논의와 정책적 응용에서 의미 있는 가이드라인이 될 수 있는 가능성을 탐색하려 한다.

2. 평화 체제와 거버넌스 담론

이론적 기초 모델의 필요성

동아시아와 한반도의 평화 체제를 논하는 데 있어 가장 먼저 던져야 하는 질문이 있는데, 그것은 바로 '왜?'라는 물음이다. 이는 평화 체제의 필요성이나 당위성 여부를 묻는 단순한 질문이 아니라 그것이 갖는 역사적 배경, 개념적·이론적 의미, 정책적 연계성 등의 차원에서 이 개념이 충분하게 논의할 만한 가치가 있는지를 묻는 것이다. 이와 같이 시대적·사회적 상황에서 어떤 주제가 왜 필요한지에 대한 질문을 '문제의식problematique'이라고 한다. 동아시아와 한반도의 평화 체제가 지난 수십 년간 여러 방식으로 논의되어 왔지만, '평화 체제'라는 개념을 둘러싼 문제의식에 대한 탐구는 아직도 미흡한 실정이다. 대부분의 평화 체제에 대한 논의는 정책적으로 곧장 활용이 가능한 방안을 중심으로 이루어졌으며, 그로 인해 논의의 출발점이어야 할 문제의식을 건너뛰기 일쑤였다. 안타깝게도 이와 같은 대부분의 정책 지향적 담론들은 정책 현장에서조차 제대로 활용되지 못했을 뿐만 아니라, 활용된다고 하더라도 큰 성과를 거두지 못한 것이 현실이다. 이제 동아시아와 한반도의 평화 체제에 대한 다양한 논의는 새로운 기반 위에서 좀 더 구체적이면서도 실효성 있는 방식으로 새롭게 시도되어야 할 필요가 있다.

평화 체제에 관한 담론들이 정책 현장에서 크게 기여하기 어려웠던 이유 중의 하나로 이 장에서는 기초 모델에 대한 심도 있는 논의가 미흡했다는 점을 들고자 한다. 여기에서 '기초 모델'은 다양한 현실적·정책적 논의의 기반을 이루는 '이상형ideal type' 모델을 일컫는다. 이러한 기초 모델을 바탕으로 세부적인 정책을 도출하거나 평가할 수 있기 때문에 기초 모델은 사회적 이슈를 담론화하고 그로부터 적정한 수준의 합의를 끌어내는 데도 좋은 시금석이 될 수 있다. 동아시아 또는 한반도 평화 체제를 논의하는 데 있어 지금까지 연방제 등 여러 모델이 제시되곤 했지만, 대부분 '통일'이라는 다음 단계의 목표에만 치중했다. 그렇게 함으로써 통일을 위한 선결 요건이라고 할 수 있는 평화 체제에 대한 모델은 거의 제시되지 못했다. 동아시아와 한반도 평화 체제의 다양한 기초 모델이 수립되어야 한다는 당위성 아래, 여러 이론적 고찰을 바탕으로 한 대안의 거버넌스 모델을 소개함으로써 이 장의 서두에서 제시한 문제의식을 분명히 하고, 그에 대한 해답을 모색해 보고자 한다.

이를 위해 먼저 최근 들어 활발하게 논의되고 있는 거버넌스 모델에 대해 살펴볼 것이다. 거버넌스 모델은 국가 중심의 단일 논의에서 벗어나 다양한 행위자의 참여를 기반으로 하는 분산형 관리 메커니즘을 지향하는데, 이는 1980년대 말 이후 시작된 탈냉전의 분위기 속에서 큰 호응을 얻어왔다. 특히 국내 정치와 정책 결정 분야에서 널리 활용된 거버넌스 모델이 한반도와 동아시아 지역 차원에서 어떻게 접목될 수 있는가에 대해서도 다양한 논의가 이루어졌다. 이 장에서는 이러한 논의의 이론적·정책적 의미를 높이 평가하지만, 급변하는 국제정치의 상황을 고려할 때 지금보다 한 발 더 나간 정교한 모델이 필요하다는 점을 강조한다. 사실 1990년대 이후 탈냉전이라는 시대적 변화가 전 세계를 휩쓸고 있으며 이는 21세기에 들어서도 계속 진행 중이라고 할 수 있지만, 9·11 테러 이후 예기치 못하게 변화하고 있는 국제정치의 모습은 단순한 탈냉전기의 거버넌스 모델만으로 대응하기 어렵게 되었기 때문이다. 동아시아와 한반도에서는 이러한 문제가 더욱 두드러지게 나타나고 있다.

이러한 배경하에 이 장에서는 기존의 거버넌스 모델이 갖는 의미를 짚어보고, 탈냉전을 넘어 21세기의 새로운 국제정치 환경 속에서 지금까지의 모델이 어떤 한계를 지니고 있는지 살펴본다. 특히 '거버넌스'라는 개념이 그동안 지나치게 광범위하게 규정됨으로써 이론적으로 정교한 모델을 만드는 데 큰 도움을 주지 못했다는 점을 부각하고자 한다. 그리고 이러한 한계를 극복하기 위한 대안으로 거버넌스의 상위 개념인 '네트워크' 및 '복잡계complex system'라는 이론적 도구에 대해 살펴보고, 이를 통해 동아시아와 한반도의 평화 체제를 구상하는 데 '네트워크 거버넌스' 개념이 올바르게 적용될 수 있는지를 검토한다. 이를 위해 먼저 최근 자연과학 및 사회과학의 각 영역에서 널리 확산되고 있는 네트워크 이론과 복잡계 이론을 소개하고, 이 이론들이 동아시아와 한반도에서의 평화 체제라는 난해한 문제를 이론화·모델화하는 데 어떻게 기여할 수 있는지 세부적으로 살펴보기로 한다.

탈냉전기 국제정치의 변화와 거버넌스

탈냉전 시대의 정치를 논하는 데 가장 널리 회자된 개념의 하나로 꼽을 수 있는 것이 바로 '거버넌스'이다. 1990년대에 들어와 이 개념이 활발하게 이용되기 시작했는데, 그 이유는 과거 냉전 체제의 통치 방식에 대한 적극적인 반발 때문이라고 할 수 있다. 제2차 세계대전 이후 수십 년간 지속된 냉전 체제는 국가 통치제도와 권력의 행사 방식에서 대단히 경직된 모습을 보여왔다. 이는 지난 수 세기에 걸쳐 국가 공동체를 관리하는 표준 모델인 근대 국가의 연장선상에서 이해할 수 있다. 중세 이후 서구 근대 국가는 국내 정치에서 '위계질서'에 기반을 둔 통치 방식, 즉 '하향식' 관리 메커니즘을 도입하기 시작했다.[1] 근대 국가는 정치 엘리트들의 프로젝트를 실현하기 위한 도구이자 궁극적인 목표였으며, 그 운영 방식은 다른 어떤 제도보다도 효과적이라는 점이 경험적으로 입증되었다.[2] 서구에서 비롯된 이 새로운 국가 형태는 19세기 말 제국주의 시대에 들어와 비서구 지역으로 확산되었고, 20세기 초 두 차례의 세계대전을 치르고 난 이후에는 전 세계에서 일반적인 통치 모델로 받아들여지기 시작했다.

이와 같이 냉전기에 들어와 더욱 확산되기 시작한 근대 국가 모델은 그 다양성에도 불구하고 몇 가지의 특징을 공유한다. 우선 중앙집중형 관리 방식을 꼽을 수 있다. 이는 서구 자유주의 국가뿐만 아니라

---

1 근대 국가의 발전 과정에 대한 정치사회학적 분석은 베버Max Weber의 저술이 잘 알려져 있지만, 보다 간결하게 정리한 안내서로는 Poggi(1978/1995) 참조.

2 불Hedley Bull과 왓슨Adam Watson의 저서는 국제 사회의 질서가 다른 지역으로 확산된 역사를 다루고 있다. 하지만 이러한 논의는 서양 제국의 시각에서 바라본 질서가 곧 '보편적universal' 질서라는 전제를 바탕으로 한다. 말하자면 사이드Edward Said가 언급한 '오리엔탈리즘'의 망령에 사로잡혀 있었다. Bull and Watson(1984), pp. 117-126.

공산권 국가나 제3세계의 권위주의 국가에서도 자주 관찰되는 현상으로, 국가가 시민 사회 또는 민간의 경제 영역을 가능한 한 광범위하게 관리하거나 그에 개입하는 것이다. 케인스주의 경제학과 복지 국가 모델은 서구에서 국가와 정부의 힘을 극대화하는 데 적극적으로 동원된 대표적인 이데올로기였다.[3] 비록 10여 년 단위로 굴곡을 보이기는 했지만, 시장과 사회가 자생적으로 균형과 질서를 유지하는 데 어려움을 겪는다는 사실 하나만으로도 국가의 강력한 힘은 정당화되곤 했다. 주로 경제 분야에 한정되기는 했지만, 냉전기의 국가는 19세기 자유주의 국가의 이념과는 한참 동떨어진 개입적이고 강압적인 국가였다. 20세기에 들어와 이러한 국가는 폴라니Karl Polanyi가 진단했던 것처럼 경제적 자유주의와 그 폐해에 대한 '사회의 반격'을 대변하는 도구이기도 했다.[4]

또한 제3세계 국가들의 경우 후발 신생 국가로 불리한 여건에 처해 있는 상황에서 정치 엘리트를 중심으로 한 경직된 국가 모델을 택하기 시작했다. 대부분의 아프리카 국가에서는 식민지 교육을 받은 지식인들을 중심으로 권위주의 정권이 들어섰고 그로 인한 반민주주의적 관행과 부패의 악순환이 전개되었다. 일부 국가에서는 국가기구 중심의 발전 전략이 효과적으로 작용하기도 했지만, 대부분의 경우 경험 부족과 부패, 무능 등 여러 요인이 복합적으로 작용하면서 국가 경제와 정치를 나락에 빠뜨리곤 했다.[5] 예를 들어 아프리카 대부분의

---

3 Pierson(1996/1997), pp. 141-177; Krieger(1963), pp. 553-568.

4 폴라니에 따르면 시장경제를 중심으로 한 자본주의 체제가 19세기에 걸쳐 경제의 조직화를 향한 하나의 움직임이었다면, 이와 동시에 전개된 반작용, 즉 경제에 대한 사회의 통제 움직임은 시장경제가 초래한 여러 문제에 대한 반응이었다. 시장경제를 향한 움직임과 그것이 초래한 전통적 사회제도의 붕괴를 우려한 반작용을 통틀어 폴라니는 '이중운동double movement'이라고 불렀다. Polanyi(1980/2009), pp. 377-378.

국가에서는 강력한 독재 정권이 지속되면서 권력 투쟁과 내전이 반복되었고, 그로 인해 경제적 불평등, 기아, 난민이 발생하는 등 후유증이 컸다. 물론 동아시아 지역의 몇몇 국가는 강력한 정치 지도자를 중심으로 한 국가 동원 체제가 성공을 거두었다는 점에서 예외적이라고 할 수 있다. 이러한 형태의 관리 체제는 가장 빨리 근대화를 이룬 일본에서 비롯되었는데, 이는 고등교육을 받은 엘리트 관료를 중심으로 한 '발전 국가developmental state' 모델의 원형이 되었다. 일본의 성공적인 경험은 곧바로 한국과 대만 그리고 아시아 각국으로 확산되었다. 이 국가들은 민주주의의 결핍과 권위주의 정권이라는 특징을 공유하고 있었지만, 단기간 내에 뛰어난 경제적 성과를 달성함으로써 1980년대 이후 세계의 주목을 받게 되었다.[6] 한편 냉전기 사회주의 국가들은 이러한 여러 유형의 국가들보다 더 강한 위계질서적 통치 구조를 보이고 있었다. 국가 내에서 이루어지는 모든 결정은 당과 정부의 독점이었으며, 사회의 모든 영역에 걸쳐 계획과 명령은 하향식으로 전달되었다.

이렇게 볼 때 지난 반세기에 걸쳐 대부분의 국가는 서구에서 유래해 세계의 표준으로 자리 잡은 '근대 국가' 모델을 충실하게 따라왔다고 할 수 있다. 비록 그것이 구현되는 양태는 서로 달랐지만, 정치 엘리트가 권력을 독점하며 사회의 모든 영역에서 특정한 목표를 향한 의지를 지니고 있었다는 점에서 이들은 공통성을 보였다. 세계 정부가 없는 상황에서 국내 정치적 권위를 독점한 국가기구의 위상은 매우 강했고, 이러한 모습은 동아시아 지역 내에서도 뚜렷하게 나타나고 있었

5 Meredith(2005); Bates(1981).

6 Johnson(1987), pp. 136-164; Cumings(1984), pp. 1-40; Amsden(1989).

다. 하향식 계획경제와 권위주의, 엘리트 중심의 정치 구조는 일본이나 중국뿐만 아니라 한반도에서도 뚜렷하게 관찰되었다. 한반도의 통일이나 평화 체제 구축에 관한 중요한 결정도 대부분 고위 정치인, 군부, 관료 등 정치 엘리트들에 의존하고 있었다. 이러한 정책 결정 구조는 중요한 계획의 입안 및 실천에서 신속성과 효율성을 보장한다는 장점이 있었지만, 폭넓은 의견을 수렴하고 공정한 방식을 통해 사회적 합의를 만들어 내는 데는 그리 효과적이지 못했다. 동아시아와 한반도의 평화 체제에 관한 의미 있는 담론들이 냉전기 동안에 제대로 이루어지지 못한 것도 바로 이러한 엘리트 중심의 국가 구조에 기인한 바 크다.

1980년대 말 냉전 체제가 무너지면서 이러한 통치 체제의 모델도 변화하기 시작했다. 무엇보다도 국내 정치 구조가 냉전기의 근대 국가 모델로부터 상당히 벗어나면서 완화된 모습으로 바뀌었다는 점을 꼽을 수 있다. 사실 경제 분야에서는 이러한 추세가 이미 1970년대 말부터 시작되고 있었다. 대기업과 자본가의 이해관계를 주로 대변하는 신자유주의의 부활은 국가기구의 상대적인 위축을 가져왔다. 신자유주의 세력은 자유무역의 가치 아래 국가의 여러 간섭을 배제하는 노력을 기울였는데, 무엇보다도 세계무역기구WTO나 국제 금융기구들 그리고 다양한 자유무역협정FTA을 통해 신자유주의의 분위기가 압도적인 주류로 떠오르게 되었다.[7] 이러한 분위기는 소위 세계화의 물결로 증폭되기 시작했고, 1990년대에 접어들면서 탈냉전과 세계화는 하나의 조류로 합쳐지게 된다. 세계화는 국가의 경계를 무너뜨리고 그동안 국가가 독점적으로 행사했던 정책 결정의 권한을 분산시키는 결과를 초래

7 Hart-Landsberg(2006), pp. 8-9.

했다. 이에 학자들은 이러한 세계화의 추세가 더욱 가속화되면서 근대 국가는 쇠퇴하게 될 것이라고 진단하기 시작했다.[8]

세계화가 근대 국가의 힘을 위축시켰다면 상대적으로 어떤 행위자의 힘이 강화되었을까? 대부분의 학자는 다양한 비정부기구가 국가의 전통적인 권한과 권위를 나누어 갖기 시작했다고 본다. 여기에는 국제기구나 초국가기구와 같은 상위 차원의 기관들도 있지만, 기업이나 시민단체, 지방 정부 등 국가 하부 행위자들이 포함되기도 한다. 이처럼 정부의 권한이 대폭 축소된 것은 그동안 케인스주의와 복지 국가 등 서구에서의 정부 개입 논리가 1970년대까지 커다란 좌절을 겪게 된 경험과 밀접하게 연관되어 있다. 사회주의권 국가나 개발도상국 권위주의 체제에서뿐만 아니라 서구 선진국에서조차 1970년대에 밀어닥친 석유 파동과 경기 침체의 어려움을 제대로 극복하지 못했으며, 이는 제2차 세계대전 이후 주류를 형성해 왔던 정부주도형 사회 발전 모델에 심각한 타격을 입히게 되었다. 결국 1980년대에 들어서면서 유연성과 적응이라는 명목하에 신자유주의와 통화주의의 논리가 세계를 뒤덮었고, 냉전 체제가 서서히 막을 내리면서 이러한 추세는 더욱 심화되기 시작했다.[9]

20세기 말에 전개된 이러한 분위기 속에서 거버넌스 개념이 기존의 국가 모델을 대체하기 시작했다.[10] 거버넌스가 무엇인지에 대해 아직

---

8 세계화가 국가의 쇠퇴를 초래했다는 이러한 주장은 상당히 일리가 있지만, 또 다른 관점에서 국가의 영향력이 변화를 거듭하면서 여전히 지속되고 있다는 반론도 존재하는데, 학계 내에서 이에 대한 논쟁은 여전히 계속되고 있다. 세계화가 근대 국민국가에 미친 국제정치적 영향을 논한 저작으로는 다음을 참고하라. Strange(1995), pp. 55-74.

9 Mishra(1999/2003), pp. 37-38.

10 '거버넌스'를 '협치協治'라고 번역하는 학자들도 있다. 정책 결정이 권한을 지닌 다양한

까지 구체적으로 합의된 개념이 존재하지 않지만, 일반적으로 다양한 행위자들 사이에 정책 결정의 권한이 공유되는 분산형 관리 체제를 가리키는 것으로 보면 무난하다.[11] 이는 오랫동안 정부가 독점적으로 행사해 오던 주권적 권한이 다양한 비정부기구들 사이에 분산되기 시작했음을 의미한다.[12] 물론 거버넌스를 최소 국가, 조합주의 조직corporate organization, 신공공관리new public management 등 다양한 방식으로 규정하려는 시도가 있었지만, 무엇보다도 권한의 공유와 분산이 가장 특징적인 요소라는 점에서는 의견이 일치한다. 결국 거버넌스 개념은 냉전 체제가 저물어 가면서 정치 이데올로기의 영향력이 서서히 감소하고 신자유주의적 세계화의 추세가 가속화하는 와중에 새롭게 나타나기 시작한 국가 관리의 한 방식이라고 할 수 있다. 전통적인 중앙집중형, 엘리트 중심적 국민 국가의 모델은 탈냉전 시대 및 세계화 시대에 생겨난 다양한 도전에 대응하기에는 더 이상 적절치 않았기 때문이다.

서구 민주주의 전통을 기반으로 탈냉전기에 새롭게 주목을 받기 시작한 거버넌스 모델은 이러한 맥락에서 오늘날 사회과학의 주된 관심의 대상이 되었다. 이는 이론적 관점에서뿐만 아니라 현실 정치에서도 그러한데, 특히 '제3의 물결'로 일컬어지는 민주주의 추세가 전 세계를

행위자 간에 협의와 조정을 통해 이루어지게 되었다는 점에서 이러한 번역도 무난하다고 할 수 있다. 하지만 아직까지 '거버넌스의' 번역 용어에 관한 합의가 존재하지 않기 때문에 이 책에서는 영어 발음을 차용한 '거버넌스'라는 일반적인 표현을 그대로 사용하기로 한다.

11 Boyer(1990), p. 51.

12 '거버넌스' 개념은 행정학 및 정책학 분야에서 먼저 사용되기 시작해 경제학과 국제정치학 등 여타 사회과학 영역으로 확대되었다. 여러 학문 분야에서 사용되고 있는 거버넌스 개념에 대해서는 Pierre(2000) 참조.

덮게 되면서 다양한 행위자가 정치의 전면에 등장하게 되었다.[13] 이들은 정부가 주도하던 정책 결정 과정에 여러 경로를 통해 영향력을 미치기 시작했으며, 이들의 요구는 공식적·비공식적으로 정책에 반영되고 있다. 하지만 이러한 거버넌스 모델은 아직까지 국내 정치의 영역에서만 주로 활용되고 있는 상황이다. 다시 말해 국내 정치의 현안에서는 다양한 행위자들 사이에 참여와 정책 조정이 활발하게 이루어지고 있지만, 대외적으로는 이러한 현상이 아직 두드러지게 나타나지 않고 있다. 사실상 '세계 정부'가 존재하지 않는 상황에서 국가들 사이에 거버넌스 모델을 그대로 적용하는 데는 무리가 있기 때문이다.[14] 이러한 점에서 지금까지의 거버넌스에 관한 논의는 대부분 국내 정치에 한정된 것이라고 보아야 하며, 이를 동아시아의 대외 관계에 적용하는 것은 아직 이르다고 해야 할 것이다.

3. 동아시아 거버넌스 모델의 한계와 대안

동아시아의 평화 체제와 거버넌스 모델

거버넌스 모델이 20세기 말의 국내 정치 변화를 담아내는 데 있어 효율적인 수단이 되기는 했지만, 이 개념을 사용하는 데 한 가지 주의해야 할 점이 있다. 그것은 거버넌스라는 분산형 통치 및 관리 체제가 평균적인 모습만을 드러낸다는 점이다. 현실 세계에서는 거버넌스가

---

13 '제3의 물결'에 대해서는 Huntington(1992); Shin(1994), pp. 135-170 참조.

14 Castells(2005), pp. 9-16.

구현되는 모습의 편차가 매우 큰 편인데, 특히 1990년대 이후 미국이라는 거대한 단일 국가의 권력이 지나치게 커지면서 국가들 사이의 불균형 현상이 눈에 띄게 두드러졌다. 다시 말해 국내 정치적으로 평균적인 국가의 권한은 분산되고 완화되었지만, 대외적으로는 여전히 특정한 국가에 힘이 집중되고 있는 것이다. 특히 공산권 붕괴 이후 미국의 권력 집중 현상은 더욱 가속화됨으로써 국가들 사이의 불균형이 냉전 시기에 비해 훨씬 더 커지게 되었다. 이러한 불균형은 첨단 과학기술과 군사력, 경제력 그리고 제도적 발전에 기인하며, 과거와 달리 국가가 의도적으로 힘을 행사하지 않더라도 다른 국가에 미치는 영향력의 수준은 그러한 불균형에 비례해 증가한다. 국가 간의 일대일 관계에서 나타나는 '관계적 권력relational power'에 비해 훨씬 더 알아채기 어려운 이러한 권력을 스트레인지Susan Strange는 '구조적 권력structural power'이라고 부르기도 했다.[15]

이러한 상황을 고려한다면 거버넌스 모델을 대외적으로 그대로 적용하는 데 있어 한계에 봉착할 수밖에 없다. 한반도와 동아시아 지역에서 일어나는 국가 간의 문제를 해결하고 관리하는 데 거버넌스라는 국내 정치 모델을 단순하게 적용시키는 일이 쉽지 않다는 것이다. 이러한 점에서 기존의 '단순한 거버넌스' 모델을 '복잡한 거버넌스' 모델로 대체할 필요가 있다. 이렇게 한층 복잡한 형태의 거버넌스 모델이 필요하다는 판단에는 두 가지 요인이 작용한다. 첫 번째는 앞에서도

15 스트레인지는 구조적 권력의 사례로 걸프전쟁, 석유시장, 금융시장 등을 들었다. 이러한 사례에서 미국과 같은 특정한 국가의 영향력은 상대적으로 훨씬 더 크게 작용하며, 그로 인해 국가들 사이의 불균형은 더욱 심각해진다. 이때 전통적인 '주권sovereignty'이라는 것은 단지 명목상의 원칙에 불과할 따름이다. Strange(1995), pp. 64-67.

언급했듯이 대외적으로 나타나는 국가 간 힘의 불균형 관계를 꼽을 수 있다. 국내 정치 모델에서는 대부분 대외적 불균형의 관념을 고려하지 않거나 평가절하하기 때문에 현실적으로 작동하기 어려운 경우가 많다. 1990년대 이후에 두드러지게 나타나고 있는 미국의 일방주의 외교정책이 대표적인 사례이다.[16] 이러한 불균형의 요소가 국가 간의 관계에 미치는 영향이 크다면 우리는 거버넌스 모델을 국제정치에 적용하는 데 주의를 기울여야만 할 것이다.

동아시아와 한반도의 평화 체제 거버넌스와 관련해 우리가 고려해야 할 두 번째 요소는 동아시아라는 지역 단위의 특성이다. 동아시아 공간은 문화적 전통의 유사성과 역사적 관계를 토대로 정의되곤 하는데, 한자를 의사소통의 수단으로 삼으며 유교 기반의 국가주의와 관료제도, 교육, 가족제도, 혈연 조직, 조상 숭배 등의 전통과 제도를 공유한다는 점에서 의미 있는 단위체로서 인식되어 왔다.[17] 그러나 동아시아 국가들이 상호 간에 문화적 공통성을 지니고 오랜 기간에 걸쳐 접촉해 왔음에도 역내 통합은 대단히 취약한 수준에 머물러 있다. 우선 동아시아 국가들은 국가적·인적 교류에서 상호 간에 직접적인 접촉이 상당히 드물었다. 지리상으로 육로 교통이 차단되어 있고 호전적인 외부 환경 등의 이유로 쇄국정책을 추구했기 때문이다. 또한 문화적 유사성에도 불구하고 일상의 생활 방식은 큰 차이를 보이고 있으며, 서로에 대한 지식이나 관심이 상대적으로 결핍되어 있다. 특히 한자 문화권임에도 불구하고 의사소통을 가능케 해주는 공통의 언어가 없다는 점이 지역공동체를 구상하는 데 가장 큰 난관으

16 Brooks and Wohlforth(2005), pp. 509-524.

17 김광억(2005), p. 333.

로 꼽혀왔다.[18]

이와 같은 동아시아 국가들의 소원한 관계는 근대에 들어와서도 크게 달라지지 않았다. 그러나 서양 세력에 의해 개방이 이루어지면서 비로소 한·중·일 삼국 간에 수평적 소통이 이루어지기 시작했는데, 아쉽게도 이런 상호 관심은 대부분 서양 세력이나 서양 문화의 중개를 통한 것이 대부분이었다. 이러한 서구 지향성은 사이드Edward Said가 말하는 오리엔탈리즘의 성향을 그대로 내포하고 있었다.[19] 식민지 지식인들을 중심으로 한 서구 지향적 문화는 이 지역의 독자적인 정체성을 구축하기에는 역부족이었다. 무엇보다도 동아시아 자체의 '전통'과 단절함으로써 역내 공통의 문화적 연대감을 생성할 수 있는 자산을 잃고 말았던 것이다. 그 결과 오늘날 동아시아 지역이 국가 간 거버넌스의 제도화와 통합에서 여타 지역에 비해 상대적으로 덜 발달된 상태에 머무르게 되었다. 식민주의와 전쟁을 경험한 이후에 동아시아 지역에서는 근대화를 위한 노력이 줄기차게 지속되어 왔지만 아직도 이러한 노력은 서구에 비해 미완성의 차원을 넘어서지 못하고 있다. 근대화 프로젝트는 지난 수십 년간 이 지역 국가들의 지상 과제였고, 국가 중심의 통치 전통이 강하게 자리 잡게 된 근본적인 원인이 되었다.

이러한 요인은 동아시아 지역에 거버넌스 모델을 그대로 적용하는 데 중대한 난관이 되고 있다. 말하자면 근대 국가 형성의 노력이 여전히 진행 중에 있으며, 냉전 시대의 유물과도 같은 '강한 국가'의 전통이 여전히 남아 있다는 것을 의미한다. 이러한 경향은 상대적으로 지역 통합의 노력이 상당한 성과를 거두고 있는 유럽 지역과 뚜렷하게 대비

---

18 고병익(1996), pp. 95-98.

19 Said(1978/1999).

된다. 유럽에서는 지난 반세기 동안 시행착오를 거치면서 오늘날 공동 방위와 공동 통화제도 등 주권의 부분적인 양도라고 할 수 있는 정도로 상당한 통합이 이루어지고 있다. 또한 일정한 한계를 안고 있기는 하지만 공동의 정체성을 구축함으로써 이제 개별 국가의 국민임과 동시에 '유럽인European'이라는 지역 정체성을 동시에 갖게 되었다.[20] 이러한 바탕 위에 유럽연합에서는 중요한 대외 문제에서 공동의 정책 결정 제도를 만들어 내고 있다. 유럽 국가들 사이의 거버넌스는 이러한 상황을 배경으로 해서 작동한다. 국가들 사이에 일정한 정도의 주권 이양이 이루어지고 국민들 사이에 복수의 정체성을 공유할 수 있도록 해주는 분산형 통치 모델이 대외적으로도 작동할 수 있는 여건을 만들어 가고 있는 것이다.

그러나 동아시아는 탈냉전기에 들어와서도 유럽과 같은 여건이 제대로 갖춰지지 않고 있다. 한·중·일 국가들 사이의 경쟁뿐만 아니라 남북한 사이의 군사적 긴장 관계는 아직까지 동아시아 지역에서 거버넌스 모델이 원만하게 작동할 수 없는 적대적 환경을 조성하고 있다. 세계화로 인해 국가의 힘이 상당 부분 약화되기는 했지만, 이는 대부분 무역이나 금융 등과 같은 경제 영역, 그리고 안보와 직접 연관되지 않은 하위 정치에 국한된다. 한 연구에 따르면 거버넌스 모델을 적용해 동아시아의 정치를 분석한 연구들은 대부분 국내적 차원에 해당하며, 국제정치의 경우에는 인권, 역사, 환경 등 하위 정치에 치중하고 있다. 반면 안보 문제나 기술 경쟁 등 민감한 사안에서는 여전히 거버넌스의 작동이 미미한 수준에 머물러 있다.[21] 그만큼 전 세계 어느 지역

20 유럽연합에서의 정체성과 문화 연대에 관한 논의는 Mayer and Palmowski(2004), pp. 573-598; Sassatelli(2002), pp. 435-451 참조.

21 김의영(2006), pp. 137-174. 이 연구는 동아시아 지역에서 거버넌스 패러다임을 적

보다도 냉전의 유산이 가장 뚜렷하게 남아 있는 곳이 바로 동아시아라는 점에서 서구의 거버넌스 개념을 그대로 도입하기에는 여전히 무리가 있다. 특히 국내 정치를 기반으로 해서 수립된 이 개념을 냉전 체제의 흔적이 강하게 남아 있는 동아시아 국제정치에 적용하기란 쉽지 않은 상황이다. 한반도의 군사적 긴장, 특히 핵무기 관련 갈등 상황을 조정·관리하는 데 기존의 단순한 거버넌스 모델만으로는 문제를 해결할 수 있는 실마리를 찾기가 매우 어려운 상황이다.

거버넌스의 실패와 복잡한 모델의 필요성

앞에서 살펴보았듯이 '단순한 거버넌스' 모델만으로 동아시아 국제정치의 복잡한 모습을 제대로 담아낼 수 없다면 그 대안은 무엇일까? 여기서는 국제정치 이론과 네트워크 이론, 복잡계 이론의 관점에서 이 문제를 복합적으로 고찰하고자 한다. 거버넌스 모델이 탈냉전기에 많은 학자와 정책 결정자의 관심을 끌고 있지만, 앞에서 언급한 대로 이것은 여전히 미완성인 채로 남아 있다. 거버넌스 모델이 국제정치에서 적실성 있는 대안이 되기 위해서는 더욱 정교하면서도 복잡한 요소를 포함해야 하는데, 이 장에서는 이러한 필요성을 기반으로 한층 더 발전된 형태의 거버넌스 모델을 탐색해 보고자 한다. 이를 위해서 기존

용할 가능성에 대해 지나친 낙관론을 견지하고 있다. 저자의 지적대로 하위 정치 분야에서는 국가들 사이의 교류가 나름대로 활발하게 이루어지고 있지만, 이것은 굳이 거버넌스 이론 틀이 아니더라도 잘 설명할 수 있다. 또한 동아시아 지역이 아닌 다른 지역의 경우를 살펴보아도 하위 정치 분야에서의 교류는 활발하다. 그렇다면 중요한 점은 다른 지역에 비해 상대적으로 안보 등 상위 정치 분야의 교류와 협력이 미미한 동아시아의 상황에 대해서 어떻게 설명할 수 있는가이다. 이 문제를 해결하기 위해서는 거버넌스 패러다임을 넘어서야만 한다는 것이 이 장에서 주장하는 바이다.

의 국제정치 이론뿐만 아니라 최근에 들어와 자연과학으로부터 시작해서 사회과학의 영역으로 그 적용 영역을 확대하고 있는 네트워크 이론, 그리고 그 상위의 패러다임이라고 할 수 있는 복잡계 이론을 포괄하면서 동아시아 평화 체제에 적용할 수 있는 새로운 이론 틀을 제시하고자 한다.

정치학, 행정학, 경제학 등 사회과학 분야에서 거버넌스 모델은 오랜 이론적 전통을 지니고 있다. 과거의 '작은 정부small government' 사상, 즉 자유주의적 해법은 시장의 왜곡 현상이나 붕괴를 제대로 다룰 수 없다는 이유로 20세기 초에 들어와 설득력을 잃었고, 이는 케인스주의를 필두로 한 '큰 정부big government' 사상으로 대체되었음은 이미 언급한 바 있다. 또한 1970년대 이후의 경기 침체와 정치적 어려움으로 인해 1980년대에 들어와서는 다시 과거의 자유주의로 회귀해야 한다는 신자유주의 사조가 세계를 지배하게 되었다. 이러한 역사적 변천과 굴곡은 '시장의 실패'와 '정부의 실패'라는 메타포로 잘 표현되어 왔다.[22] 정부의 개입과 간섭으로도 사회경제적인 문제를 해결할 수 없다는 믿음이 강해지면서 등장한 것이 바로 '거버넌스'였지만, 위에서 언급한 대로 거버넌스의 관념 역시 완벽한 해법이 되기에는 여러 장애를 안고 있었다. 국내 정치는 물론이고, 특히 국가들 사이의 문제를 해결하는 데 거버넌스라는 제도적 장치가 갖는 의미는 매우 모호한 상태로 남아 있는 상황이다.

이처럼 거버넌스 개념이 완벽한 해법을 제시하지 못하는 상황에서 경우에 따라 문제를 오히려 악화시킬 수 있는 가능성을 안고 있다는 점은 제솝Bob Jessop의 '거버넌스의 실패'라는 표현에 잘 반영되어 있

---

22 Datta-Chaudhuri(1990), pp. 25-39; Grand(1991), pp. 423-442.

다.[23] 시장이 실패하고 정부도 실패한 상황에서 거버넌스라는 제3의 방법이라고 해서 실패하지 않을 것이라고 확신하기 어렵다는 것이다. 그렇다면 우리는 시장과 정부, 거버넌스의 상호 관계를 좀 더 깊이 살펴볼 필요가 있다. 본래 정부와 시장의 상호 관계는 경제학에서 주로 다뤄온 개념인데, 정치학에서는 거버넌스 개념이 시장에 근접한 개념, 다시 말해 '정부의 간섭이 최소화된 상태의 통치 방식'을 일컫는 것으로 사용되었다. 여기에 더해 다양한 행위자들 사이에 이루어지는 권한의 공유와 분산이라는 개념이 추가되면서 오늘날의 거버넌스 개념은 완전한 합의가 이루어지지 못했음에도 어느 정도 수준에서 그 의미가 통용되고 있다.

하지만 이 장에서는 이러한 개념 규정으로 인해 학문적·정책적 혼란이 유발되고 있다는 점을 지적하고자 한다. 거버넌스의 개념이 혼란을 유발하는 가장 큰 이유는, 이것이 기존의 사회과학에 존재하고 있던 정부와 시장의 개념 사이에서 명확한 입지 설정을 하지 못했기 때문이다. 이 개념을 사용해 온 학자들은 권력의 집중도라는 기준에서 거버넌스 개념이 단지 위계질서형 정부와 분산형 시장의 중간적인 성격을 지닌다고 보았다. 물론 정치학에서 '거버넌스'라고 할 때에는 단일 유형의 행위자를 상정하는 경제학적 '시장'에 비해 행위자 집단들이 더 다양하다는 차이가 있다. 또한 시장에서는 행위자들 사이의 권한이 완전하게 동일한 형태로 분포되어 있다고 전제하지만, 거버넌스에서는 그럴 필요가 없다. 이렇게 보면 '거버넌스'라는 개념은 단순한 시장에 비해 행위자나 권력의 수준에서 더욱 복잡한 양상을 담고 있다. 하지만 탈냉전기에 들어와 거버넌스 개념이 활발하게 적용되는 과

---

23 Jessop(2002), pp. 236-240.

정에서 이러한 점이 명확하게 부각되지 못했으며, 단지 '분산형'이라는 특성만이 강조되었던 것이다. 따라서 우리는 거버넌스 개념이 지나치게 단순하면서도 가설적인 시장 개념에 비해 상대적으로 위계질서형 정부 개념에 더 근접한 것으로 볼 필요가 있다.

이와 같이 거버넌스 모델이 시장과 정부의 중간 지점에 위치하는 것이라고 간주한다면, 정부-거버넌스-시장의 스펙트럼을 포괄하는 상위 개념을 설정할 필요가 있다. 그래야만 이들 사이의 관계가 개념적으로 보다 분명하게 규정될 수 있기 때문이다. 이 장에서는 이에 대한 해답으로서 '네트워크' 개념을 제시하고자 한다. 사실 사회학과 경제학, 경영학 등에서는 오랫동안 조직의 유형에 관한 논의가 있어 왔는데, 위계질서와 시장은 각각 중앙집중형 조직과 분산형 조직을 나타내는 대표적인 상징이었다. '네트워크' 개념은 이러한 극단적 조직 유형을 포괄하는 상위 개념인데, 위계질서는 '중앙집중형 수직 네트워크'로, 시장은 '분산형 수평 네트워크'로 규정할 수 있다.[24] 그러므로 '네트워크형 조직' 또는 '네트워크'로 할 때에는 그 집중도에 따라 양극단 사이에 위치한 모든 형태의 조직을 통틀어 일컫는 것으로 이해할 필요가 있다. 네트워크는 수직적 또는 수평적 복합 연결망인 것이다. 사회학자들도 네트워크가 양극단의 중간적 존재 또는 혼합적인 대상에만 그치는 것이 아니며, 나름대로 독특한 속성을 지닌 상위의 개념이라는 점을 받아들이고 있다.[25]

---

24 따라서 네트워크 조직이 전통적인 위계질서와 시장 사이에서 단순하게 '중간적' 또는 '혼합적' 성격을 띠는 것으로 간주한다면 개념상 혼란이 야기될 수 있다. '네트워크'는 이러한 모든 개념의 상위 개념으로 이해하는 것이 무난하다. '거버넌스' 역시 여러 유형의 네트워크 중 하나로 이해하는 것이 바람직하다.

25 Podolny and Page(1998), pp. 59-61

우리가 '단순한 거버넌스' 모델을 넘어서 '복잡한 네트워크' 모델을 지향한다면 네트워크의 수직적·수평적 연계성을 모두 담아낼 수 있는 '이합질서'의 구조에 주목할 필요가 있다. 전통적인 중앙집중형 조직들이 '일대다一對多'의 수직적인 위계질서를 특징으로 하는 반면, 일반적인 네트워크형 조직들은 수직적·수평적 연계가 동시에 이루어지는 복합적 '다대다多對多' 구조를 띤다. 이러한 복합적인 네트워크를 일컬어 '이합질서'라고 부른다.[26] 이합질서 네트워크는 촘촘하게 연결된 여러 네트워크의 유기적인 집합체이다.[27] 이러한 구조를 지닌 조직이나 사회는 현실 세계에서도 자주 발견되는데, 정치적인 사례로 꼽을 수 있는 것이 바로 유럽연합이다. 유럽연합의 경우 초국가기구와 회원국 정부 그리고 지방 정부와 같은 하위 행위자가 밀접하게 얽혀 있는데, 이들 각각의 행위자는 필요한 사안에 따라 양자 간, 다자간에 복잡한 협의와 조정을 거친다.[28] 또한 사안에 따라 행위자들 사이의 연계가 수시로 바뀐다. 이러한 모습은 단순한 거버넌스의 개념으로는 쉽게 설명하기 힘들며, 전통적인 국민 국가의 개념으로는 더욱 이해하기 어렵다. 따라서 훨씬 더 복잡하면서도 정교한 개념을 필요한데, 이것이 바로 '이합질서' 형태의 네트워크 관념이다.

이 장에서 제시하고 있는 '복잡한 거버넌스' 모델은 그 내용에 있어

26 '이합질서'라는 표현에서 '이異'는 '이형hetero-'의 의미로, 서로 다른 복수의 요소들의 존재를 상정한다. 아울러 이들 사이에 다양하게 나타날 수 있는 네트워크 연결성을 표현하기 위해 '합合'이라는 글자를 덧붙였다. 표현이 다소 어색하지만 이 단어가 지닌 의미를 가능한 한 원어에 가깝게 담아내기 위해 '이합질서'를 번역어로 사용하기로 한다.

27 앤셀은 이러한 정치 체제를 가리켜 '네트워크 정치체networked polity'라고 부른다. Ansell(2000), pp. 305-308.

28 앤셀 등에 따르면 '이합질서'는 서로 다른 노드(행위자)들 사이에 '다대다'의 조밀한 네트워크와 높은 연결성connectivity이라는 특징을 지닌다. Ansell, Parsons and Darden(1997), pp. 359-369.

기존의 '다층 거버넌스' 모델과 유사한 점을 많이 공유하고 있다. 우선 두 개념 모두 유럽연합의 경험을 기반으로 해서 다양한 정치적 행위자의 권한 분산 및 공유에 초점을 맞춘다. 이들 모두는 유럽연합의 국가적 속성에 관한 기존의 '정부간주의intergovernmentalism' 대 '초국가주의'의 논쟁을 넘어서기 위한 새로운 개념으로 제시된 바 있다.[29] 또한 비교정치와 국제 관계라는 각각의 학문 공간에서 독자적으로 이루어지던 유럽연합 관련 논의를 한데 묶어 통합된 이론 틀을 모색하려는 취지에서 비롯되었다.[30] 이러한 논의를 통해 거버넌스 개념이 국내와 국제, 민간 영역과 공공 영역을 모두 아우르는 포괄적 의미로 확대될 수 있는 가능성을 열어놓았다. 특히 '다층적'이라는 개념을 추가함으로써 대외적으로 유럽연합이라는 통합기구로 권력이 통합되는 과정, 그리고 대내적으로는 국가 하부 기구 및 민간단체 등으로 권력이 분산되는 지역화의 모습을 동시에 담아내려 했다는 점에서 이 두 개념은 유사성을 지닌다.

그러나 기존 연구에서 사용되고 있는 '다층 거버넌스'의 개념은 이 장에서 강조하는 '복잡한 거버넌스'의 개념에 비해 여전히 국민 국가 중심의 패러다임에 머물러 있다는 한계를 지니고 있다. 복잡한 거버넌스의 개념에서도 국가는 여전히 중요한 단위체로 간주되지만, 무엇보다도 전통적인 국가가 새로운 모습의 네트워크 국가로 변모해 가는 동적 과정을 중시한다. 국가의 '변환transformation' 개념은 여기에서 유래한다. 이에 비해 기존의 '다층 거버넌스' 개념 속에서는 국가가 여전히 정적인 개체로 남아 있다. 국가 상위의 초국가기구나 국가 내부의 하

29 Rosamond(2000), pp. 130-156; Pollack(2001), pp. 221-244.

30 Risse-Kappen(1996), pp. 53-80; Caporaso(1997), pp. 563-592; Russett(2003), pp. 9-12.

위 조직을 포함하는 다양한 행위자의 복잡한 연계성을 상정하고 있기는 하지만, 이러한 행위자들이 바뀌어 가는 모습을 제대로 보여주지 못하고 있는 것이다.[31] 이러한 차이점을 부각하기 위해 이 장에서는 기존의 거버넌스 개념을 '단순한 거버넌스' 개념으로 통합하고, 이와 대조적으로 오늘날의 복잡한 현실을 반영하는 새로운 모델을 '복잡한 거버넌스'라는 개념으로 구분해 사용하고자 한다.[32]

결국 앞서 살펴본 대로 동아시아와 한반도의 평화 체제를 위한 이론적 패러다임은 과거의 근대 국민 국가로부터 거버넌스로 옮겨왔지만, 이 역시 지역적 현실에 적용하는 데 일정한 한계를 안고 있다. 그러므로 한층 더 복잡하고 정교한 거버넌스 모델이 필요하다는 것이 이 장에서 주장하는 바이며, 이를 위해 거버넌스 개념이 보다 상위의 네트워크 개념에 포함된 조직과 사회의 한 유형이라는 점을 인식할 필요가 있다. 네트워크는 근대 국가와 같은 중앙집중형 위계질서(수직 네트워크)의 모습을 띨 수도 있고, 시장과 같이 완전하게 동일한 행위자들 사이의 대등한 관계(수평 네트워크)일 수도 있다. 거버넌스는 기존의 근대 국가 모델에 다양한 행위자를 포함시키며, 그들 사이에 일어나는 권한의 분산과 상호 작용의 네트워크에 주안점을 둔 개념이다. 하지만 이러한 개념은 어디까지나 수평적 관계를 중시할 뿐, 다양한 층위의 행위자들 사이에 복잡하게 이루어지는 동적 네트워크dynamic network를 제대로 담아내지 못한다. 따라서 이 장에서는 거버넌스를 여러 네

---

31 Hooghe and Marks(2003), pp. 236-239.

32 물론 이 개념은 학계에서 이론적으로 정립된 개념이 아니며, 또한 거버넌스의 한 유형도 아니다. 단지 기존의 개념이 지나치게 단순하다는 점에 비춰 새롭게 제안하고자 하는 거버넌스의 개념은 복잡한 양상을 띠고 있다는 점을 강조하기 위해 이 표현을 사용하려는 것이다. 따라서 이 장에서의 '단순한 거버넌스' 대 '복잡한 거버넌스'의 비교는 논의의 편의를 위해 도입한 것임을 밝혀둔다.

트워크 중에서 단순한 수평적·분산형 관계를 표현하는 하나의 개념으로 놓고, 이와 상대되는 개념으로 '이합질서'를 소개했다. '이합질서'는 단순한 수직 네트워크인 위계질서에 비해 훨씬 더 복잡한 연결망을 상정하고 있는 새로운 이론적 개념으로서 최근에 들어와 큰 관심을 끌고 있다.

4. 평화 체제 거버넌스와 메타거버넌스

평화 체제 거버넌스의 기획과 국가의 역할

동아시아와 한반도 평화 체제의 모델이 '단순한 거버넌스'로부터 '복잡한 거버넌스'로 거듭나기 위해서는 한층 더 정교한 네트워크 패러다임이 필요하다는 것이 이상의 논지였다. 하지만 거버넌스 개념이건 네트워크 개념이건 간에 하나의 이론적 프레임워크로서 새로운 도구를 동원할 경우 현실적 적실성을 항상 고려해야 하는데, 여기에서 우리는 전통적인 근대 국가의 역할과 기능에 대해 다시 되새겨 볼 필요가 있다. 세계화로 인해 국가의 위상과 권한이 크게 쇠퇴했고, 또 다양한 행위자들 사이에 힘의 분산과 공유가 이루어졌다는 점에 대해서는 많은 학자가 공감하고 있다. 하지만 이와 같은 이론적 가설에 대한 반론도 만만치 않은 상황인데, 무엇보다도 국가의 영향력이 세계화론자들의 주장처럼 빠르게 퇴보했다고 볼 수 없다는 것이다. 국민 국가는 세계화의 추세에도 불구하고 여전히 경제 활동에 대해 주도적인 결정을 내리며 국내 사회를 조정한다. 특히 많은 학자가 주목하지 못했던 '시장 건설자market builder'로서의 국가 기능은 여전히 살아 있다.[33] 많은 나라의 정부는 국민과 기업의 경제 활동을 기획하고 규제하며 세금을 부과한다. 시장의 독점이나 왜곡 현상을 바로잡기 위해 개입하기도 하며, 해외 투자 유치와 무역 증진을 위해 모든 노력을 기울인다. 정부는 대외적으로 국가를 대표하는 창구로서 그 어떤 국내 행위자보다 적극적이고 주도적인 역할을 행사한다. 이런 이유로 인해 초국가적 교류가 활발하게 일어나고 있는 요즈음에도 사람들의 정체성은 여전히 국가를 중심으로 형성된다.

따라서 탈근대 이후 세계화의 추세로 인해 국가의 비중이 과거에 비해 상대적으로 줄어들기는 했지만, 이것이 곧 '국가의 소멸'을 선언할 만한 수준에 도달했다고 보기에는 아직 이르다. 세계화의 추세가 부정할 수 없는 도도한 흐름인 것은 분명하지만, 이것이 전통적인 국민 국가와 국가 주권의 원리를 압도하고 있는 것은 아니다.[34] 국가는 사라진 듯이 보이지만 사실상 사라진 것이 아니며, 단지 변화하는 환경에 적응하면서 스스로를 바꿔나가고 있는 것이다. 역사학자 맥닐 William McNeill이 언급했듯이 영토를 기반으로 하는 근대 국가는 너무 일찍 '매장'되었다.[35] 국제정치학자 월츠Kenneth Waltz는 이런 맥락에서 국제정치에 있어 21세기가 20세기와 마찬가지로 여전히 국민 국가의 세기가 될 것이라고 진단했다. 국가는 적응과 변환 능력을 통해 국제정치의 무대에서 살아남을 뿐만 아니라 다른 행위자들을 압도할 것이기 때문이다.[36] 국민 국가는 지난 수십 년간 세계화라는 외부의 압력과

---

33 Sbragia(2000), pp. 247-248.

34 Cohen(2001), pp. 91-93.

35 McNeill(1997), pp. 269-274.

36 월츠의 이러한 진단은 세계화의 추세를 지나치게 과장하고 있는 소위 '세계화론자'와 자유민주주의의 우월성을 맹신하는 자유주의 이론가를 겨냥한 비판의 일환이다. Waltz(1999), pp. 696-697.

분화라는 내부의 압력에 대응해 스스로 변환을 거듭해 왔다. 따라서 국제정치는 여전히 '국가 간inter-national' 관계로 남아 있으며, 주된 행위자는 여전히 국민 국가라고 할 수 있다. 세계화로 인한 '글로벌 정치' 또는 '세계 정치'는 여전히 구호에 불과할 따름이며, 국민 국가의 패러다임을 완전하게 대체하지 못하고 있는 것이다.

한편 동아시아 평화 체제의 거버넌스를 논의하는 데 있어서 현실 정치와 대비해 '기획'이라는 관념을 제시하는 이유는 평화 체제라는 개념이 아직은 실재하지 않는 미래의 이상향을 상정한 것이라는 점을 부각한다. 이러한 아이디어는 '상상의 공동체imagined community'로서 민족주의가 갖는 의미를 논급한 앤더슨Benedict Anderson으로부터 차용했다.[37] 민족주의가 역사적으로 실재하는 것이 아니라 사실상 왕조나 국가의 필요성에 의해 의도적으로 '만들어진 것'이라는 주장은 곧 이러한 이데올로기적 발명품들이 그 주체가 누구이건 간에 사람들의 희망을 실현하기 위한 하나의 프로젝트라는 점을 강조한다. 이러한 관점에서 보면 동아시아와 한반도에서의 평화 체제라는 것도 아직 현실에 존재하지는 않지만 연관된 국가와 국민들 사이에서 그 당위성을 인정받고 있는 하나의 '기획된 프로젝트'라고 할 수 있다. 무에서 유를 기획해 실질적인 성과를 이뤄낸 유럽연합의 사례야말로 본받을 만하다. 그만큼 동아시아의 근대 국민 국가 전통은 현실적으로 존재하는 제약 여건으로서, 그리고 거버넌스의 틀은 미래를 위한 프로젝트로서 이해할 필요가 있다.[38]

---

37 Anderson(1983/2002).

38 다시 말해 '현실'과 '희망 사항'을 혼동해서는 안 된다는 것이 이 장의 주된 요지이다. 그렇다고 해서 희망 사항을 평가절하해서도 안 될 것이다. 중요한 점은 희망 사항을 담아낸 기획 프로젝트를 어떻게 현실적인 제약 여건하에서 작동 가능한 것으로 만드

이러한 두 가지 요소, 즉 '현실'과 '기획'을 합친 모습이 바로 동아시아의 경직된 질서 속에서 미래의 평화 체제를 구축하는 데 절실하게 요구되는 프레임워크라는 것이 이 장에서 주장하는 바이다. 지나치게 현실에만 안주할 수도 없으며, 막연한 기획 프로젝트를 지향할 수도 없는 것이 오늘날의 상황이기 때문이다. 비록 유럽에서 이루어져 온 통합 노력에 비해 상대적으로 뒤떨어져 있지만, 동아시아와 한반도 지역에서 '상상의 평화 체제'를 구상하지 못할 이유는 없는 것이다. 중요한 것은 어떻게 이를 실현 가능한 형태로 기획하는가 하는 방법의 문제이다. '국민 국가'와 '거버넌스'라는 이질적인 요소를 결합하기 위해서 우리는 다시 앞서 논의했던 '네트워크'와 '이합질서'의 관념을 떠올릴 필요가 있다. 동아시아와 한반도의 평화 체제에 필요한 프레임워크의 핵심 요소는 다층적 행위자들 사이에 복합적으로 이루어지는 네트워크 구조라고 할 수 있기 때문이다. 그리고 이러한 새로운 틀 속에서 미래의 동아시아 질서를 한층 더 바람직하면서도 실천이 가능한 방식으로 설계할 수 있기 때문이다. 이를 위해 '메타거버넌스meta-governance'의 개념을 제시하고, 이것이 하나의 '기획'으로서 평화 체제 개념에 어떻게 적용될 수 있을지를 짚어보기로 한다.

메타거버넌스와 평화 체제

세계화의 흐름이 국경선을 희석시키고 국가의 권한을 약화하기는 했지만, 우리는 이것이 전통적인 국민 국가를 완전하게 소멸시키지는

는지에 달려 있다. 이러한 작업은 결코 쉽지 않겠지만, 민족주의와 같은 이데올로기가 성공적으로 자리 잡아온 과거의 역사를 돌이켜 볼 때 결코 불가능한 것은 아니다.

못하고 있다는 점을 분명히 인지하고 있다. 어떤 면에서 국가는 스스로를 부단하게 변환시켜 가면서 새로운 영향력을 발휘하고 있기도 하다. 이와 동시에 세계화의 추세 속에서 초국가기구와 초국적 기업, 국가의 하위 단위체와 같은 다양한 층위의 행위자들이 중요한 정책을 결정하는 데 활발하게 참여하기 시작했다. 이러한 현상으로 인해 거버넌스 패러다임이 활발하게 도입되기 시작했지만, 이 장에서는 이보다 한 걸음 더 나아가 '네트워크' 개념을 기반으로 하는 새로운 패러다임을 제시하고자 했다. 네트워크의 관점에서 보면 국민 국가와 같은 중앙집중형 위계질서는 수직 네트워크로, 거버넌스와 같은 분산형 시스템은 수평 네트워크로 이해할 수 있다. 하지만 다양한 층위의 행위자들 사이에 수시로 변화하면서 이루어지는 복합적 연계 과정을 단순한 거버넌스의 개념만으로는 모두 담아낼 수 없기 때문에 '이합질서'라는 새로운 개념이 요구된다.

여기에서 다시 국가의 역할에 주목할 경우 기존의 거버넌스 또는 이합질서의 프레임워크가 힘의 분포에 있어 대단히 불균등한 면을 지니고 있다는 사실을 알 수 있다. 다시 말해 국가는 다른 행위자들과 동일선상에서 다루어질 수 없으며, 다양한 행위자와의 관계 속에서 '무리 중의 일인자'로서 자리 잡아야 할 필요성이 있는 것이다.[39] 동아시아의 국제정치에서도 이러한 점은 분명하게 드러난다. 안보와 평화 문제뿐만 아니라 경제 등 하위 정치의 영역에서도 국가의 영향력은 아직

39 '무리 중의 일인자' 개념은 국가라는 행위자가 다른 행위자들과 형식적으로는 대등한 지위에 놓여 있지만, 실질적인 권한이나 기능에서 다른 행위자들보다 우위에 있음을 의미한다. 그러나 이것이 곧 국가의 '압도적인 힘'을 의미하는 것은 아니다. 단지 일정한 범위 내에서 여타의 행위자들보다 우위에 선다는 뜻이다. 단순한 거버넌스의 개념에서는 이러한 점이 분명하게 드러나지 않는다.

지대하다. 일정한 범위 안에서 거버넌스 시스템이 작동하고 있기는 하지만 이것이 서구의 경험에서 비롯된 전형적인 의미의 거버넌스가 아니라는 점은 앞에서 언급했다. 이 장에서는 이러한 점을 고려해 동아시아와 한반도에 적합한 대안의 거버넌스 관념으로서 '메타거버넌스'의 프레임워크를 아울러 소개하고자 한다.

메타거버넌스의 개념은 제솝이 이론화한 정치체의 작동 메커니즘으로, 특정한 유형의 거버넌스에 국한되는 것이 아니라 모든 거버넌스를 포괄하는 상위 개념이다. 제솝에 따르면 국가의 역할은 현실 문제를 해결하는 것뿐만 아니라 다양한 거버넌스 양식을 관리하면서 사안과 상황에 따라 적절한 방식으로 해법을 모색하는 데 있다. 이러한 관념은 서구의 경험으로부터 유래한 정부, 시장, 거버넌스의 해법들이 일정한 한계를 가지고 있으며, 동시에 각자의 역할에 부합하는 범위 내에서 긍정적인 기능을 수행한다는 점을 고려한 것이다. 사실상 제솝은 거버넌스라는 제3의 해법조차도 결국에는 실패할 수밖에 없기 때문에 '거버넌스의 실패'를 염두에 두어야 하며, 그럴 경우 궁극적으로 사회 시스템의 여러 문제를 해결하는 데 완벽한 정답이란 존재하지 않는다는 결론을 끌어낸다.[40] 위계질서적인 정부이건, 분산형 시장이건, 복합적인 거버넌스이건 보편적인 대안은 결코 존재할 수 없다는 인식론이 이러한 주장의 근간을 이루고 있다. 다만 문제의 성격에 따라 적절한 처방을 내릴 수 있는 제도, 즉 '거버넌스의 거버넌스'가 필요하다는 것이 메타거버넌스 개념을 제안한 궁극적인 의도이다. 그래서 다양한 거버넌스 양식을 '바구니'에 담아놓고 필요에 따라 적절한 해법을 활용해야 한다는 것인데, 이것이 바로 메타거버넌스의 작

40 Jessop(1998), pp. 38-41.

동 방식이다.[41]

메타거버넌스 개념은 결과의 효용성에만 집착하는 '실질적 합리성' 대신에 결정 과정을 중요하게 여기는 '절차적 합리성'을 중시한다.[42] 복잡한 정치 구조 속에서 이러한 불완전한 합리성의 개념은 중요한 의미를 지닌다. 근대의 국민 국가나 단순한 거버넌스의 관념은 실질적 합리성의 개념을 기반으로 한 것이었지만, 국제정치가 더욱 복잡해질수록 이러한 전제들이 더 이상 통용되지 않게 되었다. 특히 구조적인 측면에서 사회가 네트워크의 밀도를 높여갈수록 전통적인 합리성의 맥락에서는 이해할 수 없는 현상이 점차 늘어나게 된다.[43] 대부분의 경우 복잡성은 예측 불가능성으로 이어지는데, 이로 인해 완전한 제도적 장치를 사전에 기획하는 일은 거의 불가능에 가깝다. 따라서 미래의 제도를 기획하는 데 절차적 합리성의 관념을 적극적으로 도입할 필요가 있다. 메타거버넌스는 이러한 절차적 합리성과 그로 인한 불완전한 선택 과정을 있는 그대로 받아들인다. 사회적 제도는 자연과 마찬가지로 문제 해결의 반복적인 과정을 통해서 환경에 적응하고 진화해 나갈 따름이기 때문이다. 또한 불완전하고 불명확한 해법일지라도 오랜 시간의 흐름 속에서 바라보면 과거에 비해 더 나은 방식으로 개선되고 진화해 나간다는 것을 알 수 있는 것이다.[44]

---

41 제솝은 메타거버넌스라는 개념과 '공진collibration'이라는 개념을 동일한 의미로 사용하고 있다. 하지만 이러한 정교한 개념에도 불구하고 그는 '거버넌스의 실패'와 마찬가지로 '메타거버넌스의 실패'도 가능하다고 본다. 불확실한 상황에서 완벽한 사회적 해법이란 결코 존재할 수 없다는 것이 그의 기본 입장이다. Jessop(2002), pp. 240-243.

42 Simon(1985), pp. 295-297.

43 네트워크 사회의 부상과 그 속성에 관한 논의로는 Watts(2003) 참조.

44 이러한 맥락에서 제솝은 메타거버넌스를 자기 조직화하는 조직이라고 부른다. 다양한 영역에서 형성된 제도들이 상호 작용을 통해 자기 조직화하면서 협력과 조정이 이루어지도록 정돈되어 가는 상태를 일컫는 말이다. Jessop(1998), pp. 42-43.

현실 정치의 제약을 고려할 때 네트워크 및 메타거버넌스의 개념을 동아시아와 한반도의 평화 체제 거버넌스를 구축하는 데 적용하기는 당분간 쉽지 않다. 그럼에도 우리는 최근 동아시아 지역에서 이루어지고 있는 몇 가지 현상을 바탕으로 새로운 모델의 경험적 적용 가능성을 유추해 볼 수 있다. 우선 동아시아 지역의 다양한 거버넌스 중 북한 핵 문제를 다루기 위한 6자회담이나 안보공동체 논의가 대체로 국가 중심으로 이루어져 왔음을 인식할 필요가 있다. 이와 같이 정부를 주축으로 하는 국가 간의 공식적 관계는 앞으로도 상위 정치 분야를 다루는 데 있어 여전히 중요한 거버넌스 메커니즘으로 남게 될 것이다. 이에 비해 한류의 확산과 같은 문화 교류나 상호 의존적 경제 및 교역에서는 시장 메커니즘의 영향이 점점 커지고 있다.[45] 한편 한일 간의 역사 교과서 문제, 강제 동원 배상 문제, 위안부 문제, 한중 간의 동북공정 문제 등의 문화적 관계에서는 정부와 시민단체가 모두 참여하는 거버넌스가 주종을 이룬다.[46] 후쿠시마 오염수 배출이나 황사 대응 등과 같은 환경 문제의 경우에도 다양한 행위자가 참여하는 네트워크 거버넌스 방식이 효과적으로 작동할 것으로 보인다.[47]

이와 같이 다양한 분야에서 이루어지고 있는 동아시아와 한반도의 거버넌스를 이론적으로 통일성을 갖춘 하나의 개념으로 규정할 수 있을까? 이 장에서는 이러한 거버넌스 자체가 다양한 거버넌스의 총합, 즉 '메타거버넌스'의 개념으로 거듭나야 한다는 점을 강조했다. 예를 들어 안보 문제나 핵 문제와 같은 상위 정치 분야의 의제를 논의하는

45 권연수(2005), pp. 175-196.

46 남상구(2001), pp. 293-326; 최광식(2004), pp. 16-17; 윤명철(2004), pp. 241-280.

47 추장민 외(2005), pp. 11-65; 최병두(2004), pp. 933-954.

데는 전통적인 국가 메커니즘이, 환경이나 문화 등 비경쟁적이면서 조정을 통한 협력이 가능한 경우에는 시장 메커니즘이나 거버넌스 메커니즘이 필요에 따라 적절하게 활용될 수 있다. 따라서 과거와 같이 모든 사안에 대해 국가 중심적 해법이나 민간주도형 해법을 일괄적으로 부과할 필요가 없는 것이다. 정부는 다양한 거버넌스 모델을 고려하면서 의제의 속성에 따라 적절한 대안을 제시하는 '조정자coordinator'의 역할을 수행할 수 있을 것이다. 이것이 바로 '메타거버넌스'의 복합적 처방전이다. 미래의 동아시아 프로젝트로서 이러한 메타거버넌스는 아직까지 본격적으로 채택되지는 않고 있지만, 지난 수십 년간의 경험을 돌이켜 볼 때 이 정도 수준의 제도적 발전과 개선을 이룰 만한 여지는 얼마든지 존재한다. 이것이 바로 동아시아 지역이 안고 있는 국민국가 중심의 현실적 한계를 인정하면서 동시에 미래를 위한 하나의 '기획'으로서 가치를 지닌 평화 체제 거버넌스 모델인 것이다.

이렇게 보면 메타거버넌스의 개념은 제도적 측면과 전략적 측면을 동시에 지니고 있다. 제도적 측면에서 보면 이 개념은 현실적 제약을 바탕으로 다양한 행위자들 사이에 상호 작용을 통한 진화의 메커니즘을 제공한다. 한편 전략적 측면에서는 행위자들 사이에 미래의 가능성을 실현하기 위한 공동의 비전을 만든다. 국민 국가는 이러한 과정에서 중요한 역할을 담당한다. 시장과 위계질서, 이합질서가 공존하는 복합 시스템 속에서 적절한 선택과 타협이 이루어지도록 하는 '조타수'가 될 수 있기 때문이다.[48] 이러한 논의가 동아시아와 한반도의 평화 체제 거버넌스 구상에서 갖는 의미는 자못 크다. 국민 국가 중심의

48 메타거버넌스 모델은 여러 거버넌스 사이에서 네트워크화, 협상, 조정 등의 기능을 수행하는 데 전통적인 국가기구가 여전히 중요하다는 점을 강조한다.

고전적인 질서가 여전히 강하게 유지되고 있는 동아시아 지역에서 사안에 따라 서로 다른 수준의 거버넌스가 이루어지는 현실을 바탕으로 작동이 가능한 제도를 구축하는 데 중요한 시금석이 될 것이기 때문이다. 메타거버넌스는 이러한 점에서 향후 주목할 만한 국제정치의 대안 모델이라고 할 수 있다.

21세기의 국제정치는 더욱 복잡해지고 있다. 세계화의 통합 추세와 독립을 추구하는 분열의 추세가 동시에 이루어지고 있으며, 그 와중에 힘의 불균형과 그에 저항하는 대항 세력의 움직임이 만만치 않게 일어나고 있다. 동아시아와 한반도의 평화 체제가 이러한 추세와 영향으로부터 탈피하기를 기대하는 것은 무리이다. 그만큼 한반도와 동아시아, 나아가 국제정치의 현실적인 여건을 고려해 미래의 평화 체제를 기획하는 일은 쉽지 않다. 무엇보다도 '기획된 프로젝트'로서의 평화 체제는 국민 국가의 현실적 제약을 무시하지 않으면서 동시에 미래의 제도적 개혁을 도모할 수 있는 것이어야 하기 때문이다. 이 장에서는 지금까지 탈냉전기의 평화 체제 담론을 주도해 온 거버넌스 모델이 이런 점에서 다소 미흡하다는 것을 살펴보았다. 이에 대한 보완책으로서 새로운 몇 가지의 이론적 개념을 검토하고, 이를 바탕으로 보다 정교하면서도 복합적인 모델을 구축해야 할 필요성을 제기했다.

동아시아와 한반도의 평화 체제를 구상하고 기획하는 데 가장 큰 걸림돌은 국민 국가의 영향력이 지나치게 강하다는 점이다. 이는 유럽의 상황과 극단적으로 대비되는 요소로, 냉전의 유산이라고 할 수 있는 이러한 요소를 어떻게 반영하면서 새로운 거버넌스의 틀을 제시하는지가 앞으로 평화 체제 담론의 주된 과제라고 할 수 있다. 평화 체제를 위한 기존의 논의 사례로는 정전협정 대체를 위한 4자회담과 북한 핵 문제 해결을 위한 6자회담을 꼽을 수 있다. 과거의 4자회담 논의는 당사국들의 이해관계를 조율하지 못함으로써 실질적인 효과를 거두는 데 실패했다. 북한 핵 문제를 다루기 위한 6자회담의 경우 오랜 지연과 난관을 극복하고 어느 정도 성과를 거두기도 했지만, 이 역시 시간이 흐르면서 국가 간의 전략적 대결 구도 속에서 제 기능을 충분하게 수행하지 못하고 있다. 이러한 어려움은 무엇보다도 협상의 주체가 '국민 국가'로 국한되어 있기 때문에 발생한다고 보아야 한다. 그렇다고 해서 안보와 관련된 문제를 다루는 데 국제기구나 시민단체와 같은 비국가기구들이 참여할 수 있는 여지가 큰 것도 아니다. 이러한 실제 거버넌스 사례들은 동아시아 지역의 국민 국가 전통이 얼마나 강하게 잔존해 있는지를 잘 드러낸다.

이 장에서는 이러한 난제들을 극복할 수 있는 대안의 모델에 대해 국제정치적 관점에서 고찰했다. 탈근대 시기에 들어와 활발하게 논의되고 있는 거버넌스 모델은 이러한 점에서 중요한 출발점이 된다. 하지만 이 장에서는 개념상의 혼동을 방지하고 보다 세련된 이론화를 위해 네트워크 개념을 적극 도입해야 할 것을 주장했다. 이 개념을 통해 우리는 동아시아 지역에서 공존하고 있는 국민 국가 체제와 거버넌스의 복합적인 양상을 이해할 수 있다. 특히 위계질서와 대비되는 '이합질서'의 개념을 활용할 경우 다양한 층위의 행위자들 사이에 이루어지는 상호 연계성을 파악할 수 있다. 아울러 '기획된 프로젝트'로서 평화 체제를 구상해야 한다는 점을 고려할 때 이러한 개념은 현실적이면서도 미래의 가능성을 포괄하는 새로운 이론 틀을 수립하는 데 큰 도움을 줄 수 있을 것이다. 평화 체제를 구축하는 데 동아시아의 국제정치를 무시할 수는 없다. 그리고 이러한 국제정치를 단순한 거버넌스 개념만으로 설명하기 어렵다. 복합적인 거버넌스의 개념, 특히 '메타거버넌스'의 개념으로 보완된 새로운 거버넌스의 이론 틀을 통해서 우리가 기대하는 동아시아와 한반도 평화 체제의 세련된 구도가 드러날 수 있을 것이다.

8장 국제정치학과 네트워크 패러다임

1. 국제정치학의 새로운 관점으로서 네트워크 이론

최근 들어 국제정치 연구에서 네트워크에 대한 관심이 증가하고 있다. 네트워크라는 새로운 개념을 통해 국제정치의 여러 이슈를 더욱 잘 설명할 수 있을 것이라는 기대도 크다. 수많은 개념과 소규모 이론, 인식론적 논의와 방법론적 도구가 합쳐지면서 오늘날 하나의 네트워크 패러다임이 형성되고 있다고 보아도 크게 무리가 없을 것이다. 네트워크 패러다임은 주어진 대상을 하나의 네트워크 시스템으로 보고, 그것을 구성하는 다양한 행위자 간의 관계를 중시한다. 흔히 '노드node'라고 불리는 네트워크의 구성 요소는 서로 연결되어 있기 때문에 한 개체의 행동이 다른 개체에게 영향을 주며, 따라서 그들 사이의 관계, 즉 '링크link'가 개체의 속성보다 더 중요하다고 간주된다. 또한 네트워크는 구조적 차원에서 노드 또는 구성원의 행동을 유발하거나 제한한다는 점에서 중요한 영향력을 행사한다. 이러한 관계주의적 시각은 전통적으로 '당구공 패러다임'이라고 불리던 국가 중심의 국제정치 이론에 대해 의미 있는 비판을 제기한다. 국가 중심의 시각은 국가 자체의 속성을 지나치게 강조하며, 국가를 항상 '주어진given 단위체'로서 당연시한다는 점에서 극복하고 보완해야 할 대상으로 간주되고 있다.

물론 국제정치학이 본래 '관계'를 다루는 학문이라는 점에서 새롭게 네트워크라는 개념을 도입하는 것이 과연 큰 의미가 있는지 의문이 제기될 수 있다. 이러한 의문을 고려해 우선 네트워크의 이론적 기능에 대해 살펴보고자 한다. 기존의 국제정치 이론에서 국가들 사이의 '관계'에 대해 많은 관심을 기울여 온 것은 분명하지만, 그러한 관계의 실체가 무엇인지에 대해서는 매우 모호한 입장을 보여왔다. 즉 기존의 이론들이 '관계'의 특징에 관해서는 체계적인 설명을 하지 못했는데, 무엇보다도 이러한 관계가 하나의 '구조'인지 아니면 '행위자'인지에 대해 존재론적 논의에 도달하지 못했고, 분석 수준의 차원에서도 인간, 국가, 국제 체제 등 단위체의 규모에 따른 분류에만 치중함으로써 정교한 이론 틀을 구축하지 못한 것이 현실이다. 이에 비해 네트워크 패러다임에서는 네트워크를 구조와 행위자로 나누어 설명하고 있으며, 특히 네트워크가 고정된 구조가 아니라 행위자들의 상호 작용을 통해 끊임없이 변화하는 대상이라는 점을 강조한다.[1] 이런 점을 고려할 때 새롭게 조명을 받고 있는 네트워크 패러다임은 자연과학과 사회과학의 여러 영역에서 다양한 개념과 연구 방법을 통해 '관계'의 학문을 가능케 해준다는 점에서 한 발 더 나아간 이론 틀이라고 할 수 있다.

---

1 Kahler(2009), pp. 1-20; Hafner-Burton, Kahler and Montgomery(2009), p. 561.

국제정치학에서의 네트워크 연구는 최근에 들어와 주목받기 시작했지만 이에 대한 관심이 싹트기 시작한 것은 1960년대까지 거슬러 올라가는데, 당시 무역과 외교, 국제기구 회원국 사이의 관계 등에서 나타나는 국가 간 관계의 패턴을 찾기 위한 계량적 연구 작업들이 이루어졌다. 다만 네트워크의 통계적 속성을 분석하기 위한 전문적, 이론적, 방법론적 도구는 충분하게 마련되지 못하고 있었다. 이와 같이 국제정치 네트워크 연구의 '제1의 물결'이 지나가고 1970년대 말이 되면서 사회학의 영향을 받은 세계체제론과 종속 이론이 유행하기 시작했는데, 이를 '제2의 물결'이라고 부를 수 있다. 이러한 좌파적 이론에서는 자본주의 세계 경제를 중심부, 주변부, 반주변부로 나누고 이들 사이의 관계로부터 국제정치의 불균등 현상이 만들어진다는 새로운 설명을 시도했다. 하지만 이러한 좌파적 시각은 정치학 고유의 이론적 기반을 제대로 갖추지 못했다는 한계를 보이고 있었다. 따라서 본격적인 네트워크 연구의 '제3의 물결'은 1990년대 말에 시작되었다. 이때부터는 정교하고 수준 높은 분석 도구가 등장했을 뿐만 아니라 국제정치 이론의 핵심 요소들을 직접 다루려는 연구가 활발하게 이루어지기 시작했다.[2]

과학기술이 발달하고 지구적 차원의 교류가 극대화되고 있는 오늘날 '네트워크 사회'라는 표현은 더 이상 낯설지 않다.[3] 상호 작용이 활발하게 이루어지면서 나타나는 전체 구성원들의 총체적 속성을 가리키는 '네트워크화된 사회성networked sociality'에 대한 논의도 활발하게 이루어지고 있다.[4] 국제정치에서는 이와 같은 표현이 어느 정도 타당

2 Hafner-Burton et al.(2009), p. 562.

3 '네트워크 사회'의 개념에 대해서는 Castells(1998/2003) 참조.

4 Urry(2004), pp. 121-122; Wittel(2001), pp. 51-52.

하게 적용될 수 있을까? 1990년대 이후 세계화의 추세는 전통적인 국민 국가의 국경선을 무너뜨리면서 하나로 통합된 거대한 세계를 만들어 왔지만, 이와 동시에 지역 간에, 그리고 국가 내부로부터 제기되는 심각한 분열의 양상 또한 무시할 수 없는 수준에 이르렀다. 이처럼 통합과 분열의 양상이 지속되고 있는 격변의 시대는 국제정치를 바라보는 우리의 머릿속을 더욱 혼란스럽게 만들고 있다.[5] 이러한 상황에서 '네트워크'라는 새로운 개념은 국제정치를 이해하는 데 얼마나 도움을 줄 수 있을까? 기존 패러다임 간의 논쟁이 치열하게 전개되고 있는 국제정치 연구에서 새롭게 등장한 네트워크 관점은 어떤 의미를 갖는 것일까?

2. 기존의 국제정치 이론과 네트워크 패러다임

네트워크 과학은 자연과학, 특히 물리학 분야에서 빠르게 성장했다. 수십 년 전부터 '무작위 네트워크random network'에 관한 수학의 한 분야로서 그래프 이론이 발전해 왔지만, 네트워크에 관한 체계적인 연구가 시작된 것은 그리 오래되지 않았다. 네트워크 과학은 일반적으로 구조적 특징, 즉 노드와 링크가 연결되는 패턴에 관한 연구에 치중해 왔는데, 예를 들어 촘촘하고 규칙적인 연결망인 '격자형 네트워크lattice network'와 아무런 규칙 없이 마구잡이로 연결된 '무작위 네트워크'는 각각 질서와 무질서를 대표하는 구조적 배열의 상징이라는 것이 이러한 연구에서 밝혀진 네트워크 유형이었다. 이후 네트워크 과학이 본격

5 Rosenau(1990).

적으로 발전함에 따라 현실 세계의 네트워크에 관한 연구들이 축적되기 시작했는데, 그중에서도 가장 눈에 띄는 발견으로 '좁은 세상 네트워크small world network'와 '척도중립적 네트워크scale-free network'를 꼽을 수 있다. 이러한 발견은 엄밀한 수학적 도구와 더불어 데이터를 빠르게 처리할 수 있는 컴퓨터의 등장으로 인해 가능해졌다.

네트워크 과학이 밝혀낸 현실 세계의 '좁은 세상' 속성은 노드 사이의 거리가 생각했던 것보다도 훨씬 더 가깝다는 의미를 담고 있다. 우리가 살아가는 세상에는 군데군데 집단이 형성되어 있는데, 이와 같은 클러스터cluster로 인해 지리적으로 멀리 떨어진 노드와 직접 연결하기란 매우 어렵다. 하지만 클러스터 바깥으로 이어진 '약한 고리들weak ties'이 존재하기 때문에 이들을 통해 다른 클러스터로 연결하는 데 상당한 노력과 시간을 절약할 수 있다. 오늘날과 같이 과학기술과 정보통신의 발달이 이루어진 세상에서는 이러한 고리의 역할이 점점 중요해지고 있다. 이처럼 '좁은 세상 네트워크'에서는 클러스터를 연결하는 임의의 링크가 중간 고리의 역할을 담당하기 때문에 전체 시스템의 구성 요소들이 빠르고 효율적으로 연결되도록 해준다. 구성원의 숫자가 아무리 많다고 하더라도 이와 같은 임의의 연결고리를 몇 개만 확보한다면 구성원들의 관계는 훨씬 더 가까워질 수 있는 것이다.[6]

최근에 밝혀진 네트워크의 또 다른 특징 중의 하나로 '척도중립적' 속성을 들 수 있다. 네트워크의 수많은 노드 사이에는 링크의 연결 밀도에서 상당한 편차가 나타난다. 예를 들어 어떤 국가는 다른 국가에 비해 교역 대상 국가의 수나 교역량, 외교 관계, 국제기구 가입률 등에

6 네트워크 과학에서 자주 인용되고 있는 '6단계의 분리six degrees of separation'는 이와 같은 밀접한 연관성을 나타내는 비유이다. Watts(1999), pp. 495-496.

서 훨씬 높은 수준에 도달해 있다. 이와 같이 특정한 노드가 대부분의 링크를 독점하게 되는 현상은 여러 네트워크 구조에서 관찰되고 있는데, 이러한 불균등 속성은 국제정치에서 관찰되는 빈부 격차나 헤게모니, 종속적 관계 등과 밀접한 연관을 가진다. 네트워크에서 나타나는 이러한 불평등 현상은 노드의 크기가 특정한 척도에 국한되지 않는다는 것을 의미하고 있기도 하다. 다시 말해 대단히 작은 규모의 노드들도 무수히 많지만, 동시에 어마어마하게 큰 노드들도 가끔씩 만들어진다.[7] 이러한 권력의 불평등 관계와 비민주적 지배의 속성은 항상 네트워크상에 존재한다. 국제정치를 연구하는 학자들에게는 이와 같은 네트워크의 속성이 결코 낯설지 않을 것이다.

간단히 소개하기는 했지만 '좁은 세상 네트워크'나 '척도중립적 네트워크'는 그동안 전통적인 패러다임으로는 관찰하거나 설명하기 어려웠던 시스템상의 배열을 이해하는 데 매우 유용한 모델이다. '좁은 세상 네트워크'의 경우 지구적 차원에서 수많은 사람과 국가, 비즈니스가 연결되는 과정 중에 특정한 집합과 고리가 중요한 역할을 수행하는 모습을 설명할 수 있다. 예를 들어 지역주의나 소규모 무역협정들이 왜 특정 지역에서 만들어지는지, 특정한 협력 시스템이 형성되는 과정에서 왜 어떤 국가가 주도적인 역할을 수행하는지 등의 관계를 설명할 수 있는 개념 도구를 제공해 줄 수 있다. 이러한 이론적 도구는 그동안 국가와 그 속성에만 치중해 온 기존의 이론이 국제정치 현상을 다루는 데 있어 국가를 마치 '당구공'처럼 인식한다는 한계를 넘어설 수 있도록 해준다. 현실 세계에서 국가는 더 이상 당구공에 머물러 있

7 Barabási and Bonabeau(2003), pp. 50-59. 네트워크 과학의 동향에 대해서는 Barabási(2002); Newman, Barabási and Watts(2006) 참조.

지 않으며, 당구공 내부의 복잡한 역학 관계를 아울러 들여다보아야만 국제정치를 풍부하게 설명할 수 있다.

이러한 개념 도구의 역할은 '척도중립적 네트워크'에서도 잘 드러난다. 네트워크는 그 규모가 다양하지만 어떤 경우에는 링크가 특정한 노드에 집중되어 있는 반면 다른 경우에는 그렇지 않기도 하다. 다시 말해 극소수의 노드는 대단히 큰 영향력을 지니고 있지만 수많은 보통의 노드는 매우 적은 수의 링크로만 연결되어 있어서 노드 간에 힘의 비대칭이 두드러지게 나타나곤 한다. 이러한 모습은 네트워크 구조가 '규모'에 상관없이 비대칭적이거나 불균등한 방식으로 링크의 배열이 이루어져 있음을 말해준다. 그래서 네트워크의 구조나 패턴이 척도scale의 크기에 있어 임의의 분포를 가질 수 있으며, 따라서 척도에 중립적이라는 점을 의미한다. 기존의 구조주의적 분석에서는 인식하기 어려웠던 비대칭적 관계를 이와 같은 네트워크 개념을 통해 밝혀낼 수 있는 것이다.

이렇게 본다면 네트워크라는 새로운 이론적 개념은 기존의 국제정치 연구에서 다루어 왔던 많은 복잡한 현상을 통합·설명하는 데 도움이 될 수 있다. 기존의 자유주의적 국제정치 이론의 기반을 이루고 있는 고전경제학 패러다임에서는 시장에서 일어나는 거래 행위를 설명하기 위해 개인 행위자들의 효용과 계산을 강조하지만, 타인의 효용에 대해서는 대체로 무관심할 것이라는 점을 가정한다. 이럴 경우 합리적 시장 모델은 매우 간결해진다는 장점이 있지만 현실에 대입해 활용하는 데는 한계가 있다. 한편 현실주의 등 안보를 중시하는 국제정치 이론에서는 협력보다 갈등 관계에 더 많은 관심을 쏟고 있는데, 예를 들어 '안보 딜레마'나 '상대적 이득'과 같은 현상에 대한 이론화가 활발하게 이루어졌다.[8] 하지만 이렇게 갈등 지향적인 개념 역시 우리가 경험하는 모든 것을 객관적으로 보여주지는 않는다. 현실 세계에서는 무관심이나 갈등 관계를 넘어 무수히 많은 협력과 조정이 이루어지고 있다. 따라서 이와 같은 다양한 유형의 관계를 동시에 설명할 수 있는 프레임워크가 필요하다.[9] 네트워크 패러다임은 이와 같은 필요성을 충족시켜 줄 수 있는 유력한 대안이다.

한편 기존의 국제정치 이론과 관련해 네트워크 이론은 '구조'와 '행위자' 사이의 관계를 체계적으로 이론화한다는 점에서 차별화된다. 월츠의 구조현실주의 이론은 환원주의적 설명 방식을 비판하면서 구조가 행위자에게 미치는 영향을 강조하고 있는데, 무정부 상태나 권력 분포, 극화polarity 현상이 이와 같은 구조적 변수라고 보고 있다. 그러나 월츠의 이론에는 구조를 형성하는 행위자들 사이의 관계, 즉 네트워크에 대해서는 별다른 설명이 없다. 부분적으로 '상호 작용'에 대한 언급이 있지만, 그의 이론에는 구조에 대비되는 '관계'로서 네트워크의 요소가 결여되어 있다. 더욱이 월츠의 신현실주의는 구조가 항상 '주어진 것'이라고 간주함으로써 구조 물신주의에 빠져 있다. 구조가 어디에서 오는 것인지, 어떻게 변화하는 것인지 등에 관한 과정적 설명을 등한시한 채 모든 것에 구조가 존재한다고 보기 때문이다. 이런 한계는 월츠로 하여금 개체 중심적인 설명 방식을 '환원주의'로 매도함으로써 구조를 형성하는 중요한 요소인 행위자의 관계를 상대적으로 등한시하는 결과로 이어지고 있다.

이에 비해 자유주의 국제정치 이론에서는 갈등보다는 협력을 강조하고 행위자들 사이의 복잡한 관계를 상정함으로써 네트워크 패러다

---

8 Grieco(1990).

9 Scharpf(1994), pp. 43-45.

임에 훨씬 더 근접한 모습을 보인다. 코헤인Robert Keohane과 나이Joseph Nye는 '복잡한 상호 의존'이라는 개념을 통해 세계가 서로 밀접하게 의존해 있기 때문에 국제정치의 모습이 더욱 가늠하기 힘들게 되었다고 주장했다. 또한 국내 정치와 국제정치가 서로 연계되어 있다는 '양면 게임two-level game'의 논리 역시 이러한 복잡성의 한 단면을 보여준다. 그럼에도 신자유주의적 이론 역시 현실주의와 마찬가지로 강대국 중심의 시각에서 벗어나지 못하고 있다는 것이 자유주의 패러다임의 한계이다. 예를 들어 자유주의 이론은 상호 의존의 가장 큰 특징으로 호혜적 관계를 꼽고 있으며, 정책 분야에서 나타나는 민감성과 취약성의 결과도 이러한 상호 의존의 결과라고 본다. 하지만 이와 같은 특징은 국가들 사이에 동일한 정책 능력과 수단을 갖추고 있을 경우에만 의미가 있을 뿐, 불균등한 형태로 이루어지는 거래 관계에서는 그다지 설득력이 없다.[10] 또한 자유주의적 상호 의존론은 네트워크 구조와 행위자의 관계에 대한 정교한 후속 이론으로 연결되지 못하고 있는 상황이다.

한편 구성주의 국제정치 이론에서는 구조와 행위자를 동시에 고려함으로써 기존의 이론을 뛰어넘으려는 시도를 계속해 왔다. 웬트Alexander Wendt는 구조와 행위자 사이의 '관계'가 곧 미시적 차원에서 '구조'에 해당한다고 보고, 이러한 관점이 단위체의 속성에만 집중하는 환원주의에 비해 설명력이 더 크다고 생각했다. 따라서 그는 미시적

10 Keohane and Nye(1977), pp. 8-19. 코헤인과 나이가 '비대칭적 상호 의존'이 국가간 권력관계의 원천으로 작용한다고 언급하고 있기는 하지만, 이 정도의 표현만으로는 국제정치에서 일어나는 구조적 불균등 지배 현상, 예를 들어 제국주의나 종속과 같은 현상을 설명하기에는 역부족이다. 지구상에는 여전히 '비대칭적' 관계에 있으면서도 아직 '상호 의존'의 수준에는 미치지 못하는 상호 관계가 너무나도 많이 존재하고 있기 때문이다.

차원과 거시적 차원 사이에 '상호 작용'의 차원이 추가될 필요성이 있다고 주장했다. 이와 같은 주장은 거시적 차원의 구조 변수만을 강조한 월츠에 비해 한층 진일보한 것이다. 또한 웬트는 시스템의 속성을 이해하기 위해 다양한 접근법이 가능하다는 점을 인정하면서 네트워크 이론이 도움이 된다는 점을 분명하게 밝히고 있다.[11] 이와 같은 구성주의의 논리는 결국 행위자와 구조가 서로 상호 작용하면서 영향을 미친다는 '구조화structuration' 개념을 낳게 된다.[12] 이렇게 보면 구성주의의 접근 방법은 존재론적으로나 인식론적으로 기존의 합리주의적 국제정치 이론에 비해 더욱 정교한 수준에 도달해 있다고 할 수 있다.

그러나 웬트의 주장을 좀 더 자세히 들여다보면 결국에는 구성주의 또는 구조화주의가 구체적인 실천 가능성을 결여한 접근 방법이라는 것을 확인할 수 있다. 구성주의 국제정치 이론의 출발점은 원래 월츠의 신현실주의와 월러스타인Immanuel Wallerstein의 세계체제론에서 나타나는 구조주의에 대한 비판이었다. 웬트는 신현실주의가 개별 국가의 속성을 기반으로 한 개체론적 구조주의인 반면, 세계체제론은 자본주의 체제의 조직 원리를 기반으로 한 전체론적holistic 구조주의라는 차이를 지니고 있다고 보았다. 하지만 양자 모두 개인 또는 구조가 다른 대상에 비해 선행한다고 본다는 점에서 논리적으로 취약하다고 비판했다. 어느 쪽이건 간에 행위자나 구조가 선행하는 이유에 관해 설명할 수 없다는 것이 그 이유였다. 따라서 웬트는 행위자와 구조가 서로 '구성적'이며, 존재론적으로는 독립된 단위체이지만 어쩔 수 없이 서로에게 영향을 미칠 수밖에 없는 '상호 결정적' 속성을 지닌다는 점

---

11 Wendt(1999), pp. 147-157.

12 Wendt(1987), pp. 355-361.

을 인정했다. 이것이 바로 구성주의 이론에서 구조와 행위자 사이의 상호 관계를 강조하는 구조화 개념의 핵심이다.[13]

웬트의 주장을 존재론적 차원에서 보면 나름대로 의미가 있지만, 구체적인 이론을 구축하기 위한 인식론적·방법론적 실천 전략의 차원에서 보면 여러 가지 난점을 지니고 있다. 웬트는 실제 이론을 수립하는 과정이 행위자와 구조 사이를 오가면서 서로에게 영향을 미치는 모습을 관찰함으로써 가능하다고 보았는데, 이러한 귀추법은 원래 주어진 관찰 대상을 설명하기 위한 가설을 찾아내려는 목적에서 임시로 사용하는 복합적 접근법이다.[14] 귀추법은 완전한 연역이나 완전한 귀납 대신에 주어진 관찰을 가능하게 해주는 '최선의 설명 추론inference to the best explanation' 메커니즘을 통해 역으로 추론하는 방법이다. 이와 같은 추론법은 수많은 귀납의 논리가 모두 동등하게 간주되는 것은 아니며, 그중에서 관찰된 현상을 가장 잘 설명하는 가설을 우선적으로 고려하고 그에 맞춰 다시 연역적 추론을 반복해야 한다는 것을 뜻한다.

그런데 과학적 실재론에 근거해 이러한 귀추법의 활용을 중시한 웬트의 주장에 논리적으로 동의하기 힘든 점이 발견된다. 귀추법이 실제 과학적 연구에서 많이 활용되고 있기는 하지만 웬트가 생각했던 것처럼 그 자체로서 독자적으로 존재하는 연구 방법은 아니며, 오히려 부분적으로 연역과 귀납을 혼합한 형태로 이루어지기 때문에 궁극적으로는 추론의 시작점(관찰)과 종착점(경험적 법칙 정립)을 설정할 수 있어야만 한다. 결국 웬트가 의도했던 인과 메커니즘의 설명 모델은 그가

13 Wendt(1987), pp. 340-349.

14 Harman(1965), pp. 88-91.

비판했던 'X → Y'의 구도를 벗어날 수 없다. 어떤 현상을 설명한다는 것은 'X'를 밝히는 일인데, 웬트의 구조화 개념은 설명변수와 종속변수를 구분하지 않은 채 'X ↔ Y'의 구도만을 강조함으로써 변수 사이의 끝없는 '재귀적' 관계의 덫을 벗어나지 못하고 있는 것이다.[15]

한편 네트워크 패러다임은 기존 국제정치 이론에서 다루고 있는 구조 및 행위자의 개념과 밀접하게 연관되어 있지만, 네트워크가 '구조'와 '행위자'로서 개별적으로 작동할 수 있다는 점을 분명하게 밝히고 있다. 물론 구조로서의 네트워크를 설명하기 위해서는 우선 행위자 차원으로 환원해야 하며, 행위자들 사이의 상호 작용이 구조에서 일어나는 거시적 현상의 '창발성emergence'을 설명하는 주된 요인이 된다는 점에 대해 한층 더 세련된 논리적 근거를 마련하는 일이 필요하다. 이러한 한계에도 불구하고 구조와 행위자 사이의 분석 수준을 설정하는 데 있어 네트워크 패러다임은 기존의 국제정치 이론에 비해 가장 앞서 있다고 할 수 있으며, 나아가 국제정치가 네트워크 구조를 통해 끊임없이 변화하면서 행위자를 규정하고 작동시키며 제약을 가하는 모습을 그려낼 수 있다는 점에서 국제정치 연구에 유용한 분석 도구이다.

15 여기에서 X가 행위자, Y가 구조일 수도 있고, 정반대일 수도 있다. 어떤 경우이건 간에 설명변수(X)의 수준이 명확하게 규정되는데, 웬트의 구조화 이론에서는 이러한 구분이 제대로 이루어지지 않은 채 모호하게만 제시된다는 점이 문제라고 할 수 있다. 말하자면 X↔Y의 관계에서는 X가 Y를 설명하고, 다시 Y가 X를 설명함으로써 종국에는 아무것도 설명될 수 없다. 논리적으로 인과 관계를 설정할 수 없는 것이다. 그럼에도 웬트는 구조의 효과를 '인과적 효과'와 '구성적 효과'로 구분함으로써 자신의 약점을 덮고자 했다. Wendt(1999), pp. 167-178. 이와 같은 문제로 인해 웬트는 후에 인식론적으로 자신의 이론에 뿌리가 되었던 비판 이론에서 벗어나 결국 실증주의를 지향하는 합리주의자들과 별반 다르지 않다는 비판을 받게 된다. Hopf(1998), pp. 181-185.

3. 네트워크를 통해 바라보는 국제정치

네트워크 국제정치의 다양한 모습

이론적 차원에서 네트워크 패러다임이 갖는 의미도 크지만, 실제 국제정치의 모습을 그려내는 데 네트워크의 이론과 개념, 모델은 그동안 상당히 유용한 것으로 판단되었다. 특히 복잡한 관계를 밝혀내는 데 네트워크 패러다임은 쓸모 있는 도구로서 다양한 분야에서 자주 활용되었는데, 국제 금융이나 무역, 환경 분야가 대표적인 사례이다.[16] 또한 경제 발전 연구에서도 그동안 세계체제론이나 종속 이론의 경우 경제적 측면에 치우친 결과 비경제적 측면과의 연계성에서 취약한 면모를 보였는데, 네트워크 이론을 통해 이를 보완하는 작업들이 이루어지고 있다. 세계체제론의 사례를 들어보면, 이론적으로 구분하고 있는 중심부, 주변부, 반주변부의 관계가 경제적 요인에 의해 결정되기보다는 다양한 정치적, 군사적, 문화적 변수에 의해 영향을 받는다는 복합적 시각이 최근 주목을 받고 있다.[17] 이와 같은 여러 차원의 관계가 동시에 작동하는 모습을 그려내는 데 전통적인 인과 관계 모델이나 회귀분석 대신에 네트워크 패러다임과 다중 네트워크 분석이 많은 도움이 되고 있다.

안보 분야에서도 네트워크 이론을 동원한 연구들이 각광을 받고 있다. 9·11 사태 이후 국제정치에서는 '테러' 및 '테러와의 전쟁'이 화두가 되었는데, 과거에는 단순한 비정규전의 한 유형으로 분류되던 테러

---

16 Uzzi(1999), pp. 481-505; Smith and White(1992), pp. 857-893; Ward(2006), pp. 149-166.

17 Kick and Davis(2001), pp. 1562-1565.

가 주목받게 된 데는 국민 국가라는 골리앗을 대상으로 감행된 반격이라는 점이 큰 요인으로 작용했다. 즉 국민 국가, 그것도 가장 거대한 힘을 자랑하던 미국을 겨냥한 테러 행위에 대한 가장 큰 관심은 그것이 어떻게 적은 비용과 노력으로 엄청난 효과를 거둘 수 있었는가에 쏠렸다.[18] 하지만 테러 집단에 대한 이해와 대책은 그리 쉽지 않았는데, 이는 테러 공격이 전통적인 군사 편제나 무기 체계, 공격 전략에서 벗어나 분산형 시스템으로 작동했기 때문이다. 이에 대해 대테러전도 네트워크 편제를 갖춰야 한다는 주장이 설득력을 얻고 있으며, '소규모 승리small wins' 전략을 통해 테러 집단을 지지하는 네트워크를 붕괴시키면서 대항 네트워크를 형성하려는 전략의 중요성도 강조되고 있다. 이와 더불어 국제정치의 골칫거리로 간주되고 있는 핵무기 교역 네트워크와 소형 무기 불법 거래 네트워크 탐구에도 네트워크 패러다임은 없어서는 안 될 중요한 분석 도구를 제공한다.[19]

네트워크는 상호 의존을 강화하기 때문에 협력을 촉진시키는 구조적 요인으로 간주되지만, 경우에 따라서 네트워크로 인해 갈등과 분쟁이 악화되는 경우도 있다. 특히 오늘날과 같이 분쟁 자체가 네트워크 형태로 전개될 경우 네트워크 이론의 중요성은 더욱 커진다. 네트워크 형태의 조직과 정보 시대에 걸맞은 전략과 교리, 기술을 활용하는 다양한 사회적 갈등과 분쟁을 일컬어 '네트전쟁netwar'이라고 부른다. 이러한 전쟁의 주도 세력은 여러 층위의 집단이나 개인으로 구성되어 있

---

18 Enders and Su(2007), pp. 33-57; Matthew and Shambaugh(2005), pp. 617-627; Sageman(2004); 신성호(2006), pp. 31-52.

19 Stohl and Stohl(2003), pp. 118-119; Deibert and Stein(2002), pp. 1-14; Kinsella(2006), pp. 100-117; Montgomery(2005), pp. 153-187; 김형민(2009), pp. 301-321.

지만, 커뮤니케이션을 통해 집단행동을 구상하고 조정하는 데 분산형 시스템에 의존한다. 네트전쟁에서 가장 주목할 만한 속성은 기술이 아니라 구조에 내재되어 있다. 집단의 구성원들이 유연한 적응력을 바탕으로 유사시에 대규모 결집을 이룰 수 있는 능력을 갖추고 있기 때문이다. 이와 같은 속성은 개미나 벌 등 사회적 동물에게서도 관찰되는데, 평상시에는 실체가 눈에 띄지 않지만 필요시 전 방향에서 집중적인 공격과 방어가 가능하도록 엮어져 있다는 점에서 '스웜swarm'으로도 불린다.[20] 네트워크 패러다임은 이제 군사 전략과 안보 영역에서 없어서는 안 될 중요한 기반을 제공하고 있다.

보다 포괄적인 관점에서 네트워크 패러다임은 글로벌 차원의 시민사회를 구상하고 실천하는 데 중요한 밑거름이 되고 있다. 1990년대 세계화의 확산과 신자유주의의 지배하에 생겨난 글로벌 차원의 문제를 이해하는 데 네트워크 개념의 중요성은 자못 크다. 특히 자유무역과 시장 경쟁의 공리에 대항하기 위한 글로벌 차원의 사회운동을 개념화하는 데 핵심적인 요소가 되고 있다. 세계화 이후의 국제정치를 규범적 차원에서 '글로벌 시민 사회global civil society', 또는 '네트워크 지구성network globality'으로 그려내려는 작업들은 모두 이러한 노력의 일환이다.[21] 하지만 아직까지는 이와 같은 글로벌 차원의 시민 사회 개념이 뚜렷한 실체를 드러낼 수 있을지를 확실하게 단언할 수 없다는 점

---

20 Nan(2008), pp. 111-131. 네트전쟁과 관련된 사례로는 멕시코의 사파티스타 민족해방군EZLN, 국제지뢰금지운동ICBL, 체첸전쟁, 그린피스, 그리고 시애틀에서 일어났던 반WTO운동 등을 꼽을 수 있다. Arquilla and Ronfeldt(2001/2005), pp. 38-40; Edwards(2005).

21 '글로벌 시민 사회'의 개념에 대해서는 Chesters(2004), pp. 323-342; Chesters and Welsh(2006), '네트워크 지구성'의 개념에 대해서는 Axford(2004), pp. 260-261 참조.

에서 네트워크 패러다임의 효용성도 당분간 제한적일 수밖에 없을 것이다.

다만 다양한 국제정치의 여러 측면 중에서도 정보질서가 가져올 미래의 모습을 가늠하는 데 있어 네트워크 개념을 빼놓기는 어렵다. 정보의 확산과 공유는 오늘날 국경을 넘나들면서 체제를 위협하고 글로벌 차원의 사회운동을 가능케 하기 때문이다. 이에 관해서는 이미 탈근대주의자들이 '세망細網, reticulum'과 '리좀rhizome'이라는 개념으로 이론화한 바 있다. '세망'은 생물학적 '그물'이라는 의미를 담은 표현으로, 조직과 신체기관을 관통하는 복잡한 세포 연결을 가리킨다. 탈근대주의 사상가들은 글로벌 시대의 지구촌 역시 세망처럼 촘촘하게 얽혀 있으며, 이러한 연결망이 국가, 공동체, 사회 집단을 포함하는 다양한 공간으로 뻗어나간다고 보고 있다.[22] 이와 같은 사고방식은 행위자와 전체 구조 사이의 관계를 동시에 인정한다는 점에서 기존의 국제정치 이론과 차이를 보인다. 즉 기존의 이론들이 행위자나 구조 또는 양자의 상호 작용 중 하나에 초점을 맞추고 있다면, 탈근대주의의 네트워크 관념은 각자의 존재를 모두 인정하면서 필요에 따라 전체를 포함하는 '모두 그리고 상호적'이라는 이중적 정체성을 제안한다. 그럼으로써 그물망 안에서 서로 얽혀 있는 행위자와 그들 사이의 관계가 모두 존재론적으로 타당하게 받아들여질 수 있도록 한다.

들뢰즈Gilles Deleuze와 가타리Félix Guattari는 이러한 '세망'과 유사한 개념으로 '리좀'을 제시했다. 리좀은 단순한 나무줄기나 뿌리와 달리 모든 구성 요소를 연결하는 복잡한 연결망을 뜻하며, 위계질서가 아닌 방식으로 상황에 따라 연결망을 생성하면서 변화시키는 탈집중형 네트

22 Kearney(1995), pp. 558-559.

워크를 가리킨다. 원래 유기체의 네트워크를 가리키는 이 개념은 세계화 이후의 복잡한 세계 속에서 무한 증식하는 관계의 '배열assemblage'을 지칭하는 데 활용되기 시작했으며, 오늘날 인간의 두뇌와 글로벌 차원의 인터넷 연결망은 이와 같은 리좀의 이미지처럼 상호 작용하면서 초국가적 공동체를 만들어 가는 유기체적 존재로 간주되고 있다.[23] 이런 맥락에서 급격하게 발달하고 있는 IT 기술과 글로벌 네트워크는 인류의 공동체적 연결망을 더욱 강화시키면서 복잡하게 만드는 방향으로 끊임없이 영향을 미치는 핵심적인 요인이다.

이와 같이 정보와 지식 질서의 중요성이 점차 커지면서 이를 둘러싼 국가들 사이의 갈등도 커지고 있다. 흥미로운 점은 이러한 갈등의 이면에 네트워크 하부 구조와 시민 사회 네트워크가 자리 잡고 있다는 점이다. '네트워크의 네트워크'라고 할 수 있는 인터넷을 둘러싼 긴장 관계는 이런 맥락에서 주목할 만한 현상이다. 인터넷 자원을 관리하기 위한 국제 레짐인 국제인터넷주소관리기구Internet Corporation for Assigned Names and Numbers(이하 ICANN)는 외견상 다양한 이해 당사자가 참여하는 자유로운 의사 결정 네트워크로 작동하고 있지만, 사실상 이를 둘러싼 미국과 다른 나라들 사이의 힘겨루기는 지난 몇 년 동안 계속되어 왔고 앞으로도 그럴 것으로 보인다. 이런 와중에 인터넷이 초래하는 다양한 국경 무력화 현상은 전통적인 국민 국가의 주권적 영토 관할권을 심각하게 약화시켜 왔고, 그로부터 '인터넷 대 국가'의 대립에 관한 성급한 논평들도 제시되는 실정이다.[24] 자유로운 정보의 확산과 그로부터 비롯되는 이해관계의 충돌 가능성, 그리고 국가 관할권의

23 Deleuze and Guattari(1980/2001), pp. 48-51.
24 Deibert(2000), pp. 255-272; Drissel(2006), pp. 105-120.

위협에 대해 국가는 과연 두 손을 놓고 있을 것인가?

이러한 흥미로운 이슈는 '네트워크 대 국가'라는 공식으로 바꿔 재구성해 볼 수 있다. 우선 국가는 서로 다른 영역에서 서로 다른 정책 도구를 사용하며, 이해관계가 어떻게 구성되어 있는지에 따라 서로 다른 대응을 한다는 점을 인식할 필요가 있다. 이러한 모습은 세계화의 추세가 국가에 영향을 미치는 정도가 커지면서 가속화되고 있는데, 이를 '보조성의 원리'라고 부른다. 유럽연합의 형성 과정에서 발전된 이 원리는 외교나 국방, 무역정책 등 연합 차원에서 부득불 공동으로 상위의 초국가기구에 위임해야 하는 이슈를 제외하고 원칙적으로 모든 권한을 지방 또는 국가 하부 단위체가 행사한다는 원칙을 일컫는다. 말하자면 상위 기구는 반드시 필요한 경우에 한해서 보조적인 역할을 수행한다는 뜻이다. ICANN의 경우에도 국가가 일일이 관리할 정도의 전문성을 갖추지 못하기 때문에 민간기구에 위탁을 의뢰한 사례라고 볼 수 있다. 따라서 ICANN은 국가가 행사하는 다양한 거버넌스 방식 중의 하나인 '위임delegation'을 통해 이루어지는 국가의 '의도적 선택'이기도 한 것이다. 그만큼 인터넷 관리를 둘러싼 네트워크 구조 속에는 다양한 자유주의적 행위자뿐만 아니라 최후의 조정자인 국가와 국제기구가 여전히 권력을 행사하면서 지속적인 다툼을 벌이고 있다는 점에 주목할 필요가 있다.[25] 국제 정보질서의 네트워크는 이와 같이 매우 복잡한 '세망'이자 '리좀'처럼 살아 움직이는 유기체인 것이다.

25 Cowhey and Mueller(2009), pp. 173-193; Goldsmith and Wu(2006/2006); Drezner(2004), pp. 477-498.

네트워크 패러다임으로 이해하는 권력과 거버넌스

네트워크 패러다임은 국제정치 연구에서 가장 중요한 주제인 '권력'의 개념에도 변화를 가져왔다. 이제 권력은 더 이상 단위체의 속성에 의해서만 규정될 수 없으며, 네트워크 속에서 '사회적 권력'의 측면도 보유하고 있다는 점이 중시되기 때문이다. 예를 들어 프랑스의 경우 국제 사회의 여론을 주도하는 데 있어 높은 중심성centrality을 지니고 있다는 점에서 물질적 권력에 비해 사회적 권력이 상대적으로 강하다. 비대칭적 관계의 관점에서 볼 때 한 노드가 다른 노드에 대해 배타적인 링크를 가진다면 네트워크 권력network power은 강화된다. 예를 들어 북한-미국 또는 이란-미국 사이에 거의 연결망이 없는 상태에서 중국이나 독일이 이들 국가 간의 외교적 접촉에 도움을 줄 수 있다면 우리는 연결망 자체로부터 비롯되는 권력의 존재를 감지할 수 있다. 이와 같은 권력은 눈에 보이는 실체적 권력이라기보다는 네트워크상의 '중개자broker'로서 갖게 되는 권력이다. 이렇게 본다면 네트워크에 속해 있는 상황에서 선택할 수 있는 모든 옵션이 권력으로 작동할 가능성이 크다. 심지어 네트워크에서 벗어나려는 '탈퇴exit'의 위협조차도 상대방을 압박하기 위한 도구가 될 수 있다.[26]

이와 같이 글로벌 차원의 연계는 새로운 종류의 권력을 창출한다. 최근 들어 '소프트 파워'나 '스마트 파워'에 대한 인식이 증가하고 있는 것도 이러한 추세와 무관하지 않다. 특히 네트워크 권력이 점점 중요해지는 현상에 대해 많은 연구가 이루어지고 있는데, 일례로 국제적 표준화의 노력이 많은 나라에 구조적인 제약을 부과하는 모습도 네트

26 Hafner-Burton et al.(2009), pp. 570-573.

워크 권력의 개념을 설명할 수 있다. 국제 표준은 사회적 협력을 통해 문제를 해결하기 위한 합의로서 다수가 참여할수록 그 가치가 커지지만, 동시에 자유로운 대안의 선택이 줄어든다는 특징을 보인다. 이처럼 대안 선택의 폭을 줄임으로써 강압적으로 현재의 표준을 받아들일 수밖에 없게 만든다는 점에서 행위자는 부담을 갖게 되며, 이러한 힘을 바로 '네트워크 권력'이라고 한다.[27] 즉 많은 수가 참여하는 표준화 제도에 동참하지 않을 경우 상대적으로 엄청난 불이익을 받게 되며, 그렇다고 해서 다른 대안을 선택할 수 있는 기회가 충분히 주어지지도 않기 때문에 이러한 국제 표준은 한 국가의 행동을 제약하는 권력으로 작용한다. 이처럼 '대안 없는 선택의 압력'에 의해 형성된 것이 오늘날의 글로벌 네트워크라고 할 수 있으며, 그로 인한 혜택은 소수의 지배국가들에 과도하게 집중되어 있다.[28]

이에 더해 네트워크 패러다임의 영향으로 인해 새롭게 조명되어야 할 국제정치의 이슈로서 국가 문제를 언급할 필요가 있다. 오늘날 신자유주의적 세계화가 휩쓸고 간 이후 전통적인 국민 국가의 위상이 취약해졌다거나 조만간 쇠퇴할 것이라는 관측이 지배적이다. 하지만 세계화의 물결에도 불구하고 국가는 여전히 살아남아 있으며 경우에 따라 규제와 감시 등 자신의 역량을 강화하고 있다. 이처럼 국가가 바뀌는 현상을 가리켜 '국가의 변환'이라고 부를 수 있는데, 여기에서 중요한 요소가 바로 네트워크 형태의 관리 역량이다. 국가는 예전처럼 주권적 위계질서에 의존해 통치하는 것이 아니라, 다양한 행위자 속에서 분산형 거버넌스를 운영하면서 스스로의 모습을 유연하게 바꿔가고

27 국제정치 및 경제의 영역에서는 세계무역기구WTO나 다자간투자협정MAI 등이 네트워크 권력의 대표적 사례로 꼽힌다. Grewal(2005), pp. 129-132.

28 김상배(2008), pp. 387-408; Grewal(2003), pp. 97-98.

있는 것이다. 앞서 언급했듯이 이러한 '네트워크 국가'의 대표적인 사례가 바로 유럽연합이다. 유럽연합은 오랜 준비를 거쳐 초국가 수준, 개별 국가 수준 그리고 국가 하위 수준에 이르기까지 새로운 이합질서를 구축하면서 다양한 방식으로 현안을 해결하기 위한 거버넌스 메커니즘을 구현해 나가고 있다.[29]

아울러 오늘날의 국가는 다양한 대외적 정부 간 네트워크를 구축하면서 스스로를 변환시키고 있다. 이제 국제 체제는 더 이상 단일 국가들만의 체제라고 간주하기 어렵게 되었는데, 하나의 국가가 행정, 입법, 사법 등 다양한 기능에 따라 분리 행동하는 '분산형 국가'의 모습을 띠고 있기 때문이다. 정부 간 네트워크는 이와 같은 분산형 국가의 행동을 보여주는 대표적 사례로, 국제기구 활동이나 행정적 협력, 기타 제도적 장치를 통해 정보의 공유, 정책 집행과 조정 등을 수행한다. 이와 같은 정부 간 공조는 국제기구의 공식적인 경로를 따라 이루어지기도 하지만, 다양한 비공식적 네트워크에 의해 이루어지기도 한다. 이와 같은 현상은 국제 협력에 있어 '초정부주의transgovernmentalism'라는 새로운 용어를 만들어 내기도 했다.[30]

오늘날 국가 거버넌스의 양태가 바뀌어 가는 모습을 네트워크 패러다임으로 설명하는 일은 이제 국제정치학뿐만 아니라 행정학과 경제학의 영역에서도 활발하게 전개되고 있다. 그만큼 네트워크는 다양한 사회 분야에서 증가하는 새로운 조직 원리를 가리키는 표현으로, 전통적인 시장이나 위계질서에 대비되는 독특한 구조이자 배열로 간주되

29 Castells(1998/2003), p. 445; Ansell(2000), pp. 307-308.

30 Slaughter(2004), pp. 8-15; Raustiala(2002), pp. 5-7. 이러한 논의는 국제법학자들을 중심으로 활발하게 이루어지고 있는데, 정치학과는 달리 상당수의 법학자들이 자유주의 전통을 따르고 있다는 점이 눈여겨볼 만하다.

고 있다. 이와 같이 네트워크의 구조적·조직적 특성에 대한 관심이 진지하게 커지고 있는 것은 사회의 복잡성과 더불어 문제의 난이도가 점차 높아지는 현상과 연관이 있다.[31] 무엇보다도 네트워크 중심적 시각은 행위자들의 관계가 제3자 등 외부의 영향으로부터 결코 자유롭지 못하다는 의미에서 내재적 속성을 띤다고 본다.[32] 이러한 논의가 활발하게 이루어지고 있는 사회학이나 인류학에 비해 국제정치학에서는 아직 네트워크 구조에 대한 탐구가 미흡한 상황인데, 앞으로 이를 위한 노력이 가속화되어야 할 것이다.[33]

4. 네트워크 분석과 국제정치

네트워크 패러다임은 이론뿐만 아니라 방법론의 영역에서도 획기적인 신기원을 이룩하고 있다. 특히 전통적인 국제정치 연구가 실증주의적 관점에서 연역적 추론이나 통계 분석에 치중해 오던 관행을 넘어 네트워크의 본질적인 모습을 보여줄 수 있는 강력한 분석 도구를 갖추고 있다는 점에서 앞으로 전망이 밝다. 특히 그동안의 거시적 분석이 집합 데이터를 많이 사용했기에 설명력이 떨어졌던 점을 고려한다면

---

31 Powell(1990), pp. 300-301; Podolny and Page(1998), pp. 58-59; O'Toole(1997), pp. 45-52.

32 양자 관계가 제3자에 의해 영향을 받게 되는 '구조적 내재성structural embeddedness'의 속성으로 인해 정보의 확산, 명성 등과 같은 거시 문화적 변수가 중요해진다. Jones, Hesterly and Borgatti(1997), pp. 924-925.

33 최근에 발간된 저술에 의하면 네트워크 이론은 미국 정치, 공공정책, 국제정치, 비교정치 등 다양한 분야에서 활용되고 있다. 특히 국제정치 분야에서는 테러, 무역, 무기 거래, 인권, 민주주의 협력 등의 분야에서 네트워크 분석을 통한 새로운 방식의 연구가 등장하고 있다. Victor, Montgomery and Lubell(2018) 참조.

네트워크 분석 기법의 효과는 자못 크다. 예를 들어 과거의 세계체제론이나 종속 이론이 구조적 측면을 강조하면서도 크게 성공하지 못한 이유 중의 하나는 국가 내부의 차이를 설명하지 못했기 때문이다. 이는 집합 데이터에만 의존함으로써 미시적 차원의 변화에 둔감했기 때문이라고 할 수 있다.[34] 네트워크 분석은 미시적 차원에서 측정된 데이터를 이용해 거시적 패턴을 추론해 내기에 이와 같은 문제를 극복할 수 있다는 장점이 있다. 말하자면 미시적 차원의 자료를 분석함으로써 거시적 차원의 현상을 설명할 수 있다는 점에서 분석 수준의 자연스러운 연계가 가능하다.

이와 관련해 사회학자인 그라노베터Mark Granovetter의 관계주의 접근법에 주목할 필요가 있는데, 그는 네트워크 분석이 '중범위meso-level' 수준에 최적화된 연구 방법이라는 점을 강조했다. 그동안 기존의 사회과학에서 인간 행동을 설명하는 데 사회의 영향을 지나치게 등한시하거나 지나치게 과장하려는 경향이 있었다는 것이 그의 비판인데, 전자를 '과소사회화under-socialization'로, 후자를 '과잉사회화over-socialization'라고 명명하고 이를 절충하기 위한 대안으로서 중범위 수준의 네트워크 분석을 강조한 것이다.[35] 결국 인간은 루소Jean-Jacques Rousseau나 홉스Thomas Hobbes가 탐구했던 것처럼 '자연적 인간natural human'으로서 존재하지만, 동시에 자신이 존재하는 환경으로서 사회에 의해 영향을 받는다는 점에서 양 측면 모두를 고려해야 한다. 이러한 대안의 관점

34 거시적 분석의 이러한 방법론적 문제로 인해 네트워크 분석을 이용한 보완이 필요하다는 주장이 제기되었다. Knoke(1990), pp. 201-202.

35 그라노베터는 중범위 수준의 접근을 제시하며 인간 행동이 지속적인 사회적 관계라는 맥락 속에서 행사되는 것이라는 점에서 이러한 접근을 일종의 '미묘한 전체주의nuanced holism'라고 부르고 있다. Goyal(2019), p. 679.

이 바로 인간을 '사회화된, 그러나 완전하게 사회화되지는 않은' 존재로 인식하는 중범위 수준의 분석이다.[36]

중범위 수준의 접근은 미시적 차원의 변수로 거시적 현상을 설명하는 기존의 주류 연구 방법 대신에, 구조와 행위자 사이의 중간 수준에 네트워크와 같은 소규모 집단을 상정하고 이러한 집단을 통해 거시적 현상을 야기하는 메커니즘을 밝히고자 한다.[37] 이러한 방법론적 논의는 그동안 과도하게 '구조' 기반의 설명에 집착하거나 또는 환원주의적 맥락에서 지나치게 개인 행위자와 정책 결정 차원에만 몰두해 온 기존의 국제정치 설명에 중요한 교훈을 제공한다. 분석 수준에서 어느 한 극단에만 치우치기보다 각각의 수준에서 설명이 가능한 부분을 인정하면서도 중간 영역에서 도입할 수 있는 규모의 변수들을 도입하는 작업이 권장되기 때문이다. 이러한 작업에는 개인들의 집합체이지만 국가보다는 작거나 국가와 부분적으로 중첩될 수 있는 소규모의 단위체들, 예를 들어 민족 집단, 계급, 정부, 정치 세력, 시민 사회, 테러 집단 등 다양한 속성을 띤 중범위 행위자들이 포함될 수 있다. 네트워크 분석은 이와 같은 행위자들을 포함하는 다양한 층위의 연결망이 지닌 속성을 드러내는 데 큰 도움을 줄 수 있는 것이다.

네트워크 분석은 또한 이론적 개념을 엄밀하게 측정하고 처리할 수 있는 체계적인 이론 틀과 더불어 전체 시스템의 모습을 한눈에 보여줄 수 있는 그래픽 도구를 제공한다는 점에서 일반 통계 분석이나 서사적 분석에 비해 전달력이 강하다.[38] 국제정치 분야에서 이루어지는 많은 연구가 대부분 '양자 관계'를 측정한 데이터를 가공해 활용한다는 점

36 Wrong(1961) p. 191.

37 Goyal(2019), p. 682; Granovetter(2017), pp. 4-5.

38 Wasserman and Faust(1994), pp. 17-21.

에서 네트워크 분석의 이러한 장점을 잘 살리고 있다. 다만 이러한 장점을 살리기 위해서는 데이터의 측정과 관찰이 모델 설정 단계에서부터 철저하게 기획되어야 한다는 점이 문제로 제기된다. 이와 관련해 네트워크 데이터가 개인이나 소규모 집단을 연구하는 데는 쉽게 적용될 수 있지만, 국가나 국제 체제와 같은 거대한 구조의 관계를 측정하는 데는 적용하기 어려운 점이 있다는 사실도 지적할 필요가 있다. 실제로 국제정치 연구에 이용되는 네트워크 데이터는 국제기구나 내전, 무기 거래, 테러, 금융, 무역 등 어느 정도 기간에 걸쳐 축적된 자료를 기반으로 한 경우가 대부분이다. 경제 관련 데이터의 경우에는 국제기구에서 발간하는 공식 자료가 어느 정도 도움이 되지만, 군사 및 정치 관련 데이터는 사실상 공개되지 않는 경우가 많기 때문에 적절한 가공과 조작을 거치지 않으면 정량적 분석이 용이하지 못한 경우도 다반사이다.

네트워크 분석 기법의 활용을 더욱 어렵게 만드는 또 다른 이유로 새롭게 제기되고 있는 네트워크의 개념을 꼽을 수 있다. 이것은 과학사회학 연구에서 많이 활용되고 있는 접근법을 기반으로 하는데, 흔히 '행위자-네트워크 이론actor-network theory'(이하 ANT)이라고 불린다. ANT에서는 모든 것이 '관계'의 결과물이라는 점에서 기존의 네트워크 이론과 유사하지만, 인간적·사회적 측면과 물질적·자연적 측면이 서로 구분하기 어려운 방식으로 서로 영향을 미치면서 중첩되어 있다는 점을 강조한다. 다시 말해 인간뿐만 아니라 '비非인간'도 거시적 현상의 주체로, 인간과 더불어 '혼종 연합hybrid association'을 형성하면서 세상을 변화시키는 역할을 수행한다는 것이다. 지금까지의 네트워크 패러다임은 사회, 기업, 국가 등 인간이 주축이 되어 만든 네트워크에만 초점을 맞췄는데, ANT는 인간 이외의 생명체와 더불어 자연의 무생물조차도 상호 작용하면서 거시적 현상을 만들어 가는 존재로 인식한다. 이는 그동안 모든 사회 현상을 인간의 의지에 맞춰 이해하고 해석했던 사회과학의 전통에 일대 충격을 줄 수 있는 관점으로, 새로운 유형의 혼성 네트워크 개념을 기반으로 한다.[39]

이와 같은 ANT의 새로운 접근법은 국제정치의 분석 수준과 관련해 중요한 시사점을 던져준다. ANT에서 제시하는 혼성 네트워크의 구성 요소가 전통적인 국가뿐만 아니라 국가의 상위와 하위, 그리고 비인간적 요인으로 구성된 자연과 환경, 질병 등 다양한 변수를 아우른다는 점이 고려되어야 하기 때문이다. 예를 들어 국가라는 단위체를 중심으로 국가 간의 네트워크를 연구할 수 있지만, 동시에 국가 자체가 수많은 집단과 개인으로 구성된 또 다른 수준의 네트워크라는 점을 잊어서는 안 된다. 또한 기존의 국제정치학에서 전제로 하는 국가 행위자나 초국가 행위자를 넘어서는 기후 문제나 감염병 보건 문제 등을 다루는 데 기존의 단순한 네트워크 구조만으로는 더 이상 효과적으로 설명하기 어렵게 되었다. 이런 상황을 고려할 때 앞으로 국제정치학에서 네트워크 개념 및 분석 도구를 이용한 연구들이 더욱 필요해질 것으로 전망된다. 이제 국가 간의 상호 작용을 통해 국제 체제의 네트워크가 만들어지는 모습뿐만 아니라 사회 집단과 개인, 더 나아가 비인간적 요소가 상호 작용하면서 글로벌 차원에서 다양한 이슈에 걸쳐 다층적인 네트워크를 형성하고 거시적 현상을 만드는 모습을 설명할 수 있어야 한다.[40]

네트워크 패러다임은 그동안 엄밀한 분석 기법과 효율적인 그래픽 도구를 이용해 큰 호응을 얻어왔다. 이러한 장점들은 앞으로도 계속

39 Latour(2005) 참조.

40 MacKay(2006), pp. 71-76.

이어질 것으로 전망되지만, 무엇보다도 네트워크에 특화된 형태의 원데이터를 확보하는 일은 시급한 과제가 아닐 수 없다. 오래전에 네트워크 분석 기법을 적극적으로 활용했지만 큰 성과를 거두지 못했던 인류학 분야에서의 경험도 참조할 필요가 있다. 엄밀한 통계적 분석과 양적 데이터만이 우리가 원하는 모든 것을 보여주는 것이 결코 아니기 때문이다.[41] 네트워크 분석 기법은 데이터를 양적으로 처리하는 과정에서 많은 서사적 정보와 풍부한 주변 지식을 상실할 가능성이 있으며, 정량적 분석을 통해 얻은 결론이 사실상 사소한 것으로 전락할 가능성도 있다. 국제정치학에서 네트워크 이론을 도입하고 다양한 네트워크 분석을 시도할 경우 이러한 교훈을 잊어서는 안 될 것이다. 특히 분석 단위가 크고 사안의 민감도가 큰 국제정치 분야에서 공개된 데이터가 대단히 부족하다는 점을 보완할 수 있는 방법론적 성찰과 대안 마련이 시급하다.

지금까지 살펴본 바와 같이 네트워크 패러다임은 국제정치의 연구에 다양한 방식으로 활용되고 있지만, 그것이 극복해야 할 한계도 만만찮은 상황이다. 네트워크 패러다임은 아직 주류 국제정치 이론과 맞설 만한 체계를 갖추고 있지는 않지만, 기존의 이론에서 설명하지 못하는 복잡한 현상을 다루는 데 효과적인 도구라는 사실은 분명하다. 특히 분석 수준의 문제에 있어 구조와 행위자의 관계를 명확하게 설정

41 인류학의 경우 1960년대부터 네트워크 분석을 활용해 왔지만, 지나친 방법론 중심주의로 인해 주류 패러다임에서 밀려나고 말았다. Boissevain(1979), pp. 392-394.

하고, 이를 네트워크라는 개념으로 체계화시키는 데 지대한 공헌을 하고 있다. 따라서 국제정치경제, 안보, 테러리즘, 정보기술 등 다양한 영역에서 전개되고 있는 복잡한 상호 관계를 분석하는 데 네트워크 패러다임이 활용될 여지는 크다. 다만 데이터의 부족, 민감성, 대표성 등 자료와 관련된 문제를 어떻게 해결할 것인지, 또한 지나친 방법론 물신주의를 어떻게 극복하고 그에 대한 대안을 모색할 것인지 등의 고민이 향후 과제로 남아 있다.

한편 네트워크 패러다임이 세계화의 물결 속에서 신자유주의의 지배에 저항하기 위한 진보 세력에게 널리 받아들여졌다는 사실도 주목할 필요가 있다. 네트워크 개념은 학문적 분석 도구뿐만 아니라 변화와 실천을 위한 행동 지침으로서도 의미를 갖기 때문이다. 1999년 시애틀에서 열린 세계무역기구 각료회의가 글로벌 시민운동 세력에 의해 좌절된 사례는 비국가적 네트워크 사회운동이 기존의 국가 중심적 네트워크 국제정치를 압도한 경우이다. 그만큼 과거에는 국내 차원에만 국한되어 있던 저항운동이 세계화의 바람을 타고 글로벌 차원으로 확장되면서 그 성격도 많이 바뀌고 있다. 신자유주의 세력이 '제국'이라는 네트워크 권력을 행사해 왔기 때문에 이를 극복할 수 있는 '다중multitudes'의 대응도 네트워크 형태로 이루어져야 한다는 하트와 네그리의 주장도 글로벌 차원의 네트워크 사회운동의 이론을 지향한다고 할 수 있다.[42]

세상의 모든 것이 네트워크로 설명될 수 있다면, 이는 곧 그 어떤 것도 네트워크로 설명할 수 없다는 것과 마찬가지라는 말이 있다.[43]

---

42 Smith(2001), pp. 1-19; Hardt and Negri(2000); Hardt and Negri(2004).

43 Thompson(2004), p. 422.

우주 만물의 모든 질서를 '네트워크 구조'라고 볼 경우 그 설명력은 현저하게 줄어들기 때문이다. 이런 비판이 네트워크 연구에 던져주는 시사점은 크다. 네트워크가 국제정치를 이해하는 데 대단히 중요한 기여를 하고 있지만, 포괄적 구조 개념을 지향하기보다는 그것이 적용되는 범위를 적절하게 좁힐 필요가 있기 때문이다. 이를 위해서는 기존의 유사 개념이나 주류 이론에 비해 네트워크 패러다임이 어떻게 다른지를 좀 더 명확하게 이론화하고, 경험적으로 어떤 사례들이 이를 떠받쳐 줄 것인가에 대한 심도 있는 연구가 요구된다.

결론

오늘날 네트워크는 모든 곳에 편재해 있다. 세상의 모든 것이 네트워크 현상으로 해석될 수 있듯이 국제정치라는 거시적 사회 현상 역시 네트워크임에 틀림없다. 이 책에서는 국제정치를 네트워크로서 이해하는 데 어떤 논의가 가능한지 검토해 보고, 또한 그로부터 어떤 전망이 가능한지 살펴보았다. 이러한 논의는 무엇보다 존재론적 관점에서 네트워크의 국제정치학을 지향하고 있다. 즉 국가와 같이 근본적으로 '주어진' 행위자를 네트워크로 바라볼 경우 어떻게 새로운 논의가 전개될 수 있는지를 탐구했다. 이를 위해 방법론적 개인주의의 지배를 받고 있는 기존의 사회과학과 국제정치학에 네트워크 패러다임을 도입함으로써 어떤 도움을 얻을 수 있는지를 살펴보았다. 지금까지 국제정치에 관한 이론들이 상당한 정도로 인식론 논쟁에 집중해 온 것에 비해 이 책은 존재론적 차원에서 네트워크 개념의 중요성을 제시하고자 했다.

사회가 네트워크화된다는 사실은 거대한 시스템 구조 내의 구성 요소들이 점점 더 복잡하게 연결되면서 다양한 현상을 초래한다는 것을 뜻한다. 오늘날 정보기술의 발달과 첨단 기술의 도움으로 사회와 정치의 복잡성은 증가하고 있으며, 그로 인해 일반적인 거시 시스템에서는 예상하기 어려운 현상이 나타날 수 있다. 브래스 패러독스와 뉴컴의 문제 모델은 이와 같은 네트워크 구조의 역설적인 모습을 잘 보여준다. 네트워크 구조가 복잡해질수록 우리가 사회과학에서 전제해 온 합리성은 더 이상 작동하지 않을 수 있으며, 결정론적 세계관 대신 확률론적 세계관을 채택해야 할 필요성이 커진다. 네트워크 사회 시스템은 불안정한 복잡계로서 예측을 허용하지 않으며, 양적 변화가 누적되면서 일정한 임계치를 넘어서면 질적 변화를 초래한다. 하지만 네트워크의 이런 속성은 전통적인 외부효과 모델로는 설명하기 어렵다. 예측이 쉽지 않은 변수들을 시스템 내부에 포함시킨 '자기 조직화' 모델이 필요한 이유가 여기에 있다.

오늘날 사회의 네트워크화가 빠르게 진행되고 있기는 하지만 역사적으로 이러한 추세는 자주 관찰되었다. 대영제국이나 팍스 아메리카나 같은 제국을 운영하기 위한 관리 장치는 오랫동안 네트워크 방식으로 구축되었다. 지식 집단으로서 영국의 채텀하우스와 미국의 외교협회는 네트워크 형태로 운영되었던 인식공동체이기도 하다. 하지만 냉전 체제가 와해되고 세계화의 추세가 가속화되면서 본격적으로 네트워크 구조를 띤 정치 단위체가 등장하기 시작했는데, 이러한 변화가 가장 먼저 감지된 곳은 바로 국가였다. 전통적인 베스트팔렌 체제 이후 표준적인 정치체로 자리 잡아온 국가는 세계화의 영향으로 인해 소멸될 것으로 전망되었다. 하지만 국민 국가는 소멸 대신에 변환을 거듭하고 있다. 오늘날 유럽 통합 연구에서 활발하게 논의되고 있는 이합질서, 메타거버넌스, 정부 간 네트워크 등은 이와 같은 국민 국가 변환의 대표적인 모습이라고 할 수 있다.

네트워크 패러다임의 확산은 국가의 모습뿐만 아니라 정책과 거버넌스 메커니즘에서도 나타나고 있다. 세계화의 추세는 정책의 선택과 관리에 있어 네트워크 구조를 적극 활용하고 있으며, 그 결과 내재성과 정책 조정 그리고 네트워크 거버넌스라는 패턴을 만들어 내고 있다. 특히 네트워크 거버넌스의 주요 행위자로서 국가는 다양한 거버넌스 장치를 사안에 따라 유연하게 활용하는 역할을 담당하기 시작했는데, 이와 같은 관리 모델을 일컬어 메타거버넌스라고 부른다. 세계화 이후의 이러한 국가 변환은 유럽연합에서 가장 두드러지게 나타나고 있다. 유럽연합의 '개방형 정책 조정OMC'은 공동의 거버넌스 메커니즘을 유연하게 운영함으로써 개별 회원국의 자율성을 유지하면서 동시에 통합의 수준을 높이기 위한 메커니즘으로 자리 잡고 있다. 이러한 운영 방식을 고려할 때 유럽연합의 거버넌스가 네트워크 구조를 지향하고 있다는 점은 분명하다.

이상과 같은 역사적 변화는 '네트워크 국가'의 등장으로 명명할 수 있다. 유럽연합의 정치적 실험을 기반으로 다양한 방식의 네트워크 거버넌스가 전통적인 국민 국가의 모습을 바꿔가고 있는 것이다. 이러한 국가의 변환은 근대의 정치체로서 국민 국가가 지닌 영토성의 속성에 일대 변화를 가져왔다. 근대 국가의 핵심적인 요소였던 영토적 경계는 세계화 시대에 더 이상 명확하지 않게 되었으며, 국가는 다양한 행위자를 포함한 여러 형태의 거버넌스를 관리하는 역할을 새롭게 부여받기 시작했다. 이런 맥락에서 전통적인 국가론의 중심 주제였던 국가의 자율성이 이제 국가의 변환이라는 주제로 바뀌고 있는 현상은 그리 이상하지 않다.

네트워크 거버넌스에 관한 논의는 유럽연합뿐만 아니라 동아시아의 정치 상황에도 적용해 볼 만한 가치가 있다. 동아시아 지역은 근대 국가의 전통이 여전히 강력하게 남아 있으며, 냉전 시대의 치열한 갈등과 대립으로 인해 세계에서 가장 불안정한 곳으로 남아 있다. 이런 상황에서 동아시아 평화 체제를 어떻게 구상하고 실현할 것인가는 앞으로 국제정치 분야에서 중요한 과제가 아닐 수 없다. 비록 기초 모델로서 제시되는 것이기는 하지만, 네트워크 거버넌스 모델은 동아시아 평화 체제의 기초적인 구상으로서 논의할 만한 가치가 있다. 다만 지금까지의 단순한 거버넌스 모델이 '시장의 실패'나 '정부의 실패' 경험과 같이 또 다른 실패로 이어질 수 있다는 점에서 앞으로 동아시아 평화 체제의 기초 모델은 한층 정교하면서도 유연한 형태로 추진되어야 할 것이다.

네트워크 국가와 네트워크 거버넌스에 관한 이러한 논의를 고려할 때 네트워크 이론과 개념 도구는 기존의 국제정치 이론이 지닌 한계를 보완할 수 있는 잠재적 가능성을 지니고 있다. 현실주의, 자유주의, 구성주의 등 주류 국제정치 이론에서 국가들 사이의 연결망에 관한 논의가 있어 왔지만, 단순한 구조주의와 유사하거나 인식론적 차원의 담론에 그치는 경우가 대부분이었다. 이에 비해 탈근대주의 사조에서 제안하고 있는 '세망'과 '리좀'의 개념은 네트워크 이론과 관련해 주목할 만한 가치가 있다. 국제정치학에는 사회과학의 다른 어떤 분야와 비교해 보더라도 다양한 이론군이 난립해 있다. 이러한 상황은 학문의 범위 자체가 워낙 광범위하고 또 복잡하기 때문에 나타나는 불가피한 현상이라는 점을 인정할 필요가 있을 것이다. 그럼에도 새로운 개념 도구와 이론 패러다임을 통해 기존의 이론을 보완하고 개선해 나가는 일은 분명 의미 있는 작업이다. 네트워크 이론은 이런 이유에서 앞으로 국가와 국제정치에 대한 이해를 더욱 풍부하게 만드는 기초가 될 것이다.

참고문헌

고병익. 1996. 『동아시아사의 전통과 변용』. 문학과지성사.

권연수. 2005. 「한류 지속을 위한 현지화 전략 연구: 일본을 중심으로」. 『인문콘텐츠』 6호.

김광억. 2005. 「문화공동체로서의 동아시아의 필요성과 가능성」. 최영종 외 지음. 『동아시아 공동체: 비전과 전망』. 한양대학교출판부.

김상배. 2008. 「네트워크 권력의 세계정치: 전통적인 국제정치 권력이론을 넘어서」. 『한국정치학회보』 42집 4호.

김상배. 2017. 「사이버 안보의 주변 4망(網)과 한국: 세력망의 구조와 중견국의 전략」. 『국제정치논총』 57집 1호.

김의영. 2006. 「동아시아 거버넌스에 대한 문헌연구」. 『한국과 국제정치』 22권 3호.

김형민. 2009. 「네트워크 분석방법의 국제정치학적 적용: 군사무기 이전의 사회연결망 분석」. 『한국정치학회보』 43집 1호.

남상구. 2001. 「일본 역사교과서 문제를 보는 눈」. 『역사연구』 9호.

민병원. 2009. 「네트워크의 국제관계: 이론과 방법론, 그리고 한계」. 『국제정치논총』 49집 5호.

신성호. 2006. 「21세기 정보혁명과 네트워크 테러리즘: "척도 없는 네트워크" 테러의 한계에 대한 비판적 고찰」. 『국제정치논총』 46집 3호.

윤명철. 2004. 「동북공정의 배경과 21세기 동아시아 신질서의 구축」. 『단군학연구』 10호.

이동연. 2005.「한류 문화자본의 형성과 문화민족주의」.『문화과학』 42호.

이영석. 2019.『제국의 기억, 제국의 유산』. 아카넷.

최광식. 2004.「동북공정의 배경과 내용 및 대응방안: 고구려사 연구동향과 문제점을 중심으로」.『한국고대사연구』 33권.

최병두. 2004.「국제 환경안보와 동북아 국가들의 한계」.『대한지리학회지』 39권 6호.

추장민 외. 2005.『동북아 환경협력체계 효율화 방안 연구』. 한국환경정책·평가연구원.

하영선. 2006.「네트워크 지식국가: 늑대거미의 다보탑 쌓기」. 하영선·김상배 엮음.『네트워크 지식국가: 21세기 세계정치의 변환』. 을유문화사.

Agnew, John. 1994. "The Territorial Trap: The Geographical Assumptions of International Relations Theory." *Review of International Political Economy* 1-1.

Agnew, John. 2005. "Sovereignty Regimes: Territoriality and State Authority in Contemporary World Politics." *Annals of the Association of American Geographers* 95-2.

Amsden, Alice H. 1989. *Asia's Next Giant: South Korea and Late Industrialization*. New York: Oxford University Press.

Anderson, Benedict. 1983. *Imagined Communities*. 윤형숙 옮김(2002).『상상의 공동체: 민족주의의 기원과 전파에 대한 성찰』. 나남출판.

Anderson, P. W. 1972. "More Is Different: Broken Symmetry and the Nature of the Hierarchical Structure of Science." *Science* 177-4047.

Ansell, Christopher K. 2000. "The Networked Polity: Regional Development in Western Europe." *Governance* 13-3.

Ansell, Christopher K., Craig A. Parsons and Keith A. Darden. 1997. "Dual Networks in European Regional Development Policy." *Journal of Common Market Studies* 35-3.

Ansell, Christopher K. and Steven Weber. 1999. "Organizing International Politics: Sovereignty and Open Systems." *International Political Science*

Review 20-1.

Antoniades, Andreas. 2003. "Epistemic Communities, Epistemes and the Construction of (World) Politics." *Global Society* 17-1.

Armstrong, Kenneth, Iain Begg and Jonathan Zeitlin. 2008. "JCMS Symposium: EU Governance After Lisbon." *Journal of Common Market Studies* 46-2.

Arnott, Richard and Kenneth Small. 1994. "The Economics of Traffic Congestion." *American Scientist* 82.

Arquilla, John and David Ronfeldt, eds. 2001. *Networks and Netwars: The Future of Terror, Crime, and Militancy*. 한세희 옮김(2005).『네트워크 전쟁: 테러·범죄·사회적 갈등의 미래』. 한울아카데미.

Arrow, Kenneth. 1994. "Methodological Individualism and Social Knowledge." *American Economic Review* 84-2.

Arthur, W. Brian. 1984. "Inductive Reasoning and Bounded Rationality." *American Economic Review* 84-2.

Arthur, W. Brian. 1995. "Complexity in Economic and Financial Markets." *Complexity* 1-1.

Axelrod, Robert. 1984. *The Evolution of Cooperation*. New York: Basic Books.

Axford, Barrie. 2004. "Global Civil Society or 'Networked Globality': Beyond the Territorialist and Societalist Paradigm." *Globalizations* 1-2.

Bak, Per. 1996. *How Nature Works: The Science of Self-Organized Criticality*. New York: Springer-Verlag.

Barabási, Albert-László. 2002. *Linked: The New Science of Networks*. 강병남·김기훈 옮김(2002).『링크: 21세기를 지배하는 네트워크 과학』. 동아시아.

Barabási, Albert-László and Eric Bonabeau. 2003. "Scale-Free Networks." *Scientific American*(May).

Barber, Benjamin R. 1992. "Jihad vs. McWorld." *The Atlantic Monthly* 269-3.

Bar-Hillel, Maya and Avishai Margalit. 1972. "Newcomb's Paradox

Revisited." *British Journal for the Philosophy of Science* 23-4.

Bates, Robert H. 1981. *Markets and States in Tropical Africa: The Political Basis of Agricultural Policies.* Berkeley: University of California Press.

Bell, Stephen and Alex Park. 2006. "The Problematic Metagovernance of Networks: Water Reform in New South Wales." *Journal of Public Policy* 26-1.

Boissevain, Jeremy. 1979. "Network Analysis: A Reappraisal." *Current Anthropology* 20-2.

Borchert, Jens and Stephan Lessenich. 2016. *Claus Offe and the Critical Theory of the Capitalist State.* London: Routledge.

Boyer, William W. 1990. "Political Science and the 21st Century: From Government to Governance." *PS: Political Science and Politics* 23-1.

Brams, Steven J. 1975. "Newcomb's Problem and Prisoners' Dilemma." *Journal of Conflict Resolution* 19-4.

Brenner, Neil. 1999. "Beyond State-Centrism? Space, Territoriality, and Geographical Scale in Globalization Studies." *Theory and Society* 28.

Brenner, Neil. 2004. *New State Spaces: Urban Governance and the Rescaling of Statehood.* Oxford: Oxford University Press.

Brodbeck, May. 1958. "Methodological Individualisms: Definition and Reduction." *Philosophy of Science* 25-1.

Brøgger, Katja. 2019. *Governing Through Standards: The Faceless Masters of Higher Education: The Bologna Process, the EU and the Open Method of Coordination.* Cham: Springer.

Brooks, Stephen G. and William C. Wohlforth. 2005. "International Relations Theory and the Case Against Unilateralism." *Perspectives on Politics* 3-3.

Bull, Hedley. 1977. *The Anarchical Society: A Study of Order in World Politics.* Oxford: Clarendon Press.

Bull, Hedley and Adam Watson, eds. 1984. *The Expansion of International Society.* Oxford: Clarendon Press.

Cammack, Paul. 2007. "Competitiveness and Convergence: The Open Method of Co-ordination in Latin America." *Papers in the Politics of Global Competitiveness* No. 5.

Caporaso, James A. 1997. "Across the Great Divide: Integrating Comparative and International Politics." *International Studies Quarterly* 41.

Cargile, James. 1975. "Newcomb's Paradox." *British Journal for the Philosophy of Science* 26-3.

Carlsnaes, Walter. 1992. "The Agency-Structure Problem in Foreign Policy Analysis." *International Studies Quarterly* 36-3.

Carnoy, Martin and Manuel Castells. 2001. "Globalization, the Knowledge Society, and the Network State: Poulantzas at the Millennium." *Global Networks* 1-1.

Castells, Manuel. 1996. *The Rise of the Network Society: The Information Age: Economy, Society and Culture*. Oxford: Blackwell.

Castells, Manuel. 1997. *The Power of Identity*. 정병순 옮김(2008). 『정체성 권력』. 한울아카데미.

Castells, Manuel. 1998. *End of Millennium(The Information Age: Economy, Society and Culture)*. 박행웅·이종삼 옮김(2003). 『밀레니엄의 종언』. 한울아카데미.

Castells, Manuel. 2000. "Materials for an Exploratory Theory of the Network Society." *British Journal of Sociology* 51-1.

Castells, Manuel. 2005. "Global Governance and Global Politics." *PS Online*(January).

Chayes, Abram and Antonia H. Chayes. 1995. *The New Sovereignty: Compliance with International Regulatory Agreements*. Cambridge: Harvard University Press.

Chesters, Graeme. 2004. "Global Complexity and Global Civil Society." *Voluntas* 15-4.

Chesters, Graeme and Ian Welsh. 2006. *Complexity and Social Movements: Multitudes at the Edge of Chaos*. London: Routledge.

Cipra, Barry. 1990. "In Math, Less Is More – Up to a Point." *Science* 250.

Clark, Ian. 1998. "Beyond the Great Divide: Globalization and the Theory of International Relations." *Review of International Studies* 24.

Coase, Ronald. 1937. "The Nature of the Firm." *Econometrica* 4.

Cohen, Edward S. 2001. "Globalization and the Boundaries of the State: A Framework for Analyzing the Changing Practice of Sovereignty." *Governance* 14-1.

Cohen, Joel E. and Frank P. Kelly. 1990. "A Paradox of Congestion in a Queuing Network." *Journal of Applied Probability* 27.

Cohen, Joel E. and Paul Horowitz. 1991. "Paradoxical Behavior of Mechanical and Electrical Networks." *Nature* 352-22.

Corbin, Alain. 2021. *Terra Incognita: A History of Ignorance in the Eighteenth and Nineteenth Centuries.* Cambridge: Polity.

Cowhey, Peter and Milton Mueller. 2009. "Delegation, Networks, and Internet Governance," in Miles Kahler, ed., *Networked Politics: Agency, Power, and Governance.* Ithaca: Cornell University Press.

Cox, Robert W. 1981. "Social Forces, States and World Orders: Beyond International Relations Theory." *Millennium* 10-1.

Cox, Robert W. 1999. "Civil Society at the Turn of the Millenium: Prospects for an Alternative World Order." *Review of International Studies* 25.

Craig, Paul. 2006. *EU Administrative Law.* Oxford: Oxford University Press.

Cumings, Bruce. 1984. "The Origins and Development of the Northeast Asian Political Economy: Industrial Sectors, Product Cycles, and Political Consequences." *International Organization* 38-1.

Dahlman, Carl J. 1979. "The Problem of Externality." *Journal of Law and Economics* 22.

Daly, Mary. 2006. "EU Social Policy after Lisbon." *Journal of Common Market Studies* 44-3.

Darwin, John. 2009. *The Empire Project: The Rise and Fall of the British World-System, 1830-1970.* Cambridge: Cambridge University Press.

Datta-Chaudhuri, Mrinal. 1990. "Market Failure and Government Failure." *Journal of Economic Perspectives* 4-3

de la Porte, Caroline, Philippe Pochet and Graham Room. 2001. "Social Benchmarking, Policy Making and New Governance in the EU." *Journal of European Social Policy* 11-4.

Deibert, Ronald J. 1997. "'Exorcismus Theoriae': Pragmatism, Metaphors, and the Return of the Medieval in IR Theory." *European Journal of International Relations* 3-2.

Deibert, Ronald J. 2000. "International Plug 'n Play? Citizen Activism, the Internet, and Global Public Policy." *International Studies Perspectives* 1.

Deibert, Ronald J. and Janice Gross Stein. 2002. "Hacking Networks of Terror." *Dialog-IO* 1-1.

Deleuze, Gilles and Félix Guattari. 1980. *Mille Plateaux.* 김재인 옮김(2001). 『천개의 고원』. 새물결.

Dessler, David. 1989. "What's at Stake in the Agent-Structure Debate?" *International Organization* 43-3.

Di Muzio, Tim and Richard Robbins. 2015. *Debt as Power.* London: Bloomsbury.

Drezner, Daniel W. 2004. "The Global Governance of the Internet: Bringing the State Back In." *Political Science Quarterly* 119-3.

Drissel, David 2006. "Internet Governance in a Multipolar World: Challenging American Hegemony." *Cambridge Review of International Affairs* 19-1.

Dunlop, Claire. 2000. "Epistemic Communities: A Reply to Toke." *Politics* 20-3.

Edwards, Sean. 2005. *Swarming and the Future of Warfare.* Santa Monica: RAND.

Enders, Walter and Xuejuan Su. 2007. "Rational Terrorists and Optimal Network Structure." *Journal of Conflict Resolution* 51-1.

European Commission. 2005. "Working Together for Growth and Jobs: A New Start for the Lisbon Strategy." COM 24, Brussels, February 2.

Evans, Peter, Dietriech Rueschmeyer and Theda Skocpol, eds. 1985. *Bringing the State Back In.* Cambridge: Cambridge University Press.

Farazmand, Ali. 1999. "Globalization and Public Administration." *Public Administration Review* 59-6.

Ferguson, Yale H. and Richard W. Mansbach. 1999. "Global Politics at the Turn of the Millennium: Changing Bases of 'Us' and 'Them.'" *International Studies Review* 1-2.

Filtenborg, Mette Sicard, Stefan Ganzle and Elisabeth Johansson. 2002. "An Alternative Theoretical Approach to EU Foreign Policy: 'Network Governance' and the Case of the Northern Dimension Initiative." *Cooperation and Conflict* 37-4.

Fletcher, Robert, Benjamin Mountford and Simon Potter. 2019. "Making Connections: John Darwin and His Histories of Empire." *Journal of Imperial and Commonwealth History* 47-5.

Foucault, Michel. 1980. *Power/Knowledge: Selected Interviews and Other Writings, 1971-1977*, edited by Colin Gordon. New York: Pantheon Books.

Friedman, Thomas. 1999. *The Lexus and the Olive Tree.* New York: Anchor Books.

Friedrichs, Jorg. 2001. "The Meaning of New Medievalism." *European Journal of International Relations* 7-4.

Gallagher, John and Ronald Robinson. 1953. "The Imperialism of Free Trade." *Economic History Review* 6-1.

Gardner, Mark R. and W. Ross Ashby. 1970. "Connectance of Large Dynamic(Cybernetic) Systems: Critical Values for Stability." *Nature* 228.

Gardner, Martin. 1973. "Free Will Revisited, with a Mind-bending Prediction Paradox by William Newcomb." *Scientific American* 229.

Gardner, Martin. 1974. "Reflections on Newcomb's Problem: A Prediction and Free-will Dilemma." *Scientific American* 230.

Garrett, Geoffrey. 1992. "International Cooperation and Institutional Choice: The European Communities Internal Market." *International Organization* 46-2.

Gilpin, Robert. 1981. *War and Change in World Politics*. Cambridge: Cambridge University Press.

Goetschy, Jannie. 2007. "The Implications of the Lisbon Strategy for the Future of Social Europe: 'On the Road' or 'New Age'?" *International Journal of Comparative Labour Law and Industrial Relations* 23-4.

Goldsmith, Jack and Tim Wu. 2006. *Who Controls the Internet?: Illusions of a Borderless World*. 송연석 옮김(2006). 『사이버 세계를 조종하는 인터넷 권력 전쟁』. Newrun.

Gore, Al. 1991. "Computers, Networks and Public Policy." *Scientific American* 265.

Gorman, Daniel. 2004. "Lionel Curtis, Imperial Citizenship, and the Quest for Unity." *Historian* 66-1.

Gould, Stephen J. and Niles Eldredge. 1977. "Punctuated Equilibria: The Tempo and Mode of Evolution Reconsidered." *Paleobiology* 3-2.

Goyal, Sanjeev. 2019. "Society and Economy: Frameworks and Principles: A Book Review." *Journal of Economic Literature* 57-3.

Gramsci, Antonio. 1971. *Selections from the Prison Notebooks*, edited by Q. Hoare and D. Boothman. London: Lawrence and Wishart.

Grand, Julianle. 1991. "The Theory of Government Failure." *British Journal of Political Science* 21-4.

Granovetter, Mark. 1985. "Economic Action and Social Structure: The Problem of Embeddedness." *American Journal of Sociology* 91-3.

Granovetter, Mark. 2017. *Society and Economy: Framework and Principles*. Cambridge: Belknap.

Grewal, David Singh. 2003. "Network Power and Globalization." *Ethics and International Affairs* 17-2.

Grewal, David Singh. 2005. "Network Power and Global Standardization: The Controversy over the Multilateral Agreement on Investment." *Metaphilosophy* 36-1/2.

Grewal, David Singh. 2008. *Network Power: The Social Dynamics of Globalization*. New Haven: Yale University Press.

Grieco, Joseph. 1990. *Cooperation among Nations: Europe, America, and Non-tariff Barriers to Trade*. Ithaca: Cornell University Press.

Grose, Peter. 1996. *Continuing the Inquiry: The Council on Foreign Relations from 1921 to 1996*. New York: The Council on Foreign Relations Press.

Haas, Ernst B. 1958. *The Uniting of Europe*. Stanford: Stanford University Press,

Haas, Peter M. 1989. "Do Regimes Matter? Epistemic Communities and Mediterranean Pollution Control." *International Organization* 43-3.

Haas, Peter M. 1992. "Introduction: Epistemic Communities and International Policy Coordination." *International Organization* 46-1.

Hafner-Burton, Emile M., Miles Kahler and Alexander H. Montgomery. 2009. "Network Analysis for International Relations." *International Organization* 63.

Hall, John and Ralph Schroeder, eds. 2006. *An Anatomy of Power: The Social Theory of Michael Mann*. Cambridge: Cambridge University Press.

Hammarlund, Per. 2005. *Liberal Internationalism and the Decline of the State: The Thought of Richard Cobden, David Mitrany and Kenichi Ohmae*. New York: Palgrave Macmillan.

Hardin, Garrett. 1968. "The Tragedy of the Commons." *Science* 162-3859.

Hardin, Russell. 1982. *Collective Action*. Baltimore: Johns Hopkins University Press.

Hardt, Michael and Antonio Negri. 2000. *Empire*. Cambridge: Harvard University Press.

Hardt, Michael and Antonio Negri. 2000. *Empire*. 윤수종 옮김(2001). 『제국』. 이학사.

Hardt, Michael and Antonio Negri. 2004. *Multitude: War and Democracy in the Age of Empire*. New York: Penguin Books.

Harman, Gilbert. 1965. "The Inference to the Best Explanation." *Philosophical Review* 74-1.

Hart-Landsberg, Martin. 2006. "Neoliberalism: Myths and Reality." *Monthly Review*(April).

Heiss, Mary Ann. 2002. "The Evolution of the Imperial Idea and U. S. National Identity." *Diplomatic History* 26-4.

Held, David and Anthony McGrew. 1998. "The End of the Old Order? Globalization and the Prospects for World Order." *Review of International Studies* 24.

Henderson, David. 2000. "Information Technology as a Universal Solvent for Removing State Stains." *Independent Review* 4-4.

Hendrickson, David C. 1997. "Inquiring Minds: The Story of the Council on Foreign Relations." *Foreign Affairs* 76-1.

Hix, Simon. 1999. *The Political System of the European Union*. London: Palgrave.

Hobson, John and Leonard Seabrooke. 2001. "Reimagining Weber: Constructing International Society and the Social Balance of Power." *European Journal of International Relations* 7-2.

Hodgson, Geoffrey. 2007. "Meanings of Methodological Individualism." *Journal of Economic Methodology* 14-2.

Hodson, Dermot. 2004. "Macroeconomic Co-ordination in the euro Area: The Scope and Limits of the Open Method." *Journal of European Public Policy* 11-2.

Hodson, Dermot and Imelda Maher. 2001. "The Open Method as a New Mode of Governance: The Case of Soft Economic Policy Co-ordination." *Journal of Common Market Studies* 39-4.

Holsti, K. J. 2004. *Taming the Sovereigns: Institutional Change in International Politics*. Cambridge: Cambridge University Press.

Holsti, Ole R. 1992. "Public Opinion and Foreign Policy: Challenges to the Almond-Lippmann Consensus." *International Studies Quarterly* 36-3.

Hooghe, Lisbet and Gary Marks. 2001. *Multi-Level Governance and European Integration*. Lanham: Rowman and Littlefield.

Hooghe, Lisbet and Gary Marks. 2003. "Unravelling the Central State: But How? Types of Multi-Level Governance." *American Political Science Review* 97-2.

Hopf, Ted. 1998. "The Promise of Constructivism in International Relations Theory." *International Security* 23-1.

Huntington, Samuel P. 1992. *The Third Wave: Democratization in the Late Twentieth Century*. Norman: University of Oklahoma Press.

Hwang, Kee Yeon, Eom Jinki and Kim Ikki. 2001. "Empirical Tests of Braess Paradox: The Case of Namsan 2nd Tunnel Closure." Paper Presented at the 9th World Conference on Transportation Research.

Irvine, A. D. 1993. "How Braess' Paradox Solves Newcomb's Problem." *International Studies in the Philosophy of Science* 7-2.

Jachtenfuchs, Markus. 2001. "The Governance Approach to European Integration." *Journal of Common Market Studies* 39-2.

Jackson, Patrick and Daniel Nexon. 1999. "Relations Before States: Substance, Process and the Study of World Politics." *European Journal of International Relations* 5-3.

Jackson, Robert. 2007. *Sovereignty*. 옥동석 옮김(2016). 『주권이란 무엇인가: 근대 국가의 기원과 진화』. 21세기북스.

Jervis, Robert. 1978. "Cooperation Under the Security Dilemma." *World Politics* 30.

Jessop, Bob. 1998. "The Rise of Governance and the Risks of Failure: The Case of Economic Development." *International Social Science Journal* 50-155.

Jessop, Bob. 2001. "Regulationist and Autopoieticist Reflections on Polanyi's Account of Market Economies and the Market Society." *New Political Economy* 6-2.

Jessop, Bob. 2002. *The Future of the Capitalist State*. Cambridge: Polity Press.

Jessop, Bob. 2008. *State Power*. 남상백 옮김(2021). 『국가 권력: 마르크스에서 푸코까지, 국가론과 권력 이론들』. 이매진.

Jessop, Bob. 2011. "Metagovernance," in Mark Bevir, ed., *The Sage Handbook of Governance*. London: Sage.

Johnson, Chalmers. 1987. "Political Institutions and Economic Performance: The Government-Business Relationship in Japan, South Korea, and Taiwan," in Frederic C. Deyo, ed., *The Political Economy of the New Asian Industrialism*. Ithaca: Cornell University Press.

Jones, Candace, William S. Hesterly and Stephen P. Borgatti. 1997. "A General Theory of Network Governance: Exchange Conditions and Social Mechanisms." *Academy of Management Review* 22-4.

Jones, Lee. 2013. "State Theory and Statebuilding: Towards a Gramscian Analysis," in Robert Egnell and Peter Haldén, eds., *New Agendas in State Building: Hybridity, Contingency and History*. London: Routledge.

Kahler, Miles. 2009. "Networked Politics: Agency, Power, and Governance," in Miles Kahler, ed., *Networked Politics: Agency, Power, and Governance*. Ithaca: Cornell University Press.

Kameda, Hisao, Eitan Altman, Takayuki Kozawa and Yoshida Hosokawa. 2000. "Braess-like Paradoxes in Distributed Computer Networks." *IEEE Transactions on Automatic Control* 45-9.

Katzenstein, Peter and Takashi Shiraishi. 1997. *Network Power: Japan and Asia*. Ithaca: Cornell University Press.

Kauffman, Stuart. 1995. *At Home in the Universe: The Search for the Laws of Self-Organization and Complexity*. Oxford: Oxford University Press.

Kay, Alan. 1991. "Computers, Networks and Education." *Scientific American*

265.

Kearney, Michael. 1995. "The Local and the Global: The Anthropology of Globalization and Transnationalism." *Annual Review of Anthropology* 24.

Keller, William W. and Louis W. Pauly. 1997. "Globalization at Bay." *Current History* 96-613.

Kelly, Kevin. 1994. *Out of Control: The New Biology of Machines, Social Systems, and the Economic World.* Reading, MA: Addison-Wesley.

Kendle, J. E. 1968. "The Round Table Movement and 'Home Rule All Round'." *Historical Journal* 11-2.

Kennan, George F. 1947. "The Sources of Soviet Conduct." *Foreign Affairs* 5-4.

Keohane, Robert O. 2002. "Ironies of Sovereignty: The European Union and the United States." *Journal of Common Market Studies* 40-4.

Keohane, Robert O. and Joseph S. Nye. 1977. *Power and Interdependence: World Politics in Transition.* Boston: Little, Brown and Co.

Keohane, Robert O. and Stanley Hoffmann. 1991. "Institutional Change in Europe in the 1980s," in Robert O. Keohane and Stanley Hoffmann, eds., *The New European Community: Decisionmaking and Institutional Change.* Boulder: Westview Press.

Kettl, Donald E. 2000. "The Transformation of Governance: Globalization, Devolution, and the Role of Government." *Public Administration Review* 60-6.

Kick, Edward L. and Byron L. Davis. 2001. "World-System Structure and Change: An Analysis of Global Networks and Economic Growth Across Two Time Periods." *American Behavioral Scientist* 44-10.

Kinsella, David. 2006. "The Black Market in Small Arms: Examining a Social Network." *Contemporary Security Policy* 27-1.

Knoke, David. 1990. *Political Networks: The Structural Perspective.* Cambridge: Cambridge University Press.

Kohler-Koch, Beate and Berthold Rittberger. 2006. "The 'Governance Turn' in EU Studies." *Journal of Common Market Studies* 44.

Kok, Wim. 2004. *Facing the Challenge: The Lisbon Strategy for Growth and Employment.* Report from the High Level Group.

Korver, Ton and Peter R. A. Oeij. 2005. "The Soft Law of the Covenant: Making Governance Instrumental." *European Journal of Industrial Relations* 11-3.

Kraemer, R. Andreas, Anneke Klasing and Ingmar von Homeyer. 2004. "The EU Open Method of Co-ordination in the Draft Constitution for Europe." Paper presented at the Convention, the IGC.

Krasner, Stephen D., ed. 1983. *International Regimes.* Ithaca, NY: Cornell University Press.

Krasner, Stephen D. 1995. "Compromising Westphalia." *International Security* 20-3.

Krasner, Stephen D. 1999. *Sovereignty: Organized Hypocrisy.* Princeton: Princeton University Press.

Krasner, Stephen D. 2001. "Rethinking the Sovereign State Model." *Review of International Studies* 27.

Krieger, Leonard. 1963. "The Idea of the Welfare State in Europe and the United States." *Journal of the History of Ideas* 24-4.

Ladeur, Karl-Heinz. 1997. "Towards a Legal Theory of Supranationality: The Viability of the Network Concept." *European Law Journal* 3-1.

Latour, Bruno. 2005. *Reassembling the Social: An Introduction to Actor-Network Theory.* Oxford: Oxford University Press.

Leblanc, Larry J. 1975. "An Algorithm for the Discrete Network Design Problem." *Transportation Science* 9-3.

Leisink, Peter and Richard Hyman. 2005. "The Dual Evolution of Europeanization and Varieties of Governance." *European Journal of Industrial Relations* 11-3.

Liebowitz, S. J. and Stephen E. Margolis. 1994. "Network Externality: An

Uncommon Tragedy." *Journal of Economic Perspectives* 8-2.

List, Christian and Kai Spiekermann. 2013. "Methodological Individualism and Holism in Political Science: A Reconciliation." *American Political Science Review* 107-4.

MacKay, Joseph. 2006. "State Failure, Actor-Network Theory, and the Theorisation of Sovereignty." *BSIS Journal of International Studies* 3.

Mann, Michael. 1984. "The Autonomous Power of the State: Its Origins, Mechanisms and Results." *European Journal of Sociology* 25-2.

Maoz, Zeev. 2011. *Networks of Nations: The Evolution, Structure, and Impact of International Networks, 1816-2001*. Cambridge: Cambridge University Press.

Martin, Laurence. 1995. "Chatham House at 75: The Past and the Future." *International Affairs* 71-4.

Matthew, Richard and George Shambaugh. 2005. "The Limits of Terrorism: A Network Perspective." *International Studies Review* 7.

May, Robert M. 1973. *Stability and Complexity in Model Ecosystems*. Princeton: Princeton University Press.

Mayer, Franz C. and Jan Palmowski. 2004. "European Identities and the EU: The Ties That Bind the Peoples of Europe." *Journal of Common Market Studies* 42-3.

McMahon, Robert J. 1985. "A Question of Influence: The Council on Foreign Relations and American Foreign Policy." *Reviews in American History* 13-3.

McNeill, William H. 1997. "Territorial States Buried Too Soon." *Mershon International Studies Review* 41.

Mead, Walter Russell. 2004. "America's Sticky Power." *Foreign Policy*(March/April).

Meredith, Martin. 2005. *The State of Africa: A History of Fifty Years of Independence*. London: Free Press.

Miller, Hugh and Charles Fox. 2001. "The Epistemic Community."

Administration and Society 32-6.

Mills, Sara. 2003. *Michel Foucault*. 임경규 옮김(2008). 『현재의 역사가 미셸 푸코』. 앨피.

Milward, H. Brinton. 1994. "Nonprofit Contracting and the Hollow State." *Public Administration Review* 54-1.

Milward, H. Brinton. 1996. "Introduction." *Journal of Public Administration Research and Theory* 6-2.

Milward, H. Brinton and Keith G. Provan. 2000. "Governing the Hollow State." *Journal of Public Administration Research and Theory* 10-2.

Mishra, Ramesh. 1999. *Globalization and the Welfare State*. 이혁구·박시종 옮김(2003). 『지구적 사회정책을 향하여: 세계화와 복지국가의 위기』. 성균관대학교출판부.

Mitchell, Timothy. 1991. "The Limits of the State: Beyond Statist Approaches and Their Critiques." *American Political Science Review* 85-1.

Montgomery, Alexander H. 2005. "Ringing in Proliferation: How to Dismantle an Atomic Bomb Network." *International Security* 30-2.

Moravcsik, Andrew. 1993. "Preferences and Power in the European Community: A Liberal Intergovernmentalist Approach." *Journal of Common Market Studies* 31-4.

Morgan, Roger. 1979. "'To Advance the Sciences of International Politics...': Chatham House's Early Research." *International Affairs* 55-2.

Morton, Louis. 1963. "National Security and Area Studies." *Journal of Higher Education* 34-3.

Mosher, James. 2000. "Open Method of Coordination: Functional and Political Origins." *ECSA Review* 13-3.

Murray, Carl. 2005. "Mapping Terra Incognita." *Polar Record* 41.

Nan, Susan Allen. 2008. "Conflict Resolution in a Network Society." *International Negotiation* 13.

Newman, Mark, Albert-László Barabási and Duncan Watts, eds. 2006. *The Structure and Dynamics of Networks*. Princeton: Princeton University Press.

Nye, Joseph S. 2004. *Soft Power: The Means to Success in World Politics*. 홍수원 옮김(2004). 『소프트 파워』. 세종연구원.

Ó Riain, Seán. 2004. *The Politics of High-Tech Growth: Developmental Network States in the Global Economy*. Cambridge: Cambridge University Press.

Offe, Claus. 1984. *Contradictions of the Welfare State*. London: Hutchinson.

Offe, Claus. 2003. "The European Model of 'Social' Capitalism: Can It Survive European Integration?" *Journal of Political Philosophy* 11-4.

Ohmae, Kenichi. 1995. *The End of the Nation State: The Rise of Regional Economies*. London: HarperCollins.

Ohmae, Kenichi. 1995. *The End of the Nation State*. 박길부 옮김(1999). 『국가의 종말』. 한언.

Olson, William C. and A. J. R. Groom. 1991. *International Relations Then and Now: Origins and Trends in Interpretation*. London: Harper Collins.

Osiander, Andreas. 2001. "Sovereignty, International Relations, and the Westphalian Myth." *International Organization* 55-2.

O'Toole, Laurence J. 1997. "Treating Networks Seriously: Practical and Research-Based Agendas in Public Administration." *Public Administration Review* 57-1.

O'Toole, Laurence J. and Kenneth Hanf. 2002. "American Public Administration and Impacts of International Governance." *Public Administration Review* 62.

Parmar, Inderjeet. 1999. "'Mobilizing America for an Internationalist Foreign Policy': The Role of the Council on Foreign Relations." *Studies in American Political Development* 13.

Parmar, Inderjeet. 2002a. "Anglo-American Elites in the Interwar Years: Idealism and Power in the Intellectual Roots of Chatham House and the Council on Foreign Relations." *International Relations* 16-1.

Parmar, Inderjeet. 2002b. "American Foundations and the Development of International Knowledge Networks." *Global Networks* 2-1.

Pas, Eric I. and Shari L. Principio. 1997. "Braess' Paradox: Some New Insights." *Transportation Research B* 31-3.

Philpott, Daniel. 1999. "Westphalia, Authority, and International Society." *Political Studies* 47.

Picciotto, Sol. 1996. "Networks in International Economic Integration: Fragmented States and the Dilemmas of Neo-Liberalism." *Northwestern Journal of International Law and Business* 17-2/3.

Pierre, Jon, ed. 2000. *Debating Governance*. Oxford: Oxford University Press.

Pierson, Christopher. 1996. *The Modern State*. 박형신·이택면 옮김(1997). 『근대국가의 이해』. 일신사.

Pimm, Stuart. 1984. "The Complexity and Stability of Ecosystems." *Nature* 307-26.

Podolny, Joel M. and Karen L. Page. 1998. "Network Forms of Organization." *Annual Review of Sociology* 24.

Poggi, Gianfranco. 1978. *The Development of the Modern State: A Sociological Introduction*. 박상섭 옮김(1995). 『근대국가의 발전』. 민음사.

Polanyi, Karl. 1980. *The Great Transformation*. 홍기빈 옮김(2009). 『거대한 전환: 우리 시대의 정치·경제적 기원』. 도서출판 길.

Pollack, Mark A. 2001. "International Relations Theory and European Integration." *Journal of Common Market Studies* 39-2.

Pollack, Mark A. 2003. "Control Mechanism or Deliberative Democracy? Two Images of Comitology." *Comparative Political Studies* 36-1/2.

Pontusson, Jonas. 2005. *Inequality and Prosperity: Social Europe vs. Liberal America*. Ithaca: Cornell University Press.

Popper, Karl R. 1959. *The Logic of Scientific Discovery*. New York: Basic Books.

Poulantzas, Nicos. 1969. "The Problem of the Capitalist State." *New Left*

Review 58.

Powell, Walter W. 1990. "Neither Market Nor Hierarchy: Network Forms of Organization." *Research in Organizational Behavior* 12.

Qin, Yaqing. 2016. "A Relational Theory of World Politics." *International Studies Review* 18.

Raustiala, Kal. 2002. "The Architecture of International Cooperation: Transgovernmental Networks and the Future of International Law." *Virginia Journal of International Law* 43-1.

Regent, Sabrina. 2003. "The Open Method of Coordination: A New Supranational Form of Governance?" *European Law Journal* 9-2.

Rhodes, R. A. W. 1996. "The New Governance: Governing without Government." *Political Studies* 44.

Risse-Kappen, Thomas. 1996. "Exploring the Nature of the Beast: International Relations Theory and Comparative Policy Analysis Meet the European Union." *Journal of Common Market Studies* 34-1.

Robinson, Scott E. 2006. "A Decade of Treating Networks Seriously." *Policy Studies Journal* 34-4.

Robinson, William. 2005. "Gramsci and Globalization: From Nation-State to Transnational Hegemony." *Critical Review of International Social and Political Philosophy* 8-4.

Roots, Roger I. 2004. "When Laws Backfire: Unintended Consequences of Public Policy." *American Behavioral Scientist* 47-11.

Rosamond, Ben. 2000. *Theories of European Integration*. New York: St. Martin's Press.

Rosenau, James N. 1990. *Turbulence in World Politics: A Theory of Change and Continuity*. Princeton: Princeton University Press.

Rosenau, James N. 1997. "The Complexities and Contradictions of Globalization." *Current History* 96-613.

Ruggie, John G. 1975. "International Responses to Technology: Concepts and Trends." *International Organization* 29-3.

Ruggie, John G. 1982. "International Regimes, Transactions and Change: Embedded Liberalism in the Postwar Economic Order." *International Organization* 36.

Ruggie, John G. 1993. "Territoriality and Beyond: Problematizing Modernity in International Relations." *International Organization* 47-1.

Russell, Peter. 2021. *Sovereignty: The Biography of a Claim*. Toronto: University of Toronto Press.

Russett, Bruce. 2003. "Reintegrating the Subdisciplines of International and Comparative Politics." *International Studies Review* 5-4.

Sabel, Charles F. and Jonathan Zeitlin. 2007. "Learning from Difference: The New Architecture of Experimentalist Governance in the European Union." *European Governance Papers* No. C-07-02.

Sageman, Marc. 2004. *Understanding Terror Networks*. Philadelphia: University of Pennsylvania Press.

Said, Edward W. 1978. *Orientalism*. 박홍규 옮김(1999). 『오리엔탈리즘』. 교보문고.

Sassatelli, Monica. 2002. "Imagined Europe: The Shaping of a European Cultural Identity through EU Cultural Policy." *European Journal of Social Theory* 5-5.

Sassen, Saskia. 2000. "Digital Networks and the State: Some Governance Questions." *Theory, Culture and Society* 17-4.

Sbragia, Alberta M. 2000. "Governance, the State, and the Market: What Is Going On?" *Governance* 13-2.

Scharpf, Fritz W. 1994. "Games Real Actors Could Play: Positive and Negative Coordination in Embedded Negotiations." *Journal of Theoretical Politics* 6-1.

Scharpf, Fritz W. 2002. "The European Social Model: Coping with the Challenges of Diversity." *Journal of Common Market Studies* 40-4.

Schelling, Thomas C. 2006. *Micromotives and Macrobehavior*. 이한중 옮김(2009). 『미시동기와 거시행동: 작은 동기와 선택은 어떻게 커다란 현상이

될까』. 21세기북스.

Schlesinger, G. 1974. “The Unpredictability of Free Choices.” *British Journal for the Philosophy of Science* 25-3.

Shepsle, Kenneth A. and Mark S. Bonchek. 1997. *Analyzing Politics: Rationality, Behaviors, and Institutions*. New York: W. W. Norton and Company.

Shin, Doh Chull. 1994. “On the Third Wave of Democratization: A Synthesis and Evaluation of Recent Theory and Research.” *World Politics* 47-1.

Simon, Herbert A. 1985. “Human Nature in Politics: The Dialogue of Psychology with Political Science.” *American Political Science Review* 79-2.

Slaughter, Anne-Marie. 1998. “The Real New World Order.” *Foreign Affairs* 76-5.

Slaughter, Anne-Marie. 2004. *A New World Order*. Princeton: Princeton University Press.

Smith, David A. and Douglas R. White. 1992. “Structure and Dynamics of the Global Economy: Network Analysis of International Trade 1965-1980.” *Social Forces* 70-4.

Smith, Jackie. 2001. “Globalizing Resistance: The Battle of Seattle and the Future of Social Movements.” *Mobilization* 6-1.

Smith-Doerr, Laurel and Walter Powell. 2005. “Networks and Economic Life,” in Neil Smelser and Richard Swedberg, eds., *The Handbook and Economic Sociology*. Princeton: Princeton University Press.

Sørensen, Eva. 2006. “Metagovernance: The Changing Role of Politicians in Processes of Democratic Governance.” *American Review of Public Administration* 36-1.

Steinberg Richard and Willard I. Zangwill. 1983. “The Prevalence of Braess' Paradox.” *Transportation Science* 17-3.

Stewart, N. F. 1980. “Equilibrium vs System-Optimal Flow: Some

Examples." *Transportation Research A* 14.

Stilz, Anna. 2019. *Territorial Sovereignty: A Philosophical Exploration.* Oxford: Oxford University Press.

Stohl, Cynthia and Michael Stohl. 2003. "Networks of Terror: Theoretical Assumptions and Pragmatic Consequences." *Communication Theory* 17.

Stoker, Gerry. 2006. "Public Value Management: A New Narrative for Networked Governance?" *American Review of Public Administration* 36-1.

Stone, Diane. 2002. "Introduction: Global Knowledge and Advocacy Networks." *Global Networks* 2-1.

Stone, Diane. 2004. "Transfer Agents and Global Networks in the 'Transnationalization' of Policy." *Journal of European Public Policy* 11-3.

Strange, Susan. 1995. "The Defective State." *Daedalus* 124-2.

Strange, Susan. 1996. *The Retreat of the State.* 양오석 옮김(2001). 『국가의 퇴각: 세계 경제 내 권력의 분산』. 푸른길.

Strange, Susan. 1999. "The Westfailure System." *Review of International Studies* 25.

Szyszczak, Erika. 2006. "Experimental Governance: The Open Method of Coordination." *European Law Journal* 12-4.

Thatcher, Mark. 1998. "The Development of Policy Network Analyses: From Modest Origins to Overarching Frameworks." *Journal of Theoretical Politics* 10-4.

Thompson, Grahame F. 2004. "Is All the World a Complex Network?" *Economy and Society* 33-3.

Thorne, Christopher. 1978. "Chatham House, Whitehall, and Far Eastern Issues: 1941-1945." *International Affairs* 54-1.

Toke, Dave. 1999. "Epistemic Communities and Environmental Groups." *Politics* 19-2.

Trubek, David M. and Louise G. Trubek. 2005. "Hard and Soft Law in the Construction of Social Europe: The Role of the Open Method of Co-ordination." *European Law Journal* 11-3.

Udehn, Lars. 2002. "The Changing Face of Methodological Individualism." *Annual Review of Sociology* 28.

Urry, John. 2004. "Small Worlds and the New 'Social Physics.'" *Global Networks* 4-2.

Uzzi, Brian. 1997. "Social Structure and Competition in Interfirm Networks: The Paradox of Embeddedness." *Administrative Science Quarterly* 42.

Uzzi, Brian. 1999. "Embeddedness in the Making of Financial Capital: How Social Relations and Networks Benefit Firms Seeking Financing." *American Sociological Review* 64-4.

van Kersbergen, Kees and Frans van Waarden. 2004. "'Governance' as a Bridge Between Disciplines: Cross-Disciplinary Inspiration Regarding Shifts in Governance and Problems of Governability, Accountability and Legitimacy." *European Journal of Political Research* 43.

Victor, Jennifer, Alexander Montgomery and Mark Lubell, eds. 2018. *The Oxford Handbook of Political Networks*. Oxford: Oxford University Press.

Waever, Ole. 1995. "Identity, Integration and Security: Solving the Sovereignty Puzzle in E.U. Studies." *Journal of International Affairs* 48-2.

Walters, A. A. 1961. "The Theory and Measurement of Private and Social Cost of Highway Congestion." *Econometrica* 29-4.

Waltz, Kenneth N. 1999. "Globalization and Governance." *PS: Political Science and Politics* 32-4.

Ward, Hugh. 2006. "International Linkages and Environmental Sustainability: The Effectiveness of the Regime Network." *Journal of Peace Research* 43-2.

Ward, Stephen and Richard Williams. 1997. "From Hierarchy to Networks? Sub-Central Government and EU Urban Environment Policy." *Journal of Common Market Studies* 35-3.

Wasserman, Stanley and Katherine Faust. 1994. *Social Network Analysis: Methods and Applications.* Cambridge: Cambridge University Press.

Watts, Duncan J. 1999. "Networks, Dynamics, and the Small-World Phenomenon." *American Journal of Sociology* 105-2.

Watts, Duncan J. 2003. *Six Degrees: The Science of a Connected Age.* New York: W. W. Norton.

Wendt, Alexander. 1987. "The Agent-Structure Problem in International Relations Theory." *International Organization* 41-3.

Wendt, Alexander. 1999. *Social Theory of International Politics.* Cambridge: Cambridge University Press.

Wight, Colin. 2006. *Agents, Structures and International Relations: Politics as Ontology.* Cambridge: Cambridge University Press.

Williams, Paul. 2003. "A Commonwealth of Knowledge: Empire, Intellectuals and the Chatham House Project, 1919-1939." *International Relations* 17-1.

Williamson, Oliver E. 1975. *Markets and Hierarchies: Analysis and Antitrust Implications.* New York: Free Press.

Wilson, Graham. 2000. "In a State?" *Governance* 13-2.

Wittel, Andreas. 2001. "Toward a Network Sociality." *Theory, Culture and Society* 18-6.

Wrong, Dennis. 1961. "The Oversocialized Conception of Man in Modern Sociology." *American Sociological Review* 26-2.

Yang, Hai and Michael G. H. Bell. 1998. "A Capacity Paradox in Network Design and How to Avoid It." *Transportation Research A* 32-7.

N E T W O R K
INTERNATIONAL
P O L I T I C S

찾아보기

[ㅈ]

[ㅊ]

[ㅋ]

네트워크 국제정치

국가의 변환과 거버넌스

펴낸날 1판 1쇄 2023년 11월 21일
지은이 민병원
펴낸이 주소현
펴낸곳 이화여자대학교출판문화원
주소 서울특별시 서대문구 이화여대길 52(우 03760)
등록 1954년 7월 6일 제9-61호
전화 02) 3277-2965(편집), 02) 362-6076(마케팅)
팩스 02) 312-4312
전자우편 press@ewha.ac.kr
홈페이지 www.ewhapress.com
디자인 신성기획

ISBN 979-11-5890-504-0 93340

값 28,000원